성경으로 돌아가자

백투더 바이블 8 BACK TO THE BIBLE

Back to the Bible

# 룻기

성경으로 돌아가자

장종길 지음

김의원 박사 추천

BACK TO THE BIBLE

개정판

그리심 도서출판

# Back to the Bible

by

*JANG Jong-Gil*


Grisim Publishing Co.
Seoul, Korea

# 이 책의 주된 목적은

Back to the Bible

신학자들의 연구를 한 단계 끌어내리고,
일반 신도의 수준을 한 단계 끌어올려
누구나 쉽게 접근할 수 있도록
인도하려는 데 그 목적이 있습니다.

신앙생활을 오래하셨는데도
성경이 여전히 수학문제같이 어렵게만 느껴지시는
분들에게 도움을 줄 것입니다.

특히 일반 성도들에게는
성경에 대한 지식이 풍부하더라도
성경 전체를 조망할 수 있는 훈련이 부족합니다.

따라서 이 교재는
성경 본문에 충실하면서도
성경의 통일성을 견지하고 구속사적 해석의 원리를
적용하여 설명하려고 노력하였습니다.
그것은 곧 하나님의 위대하신 섭리를 이해하는
빠른 길이기도 하기 때문입니다.

무엇보다도, 이 교재는
누구나 성경에 친근해질 수 있도록
쉽게 접근했다는 것입니다.
그러므로
아주 자세한 해설과 자료보다는
전체적인 흐름을 잡으려
강해식으로 설명했습니다.

지금, 곧 연필을 들고 시작하십시오.
여러분의 가장 친한 친구가
옆에서 설명해 주는 느낌을 받을 수 있을 것입니다.

저자 장 종 길

4

# 추천사

현재 우리는 범세계적인 정보 시대에 살고 있습니다. 정보의 부재 시대는 이미 갔습니다. 원하는 분아에 대해 조회만 하면 얼마든지 많은 정보를 확보할 수 있습니다. 그래서 정보 홍수라는 말이 우리에게 익숙해져 있습니다. 그런데 막상 접수한 정보를 대하면 정보의 빈곤을 느끼지 않을 수 없습니다. 질적 수준에 문제가 있는 정보들 때문입니다. 사회가 이런 문제를 안고 속앓이를 하고 있음을 우리는 익히 알고 있습니다.

이른바 초고속 정보화 시대에 있는 교회도 풍부한 목회 자료와 이들 자료들의 질적 난해성 사이에서 많은 고민을 하고 있습니다. 현재 우리 한국 교회는 컴퓨터에 의한 자료보다는 출판물에 의한 자료 의존도가 아직은 높은 상태입니다. 그러므로 질적으로 우수한 자료의 출판이 시급하다 할 수 있습니다. 질적인 우수성의 기준 중 하나는 정보를 사용하는 현장 사역자들의 필요를 정확하게 이해하고 있는지의 여부입니다. 그 자료를 수집한 현장 사역자들이 친근성을 가지고 쉽게 사용할 수 있게 해야 합니다. 많은 번역서들이 이 문제를 안고 있음을 우리는 알아야 합니다. 단순한 소개 정도로 정보를 전달하는 것은 또 다른 문제, 즉 현장화라는 과정을 요구하기 때문입니다. 다른 하나는 자료의 신뢰성입니다. 정확한 정보를 적절하게 인용한 자료를 간직하는 것은 필수적인 도리입니다. 이것이 부족할 경우 선의의 피해자를 계속해서 낳을 수 있습니다.

추천자는 새로운 출판물, 새로운 정보를 접할 때마다 이런 염려로부터 해방될 수 있기를 늘 바라고 있는 사람 중의 한 명입니다. 그런데 본서는 이런 점으로부터 필자를 안심시키는 책이라고 봅니다. 우리 한국의 목회자들은 굵게 잘라 놓은 정보보다는 잘게 정리된 정보에 익숙합니다. 한국적인 상황이 특수하기 때문입니다. 확신하건대 이 책을 접하는 분들은 이런 면에서 공감할 것입니다. 또한 본서의 필자는 많은 출판 경험을 통해 인용되는 정보를 어떻게 사용해야 한국의 사역자들이 잘 활용할 수 있는지를 잘 알고 있는 분이라고 봅니다. 다른 책들이 외국의 좋은 내용을 단순히 알려주고 있는 반면에, 본서의 필자는 내용을 잘 요리해서 일정한 분야의 독자들이 효과적으로 사용할 수 있게 배려했다는 점이 본서의 장점이라 할 수 있습니다. 앞으로 출판 매체를 통해 정보를 제공하려는 분들이 참고하여 따라야 할 모델이라 생각하여 자신 있게 추천합니다.

김 의 원 박사 (전 총신대학교 총장)

金義援

5

# “내가 공을 세우나 은혜 갚지 못하네”

- 김상옥 장로님, 또 수정판 작업이네요. ‘이제 진짜…!’ ‘진짜 뭘?’
- 교정보느라 수고하신 정향자 집사님 정말 고맙습니다.
- 채호덕 전도사님, 구문 감사해요. 결혼도 축하하고.
- “열왕기하를 먼저 쓸까, 마태복음을 먼저 쓸까?” ‘글쎄’
- ‘광야에 찬바람 불더라도 앞으로 남은 길 멀지 않네’

# 6 이 교재의 특징

본 교재는  무엇보다 성경 본문에 충실하려고 노력했다. 그러면서도 자칫 성경의 통일성을 놓치기가 쉬운 것을 감안, 언약 개념이 성경을 이해하는 데 중요한 요소라고 여겨, 성경 전체를 관통하는 언약의 흐름을 파악할 수 있도록 안내했다. 아래에 안내한 교재의 특징들을 잘 활용하면서 성경을 읽어나가면 성경을 보는 재미가 생겨날 것이다. 이 교재의 최선의 목표는 성경을 혼자 공부할 수 있는 수준

**장별 제목**

**중심내용** : 본문의 내용이 무엇인가를 간단하게 숙지할 수 있도록 요약해 놓았다. 이 요약은 본 과에서 배울 내용을 한눈에 볼 수 있게 해준다.

**도입 부분** : 본과에 들어가기 전에  지난 과에서 배운 내용을 간단히 이야기하고 이번 과에서 어떤 내용을 공부할 것인가를 안내했다. 이 부분은 음악에서 서곡(序曲)에 해당하는 부분으로 대단히 중요하므로 꼭 읽어야 한다. 그래야 전체의 흐름을 이해할 수 있기 때문이다.

**본문개관** : 매장마다 본문의 내용을 간단하게 요약, 정리했다. 이 부분은 각 장을 정리하는데 도움을 준다.

**확대경** : 본문에서 신학적인 정리 및 자세한 설명이 필요할 때는 확대 설명해 놓았다. 내용이 그리 쉽지 않기 때문에 깊이 있게 공부하지 않을 분은 그냥 지나가도 된다. 만약 리더자가 있다면 안내를 받자. 그러나 확대경은 본문의 이해를 위해 꼭 필요한 신학적 내용의 요약 정리이다. 이 부분을 더욱 확대하여 교회에서 특강으로 해결하는 것도 좋은 방법이다.

까지 끌어올리는 것이다. 그것은 끊임없는 노력이 필요함은 두말할 나위가 없다. 너무 쉬운 것만 찾다 보면 우리의 믿음이 성장할 수 없다. 어려운 내용을 쉽게 설명하려고 노력했으나 한계가 있었다. 다만 성경(말씀) 동산에는 무궁무진한 보화가 있다는 사실을 알려주려고 애를 썼을 뿐이다. 말할 수 없는 보화를 캐내는 작업은 여러분 스스로가 해야 한다. 안내자는 안내자일 뿐이다.

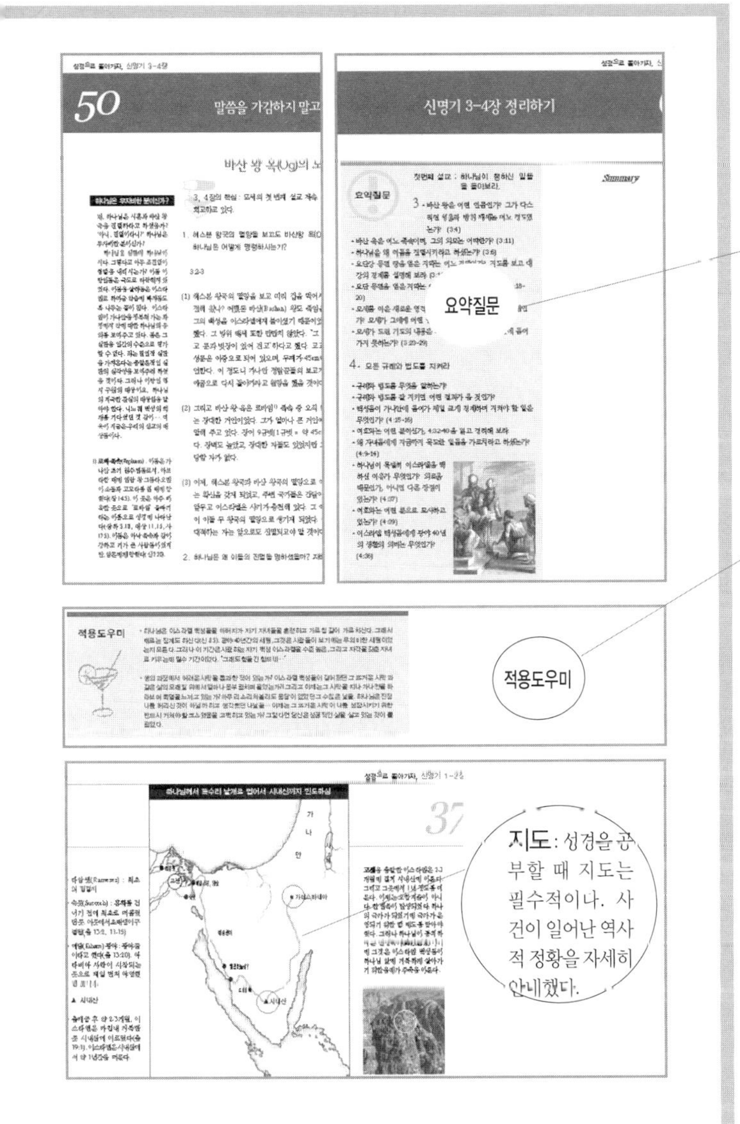


**용어해설 :** 본문에서 꼭 설명이 필요한 부분은 간단하게 내용의 도움을 위해 적어두었다. 최근에 발간된 주석성경에 이에 대한 해설이 잘 되어 있기에 꼭 필요한 것이 아니면 설명을 생략했다.

**요약정리 및 질문 :** 매과마다 요약 질문을 넣어 그 장의 내용을 정리했다. 질문을 통해 내용을 정리해보자. 리더자는 숙제로도 활용할 수 있다. 더욱이 연구과제를 통해 신학적인 문제도 정립해 보자.

**적용도우미 :** 말씀이 우리의 삶에서 적용되지 못한다면 지식만을 자랑하는 공부가 되기 쉽다. 삶의 적용을 위한 묵상을 실었다. 그러나 그 적용은 개인에 따라 달라질 수 있다. 본문에 대한 정확한 이해가 먼저 선행되어야 하고, 또한 그 말씀이 우리 삶에 적용되어야 한다. 각자가 더 추가적인 적용을 이끌어내자.

**질문식 문제 및 해설:**

본 교재는 먼저 질문을 하고 그 질문에 해설을 하는 식으로 정리하되 전체의 흐름을 강해식으로 설명했다. 따라서 차례대로 답을 적어 간다면 성경 본문의 내용을 아주 쉽게 이해할 수 있을 것이다.

# 8 이 교재를 사용하시는 분들을 위하여

## 혼자 공부하시는 분에게

첫 째 물론, 성경공부를 하기 전에 기도하셔야지요! 본문을 잘 이해하게 해달라고 성령님께 지혜를 부탁하세요.

둘 째 오늘 배울 본문을 정독하면서 여러 번 읽으십시오. 혹시 영어 성경을 보신다면 함께 읽으십시오. 그리고 필요한 부분에는 구문분석을 소개했습니다. 내용의 흐름을 이해하는 데 도움을 줄 것입니다.

셋 째 이 교재는 문제를 먼저 던지고, 그에 대한 해설을 소개했습니다. 그런데 그 해설을 먼저 읽어보려는 유혹에서 벗어나야 성공합니다. 반드시 본인의 말로 답을 쓰십시오. 그리고 설명을 참고하세요.

넷 째 이 교재의 설명이 부족하신 분은 간단한 주석 또는 강해서를 참고하십시오. 그러나 이 교재의 주 목적이 전체의 흐름을 잡는 것이고 또 너무 자세한 주석은 진도에 방해를 가져오기에 많이 생략했습니다.

다섯째 혼자 공부하시다 이해가 잘 안 가는 문제는 여백에다 기록했다가 나중에 교역자의 안내를 받으십시오.

여섯째 꼭 한 번에 한 과씩 진도를 나갈 필요는 없습니다. 맛있는 뷔페에 가서는 정량보다 더 많이 먹는 것처럼 여러 과를 하셔도 됩니다. 따라서 이 교재가 어떤 사람에게는 몇 주나 한달이 걸릴 수 있고 어떤 사람에게는 더 걸릴 수도 있습니다.

일곱째 그 날 배운 내용을 주위 사람들에게 교재를 보지 않고 설명해 보십시오. 물론 완전히 자기 것으로 소화해서 여러분의 말로 전달하셔야 합니다. 정 그럴 상대가 없다면, 자녀나 친구에게, 그래도 없으면 이불 속에서라도 혼자 중얼거려보세요. 그 효과가 배로 나타날 것입니다.

여덟째 소개된 성경 구절을 다 찾아 적으신다면 그보다 더 좋은 효과는 없겠지요. 그렇지 못하더라도 소개된 성경 구절은 꼭 찾아보아야 합니다. 아주 반드시.

아홉째 확대경 및 권말 부록은 어떤 사람에게는 너무 어렵고, 어떤 사람에게는 도움이 될 것입니다. 잘 활용하시면 이해에 큰 도움이 될 것입니다. 책 소개는 필요하신 분을 위해 안내했습니다.

열 째 분명한 것은 이 교재가 반드시 완전하다는 것은 아닙니다. 성경에서 보다 풍성한 꼴을 얻게 하기 위한 기초과정을 안내한 것입니다. 보다 깊은 연구는 여러분 스스로 하셔야 합니다. 꼭 부탁드리는 것은 잘 성장하셔서 교회에서 성경을 지도하는 교사가 되기를 바랄 뿐입니다. 노력하십시오.

## 구역공부 교재로 사용하시는 분들께

첫 째 구역의 활성화가 교회부흥의 첩경임은 누구나 다 아는 사실입니다. 그러나 말씀 중심으로 모이는 모임이 아니면, 그 모임이 계속 불타오를 수 없습니다. 인위적인 열심은 곧 시들해질 것이니까요.

먼저, 교재를 나누어 주시고 집에서 숙제를 해오게 하십시오. 성경 구절을 적어오게 하되 바쁜 사람은 성경을 찾아보았다는 증거로 성경 페이지 숫자라도 적어오게 하세요. 물론 안 해 오는 분에게는 벌금을 물리세요. 집에서 이 교재를 사용하시는 방법은 위의 내용을 참고하십시오.

둘 째 만약 당신이 인도자라면, 앞에서 '혼자서 공부하는 사람에게' 말했던 내용대로 하십시오. 철저히 준비하셔서 속이 후련하게 해주셔야 합니다. 자세한 설명보다는 그 본문이 의미하는 내용을 아주 간단하고 알기 쉽게 설명해 주셔야 합니다.

셋 째 구역 모임은 시간을 그리 길게 잡을 수는 없을 테니까, 짧은 시간 내에 그 내용을 소화할 수 있도록 지도자나 지도를 받는 분들이 미리 준비를 잘 해오셔야 합니다. 그래서 구역 모임에서는 중요 내용을 토론, 요약해 주는 방법이 나을 것입니다. 물론 잘 이해가 안 되는 부분은 지도자가 설명해 주셔야 합니다.

넷 째 나머지 재미나는 프로그램은 지도자가 안내하십시오. 이 교재에 나와 있는 삽화를 예쁘게 색칠해 오게 하는 방법도 그 하나입니다. 또는 좋은 책을 선정, 그 내용을 서로 소개하는 방법도 있을 것입니다.

## 성경공부 모임의 교재로 사용하시는 분들께

첫 째 우선 위의 내용을 참고하십시오. 성경공부 시간이 얼마나 되는지 잘 모르겠지만, 물론 집에서 각자 충분히 공부를 해오게 하시는 것이 효과적입니다. 주로 교역자나 전문 성경공부 리더자가 인도하게 되겠기에 보다 깊은 토론을 할 수 있을 것입니다.

둘 째 그러나 어느 한 주제를 가지고 너무 깊은 토론을 하는 것은 유익하지 못합니다. 더욱이 교역자가 없는 성경공부 모임에서는 너무 깊은 토론은 하지 않는 것이 좋습니다. 이런 문제는 교인 전체를 대상으로 강사를 모시거나 본 교회 교역자의 특강으로 해결하는 것이 좋습니다.

셋 째 그보다는 성경 전체의 맥을 잡아 가는 것이 효과적입니다. 우리의 논쟁거리는 신학자들 사이에서도 논쟁이 되는 것이 대부분입니다. 만약, 성경공부 모임에 처음 참석하는 분이 있다면 더더욱 비효과적입니다. 많은 지식보다 성경 본문이 전하려는 핵심 메시지가 무엇인지를 알려고 노력하십시오.

# 목 차


● 룻기의 내용을 간단하게 · 11
● 룻기 서론 · 12
- 룻기를 한 눈에 · 21
- 룻기가 쓰여진 배경 · 23 • 주제와 신학 · 25
- 모압이란 어떤 나라인가? · 27
- 베들레헴 삼부작 · 31
- 다윗의 할머니 룻 · 32
- 룻기에서 살펴볼 수 있는 주제들 · 33

룻기 1:1-5 흉년을 피하여 모압으로 · 34
룻기 1:6-18 어머니의 하나님이 나의 하나님 · 52
룻기 1:19-22 다시 약속의 땅 가나안으로 · 76
룻기 2 장 룻과 보아스의 만남 · 92
- 저 젊은 여자는 누구냐? (2:1-7) · 93
- 룻을 돌보는 보아스 (2:8-16) · 100

룻기 3장 룻의 청혼과 보아스의 약속 · 110
- 나오미의 작전 계획(3:1-5) · 111
- 너의 베푼 인애가 처음보다 나중이 더하도다 (3:6-13) · 112

룻기 4:1-12 엘리멜렉의 기업 회복 · 120
룻기 4:13-22 새로운 생명, 새로운 출발 · 133

❀ 룻기를 정리하며 · 142


## 룻기 등장 인물


(1) 엘리멜렉 · 44
(2) 나오미 · 44-109
(3) 말론 · 46
(4) 기룐/ 46
(5) 룻 · 67, 68, 69
(6) 오르바 · 63
(7) 보아스 · 100, 122


## 주요내용


- 축복과 저주는 어느 때 임하는가? · 37-40
- 가나안은 이스라엘에게 어떤 땅인가? · 38
- 기근 · 40, 40
- 엘리멜렉의 식구들 · 44
- 되돌아오다 · 58
- 여호와의 손 · 65
- 룻의 신앙고백 · 69-73
- 본문이 전하려는 핵심 메시지는? · 74
- 회복 : 다시 베들레헴으로 · 76
- 차라리 '마라'라고 불러주오 · 77
- 하나님의 날개 아래 · 103
- 기업 무를 자 · 108
- 안식할 곳 · 111
- 나중 인애가 더하도다 · 112
- 옷자락으로 덮으소서 · 113
- 현숙한 여인 · 116
- 성문은 어떤 곳인가? · 121
- 당시 장로의 역할은? · 122
- 룻과 보아스를 축복 · 127
- 다말과 룻 · 130


## 확대경

확대경은 성경본문을 공부하다 조금 자세하게 다루어야 할 부분을 확대 설명한 것입니다.


01. 엘리멜렉이 살던 곳 "베들레헴" · 36
02. 하나님이 주신 약속의 땅, 가나안 · 48
03. 이스라엘이 겪었던 기근의 원인 · 54
04. "마라"의 세월 · 82
05. 역사의 주인과 인간의 자유 · 90
06. 가난한 자는 왜 생기는걸까? · 96
07. 기업 무를 자 · 108

## 사사들이 통치하던 때

정확한 시기는 알 수 없지만, 사사들이 통치하던 어느 시기에, 가나안은 흉년으로인해 어려움을 겪는다. 비교적 곡창지대라 할 수 있는 베들레헴도 그 흉년에서 제외되지 않았다. 약속의 땅 가나안에 흉년이 들었다는 것은 자연적 현상으로만 치부할 수 없다. 하나님은 그의 백성 이스라엘이 언약을 어기고 범죄할 때 자연적 재해나 또는 전쟁으로 어려움을 겪을 것이라고 수없이 경고하셨다.

베들레헴에 사는 엘리멜렉이라는 한 가장이 그 흉년을 피하여 모압으로의 이주를 결심한다. 이런 사실은 하나님이 주신 약속의 땅을 떠났다는 것을 의미한다. '엘리멜렉'이라는 이름의 뜻은"나의 하나님은 왕이시다"라는 뜻이요, 그의 아내 '나오미'라는 이름의 뜻은 "나의 기쁨, 나의 즐거워 하는 자, 사랑받는 자"라는 의미이다. 그런데 지금 나오미의 가정은 그 이름의 뜻과 같은 상황이 아니었다. 엄청난 역경이 이들 가정 위에 휘몰아쳤기 때문이다. 마치 하나님과 그의 백성 이스라엘과의 관계처럼. 사사시대에는 그 사랑의 관계에 금이 가고 있었다. 이스라엘 백성이 하나님께 범죄했기 때문이다.

> 폭풍우가 몰아치는 사사시대,
> 그러나, 여전히 물밑에서는
> 하나님의 구속역사가
> 진행되고 있었다.
> 아주 보잘 것 없는
> 연약한 존재들을 통해서…
> 아브라함에게서 다윗에 이르는
> 축복의 선(線)
> 오벳이 그 축복의 선을
> 잡고 있다.

모압으로 이미 와서 얼마를 지났을까, 그만 나오미의 남편 엘리멜렉은 죽고만다. 고난이 시작되었다. 나오미는 엄청난 고난 속에서 슬픔의 세월을 보낸다. 고난과 역경이 줄을 이었다. 남편이 죽고 결혼한 그녀의 두 아들마지 자식 하나 남기지 못하고 죽었다. 남자들은 모두 죽고 이제 남은 것은 나오미 자신과 모압 며느리 둘 뿐이었다. 아니 그 위에 절망이 하나 더 남아 있었을 뿐이다. 세 명의 여인들만 남아 나머지 삶을 꾸려간다는 것은 너무 비참한 일이었다.

실의에 빠져있던 나오미에게 고향으로부터 희망의 소식이 전해진다. 하나님이 이스라엘 백성을 돌아보아 흉년을 그치고 풍성한 양식을 주셨다는 소식이었다. 나오미는 베들레헴으로의 귀향을 결심한다. 드디어 약속의 땅 가나안으로 돌아간다. 울며 같이 가겠다는 두 자부(子婦), 나오미는 여러 가지 이유를 들어 자기 민족 자기 집으로 돌아가기를 권면한다. 그래서 둘째  며느리 오르바는 자기 집으로 돌아간다. 그러나 첫째 며느리 룻(Ruth)은 시모를 놓지 않는다. 나오미를 따라가는 이유가 단순히 시모에 대한 효성심 때문만이 아니다. 그의 동서 오르바가 그 "백성과 그 신에게로" 돌아간처럼, 룻은 "어머니의 백성이 나의 백성이고 어머니의 하나님이 나의 하나님"이라고 고백함으로써 하나님에 대한 신앙을 드러내었다. 룻의 결단은 단순히 시모에 대한 연민에서 비롯된 것이 아니었다. 그녀의 결단은 하나님께 대한 신앙의 결단이었다. 아니 그녀는 이미 하나님의 백성이라고 고백하고 있다.

약속의 땅 가나안을 향하여 발길을 돌리는 순간, 하나님은 나오미의 삶을 다시 회복시키기 위한 계획에 착수하신다. 고향에 다시 돌아온 나오미, 그러나 그녀를 기다리고 있는 것은 빈곤뿐이었다. 그녀를 향해 나오미라고 부르는 동네 사람들에게 차라리 "마라"라고 불러주기를 원한다. '마라'라는 말은 '쓰다'는 말이다. 그녀의 10여년의 모압 생활이 바로 이 마라의 세월이었기 때문이다. 생계유지를 위해 생활 전선에 뛰어든 룻, 그녀는 부잣집 추수밭에서 보리 이삭을 줍는다. 우연히 보아스의 밭으로 가게 되었지만 그것은 우연이 아니라 하나님의 세심한 섭리였다.

결국, 룻은 보아스와 결혼하게 되고 그를 통해서 자식을 얻는다. 주위 사람들은 이들을 축복하고 즐거워 한다. 비록 모압 여인이었지만 하나님을 찾는 자에게 감당할 수 없는 축복을 주셨다. 이즈러져가는 한 가정을 다시 세우신 일은, 단순히 한 가정의 축복이 아니라 이스라엘 전체의 축복으로 나타났다. 이 아들, 오벳이 아브라함과 다윗을 잇는 중요한 축복의 연결고리로 세움을 받는다. 죄악이 극에 달했던 사사시대, 그러나 그 고난의 역사 밑에 평범한 한 가정이 있었고, 하나님은 이들을 통해서 그의 구속 사역의 역사를 이어가고 계셨다.

**❶흉년을 피하여 모압으로 이주(1:1-5)**

- 흉년을 피하여 모압으로
- 남편 엘리멜렉의 죽음(3절)
- 두 아들마저 죽음(5절)

**징계?**

**❶ 어머니의 하나님이 나의 하나님(1:6-18)**

- 나오미가 다시 고향으로 돌아오기로 함
- 두 자부가 함께 가기를 원함. 나오미의 권면
- 오르바는 자기 친족에게로, 룻은 나오미를 따라

### 흉년을 피하여 모압으로 이주

● 사사들이 치리하던 때, 엘리멜렉이라는 한 평범한 가장이 아내(나오미)와 두 아들(말론, 기룐)을 데리고 모압으로 이민을 간다.

● "사사들이 치리하던 때"가 정확히 언제인지는 모르지만 '사사시대'는 죄악으로 점철된 기간이었다. 베들레헴에 흉년이 든 것은 이스라엘 백성이 하나님의 언약을 어기고 죄를 범했기 때문에 온 형벌이었다.

● 하나님은 모세를 통하여 가나안 땅에 들어가거든 언약 백성으로서 어떻게 살아가야 할 것인가에 대해 자세히 그리고 거듭해서 말씀하셨다(신 28:15-68). 만약 이스라엘 백성이 이런 하나님의 말씀에 귀 기울이고 순종했다면 가나안 땅은 젖과 꿀이 흐르는 곳이 되었을 것이다. 그러나 이스라엘은 범죄하여 가나안 문화에 빠진다. 물론 이들에게 형벌은 필연적이었다.

● 모압으로 이민 가서 얼마 되지 않아 남편 엘리멜렉은 죽는다.

● 그래도 나오미는 남은 두 아들을 의지하여 살아가려 한다. 그 두 아들이 장성하여 결혼한다. 그런데 며느리로는 모압 여인을 얻는다. 이들의 이름이 룻과 오르바였다.

● 그러나, 두 아들마저 자식 하나 남기지 못하고 죽는다.

● 모압에 이주한지 10여년이 흘러갔는데, 남은것은 무엇인가? 남편도 죽고, 두 아들마저 죽고, 이제 남은 것은 세 여인뿐이었다.

● 이 한 가정의 몰락은 마치 현재 이스라엘의 영적 상태를 나타내는 것과 같다.

### 룻이 시모 나오미와 함께 동행

● 나오미는 베들레헴에 흉년이 끝나고 양식을 주셨다는 소식을 듣고 고향으로 돌아가기로 작정한다.

● 두 자부가 함께 동행하려 한다. 나오미는 여러 가지 이유를 들어 친척에게로 돌아가기를 권유한다. 나오미는 어떤 이유를 들어 동행 불가능성을 설명했는가? (1:12-13절)

● 두 자부들의 반응은 어떻게 나타났는가?

둘째 자부는 시모의 권유를 받아들여 집으로 돌아갔으나 첫째 자부 룻(Ruth)은 시모와 함께 동행해줄 것을 간청한다.

● 룻의 신앙고백적 간청을 들어보라. "룻이 가로되 나로 어머니를 떠나며 어머니를 따르지 말고 돌아가라 강권하지 마옵소서 어머니께서 가시는 곳에 나도 가고 어머니께서 유숙하시는 곳에서 나도 유숙하겠나이다 어머니의 백성이 나의 백성이 되고(이며) 어머니의 하나님이 나의 하나님이 되시리니(입니다)."( 룻 1:16)

**❶ 다시 약속의 땅으로(1:19-22)**

- 나오미와 룻 두 사람이 다시 베들레헴으로
- '나오미'라고 부르지 말고 '마라'라 불러주오
- 전능자가 나를 징벌하셨고

**회 복**

**❷ 룻과 보아스의 만남(2:1-23)**

- 보리 이삭을 줍는 룻(1-7절)
- 룻에게 자비를 베푸는 보아스(8-16절)
- 룻과 나오미가 보아스가 어떤 사람인가 알아봄(18-23절)

### 다시 베들레헴으로 돌아온 나오미

● 나오미와 룻은 무거운 발걸음으로 베들레헴 성내로 들어섰으리라. 나오미가 다시 돌아왔다는 소식이 성내에 속히 퍼졌을 것이고 이내 사람들의 떠들석함이 있었다.

● '나오미'라는 말은 '사랑받는 자'란 뜻이다. 동네 사람들이 이름을 부르며 반가워 하는 것이 나오미에게는 오히려 부담스러웠다. 지금은 그녀의 이름과 같은 형편이 아니었기 때문이다. 그녀는 '나오미'라고 부르기보다는 차라리 '마라'라고 불러주기를 원했다. '마라'라는 말은 '쓰다'라는 뜻이다. 나오미의 지난 10여년의 세월은 정말로 쓰디쓴 '마라의 세월'이었기 때문이다.

● 나오미는 지금까지 자기의 삶이 이렇게 괴롭고 힘든 것은 그 원인이 어디에 있다고 보았는가?

룻 1:21 "내가 **풍족하게** 나갔더니 여호와께서 나로 **비어** 돌아오게 하셨느니라 여호와께서 나를 징벌하셨고 전능자가 나를 괴롭게 하셨거늘 너희가 어찌 나를 나오미라 칭하느뇨 하니라."

나오미에게는 언제부터인가 하나님께 대한 부정적 생각이 형성되었다. 10여년 동안의 끝없는 고난과 역경으로 그녀는 너무 피곤해져 있었다.

● 그러나, 이런 나오미에 대한 하나님의 징계는 하나님의 특별한 섭리였다는 것을 뒤늦게 발견한다. 어쨌든 나오미와 룻은 보리 추수가 시작될 때 다시 베들레헴으로 돌아왔다.

### 룻과 보아스의 만남

● 베들레헴에 다시 돌아왔으나 나오미를 기다리고 있는 것은 무엇이었을까? 고향에 돌아왔으나 그녀에게 남은 것은 아무것도 없었다. 오히려 당장 생존이 문제였다.

● 룻(Ruth)은 우선 생계를 꾸리기 위해 보리 이삭을 줍기로 하고 시모 나오미의 허락을 받는다. 이방 여인으로서 낯선 사람의 밭에 가서 이삭을 줍는 일은 결코 쉽지 않은 일이었다. 시모를 봉양하기 위해 그녀는 모든 것을 감내한다.

● 룻은 보아스의 밭에 가서 보리 이삭을 줍는다. 낯선 여인의 출현으로 모든 사람의 관심을 끌게 되었고, 특히 보아스의 특별한 배려를 받는다. 밭주인 보아스는 그녀에 대한 모든 소식을 들어 알고 있었다. 룻이 자기 조국을 버리고 여호와의 백성으로 살기 위해 시모를 따라왔다는 사실에 감동한다. 보아스는 그곳에서 유력한 자요 또한 인품이 있는 자였다.

● 시모 나오미는 룻의 이야기를 듣고 기뻐한다. 보아스는 엘리멜렉의 친척이요, 기업을 무를 수 있는 분임을 알았기 때문이었다. 나오미의 마음 속에 끼어있는 먹구름이 하나씩 걷혀감을 알 수 있다. 그녀는 지금까지의 모든 삶이 하나님의 섭리였음을 느끼기 시작한다.

● 우연히 룻은 보아스의 밭에 가서 이삭을 줍게 되었지만, 그 우연은 인간적 관점이었고, 거기에는 하나님의 세미한 섭리가 있었다.

나오미의 가정을 다시 일으키시려는 하나님의 뜻이 계셨기 때문이었다. 나오미는 룻에게 여러 여러 가지 주의사항을 알려준다.

## ❸ 룻의 청혼과 보아스의 약속(3:1-18)

- 나오미의 룻을 보아스에게 결혼시키기 위한 작전계획
- 룻의 청원과 기업 무르는 일에 대해 대화
- 보아스는 룻에게 선물을 주고, 룻은 모든 전말을 보고한다.

**구속자**

### 나오미의 계획과 룻의 순종

● 나오미는 룻을 위하여 어떤 계획을 세우고 있을까? 나오미는 보아스가 엘리멜렉과 친척임을 알고, 그가 기업 무를 자라고 생각한다. 룻을 보아스와 결혼시키기 위하여 세밀한 작전을 세운다.

● 이런 시모의 계획에 룻은 어떻게 나왔을까? 나오미는 룻을 불러 구체적인 지시를 내리고 있다. 이에 대해 룻은 시모 나오미에게 철저하게 순종한다. 모압 여인으로서 이런 일에 순종한다는 것은 쉽지 않은 일이었다.

● 노적가리에서 피곤에 지쳐 잠을 자고 있던 보아스는 어떤 낯선 여인의 출현에 감짝 놀란다. 룻은 침착했다. 그녀는 자신이 왜 지금 이곳에 왔는가를 분명하게 말한다. 룻은 보아스에게 지금 청혼을 하고 있다. "당신의 옷자락으로 시녀를 덮으소서" – '옷자락으로 덮다' (파라스 카나프)라는 말은 '날개를 펴다'라는 뜻으로 지금 이 상황에서는 보아스에게 결혼을 청하거나 남편의 기업을 이을 수 있도록 아이를 낳게 해달라는 부탁의 말이다.

● 룻의 이런 대범한 행동에 보아스는 룻을 나무라지 않는다. 오히려 보아스는 룻의 마음에 있는 여호와에 대한 신앙과 시모에게 대한 철저한 순종을 본다. 보아스는 룻에게 자기보다는 더 가까운 친척이 있음을 말하고 만약 그가 의무를 이행하지 않을 경우 자기가 기업 무를 의무를 행할 것이라고 약속한다.

● 룻은 이미 베들레헴에서 현숙한 여인이라고 소문이 나 있었다. 그래서 룻의 이러한 현숙한 행동에 탓할 사람은 아무도 없을 것이라고 룻을 칭찬한다.

● "너의 베푼 인애가 처음보다 나중이 더하도다" (3:10). 여기서 처음 베푼 인애는 무엇이고, 나중 베푼 인애는 무엇인가?

● 룻은 새벽까지 보아스의 발치에 누웠다가 날이 밝기 전에 일어나 집으로 간다. 룻에 대한 소식을 애타게 기다리고 있던 나오는 룻에게서 자초지종을 듣고(3:16) 기뻐한다.

● 나오미는 하나님의 섭리를 깨닫는다. 그리고 이 일이 어떻게 진행되어 갈 것인가를 기다려보자고 룻에게 권면한다.

### 기업을 무를 자(고엘)

● 첫째, 이 단어는 빚 때문에 팔린 재산의 소유권을 다시 획득하는데 사용되었다(레 25:25).

● 둘째, 자손이 없어 죽은 사람의 이름을 회복하여 보존시키는데 사용했다. 이때 죽은 자의 형제가 그 죽은 자의 아내를 취하여(嫂婚) 자녀를 낳아줌으로써 죽은 자의 이름을 이스라엘에게 잊혀지지 않게 하는 것이다(창 38:8). 이 경우에는 '고엘'이라는 말이 친족이라는 뜻이다.

● 셋째, 살인의 경우 : 살인이란 그 사람이 지상의 친척과 재산으로부터 단절되는 것을 의미하기 때문에 피살자의 친척이 살인자에게 복수하는 것이 의무였다. 이 경우에 '고엘'은 <피의 보수자>를 의미한다(민 35:12-34, 신 19:1-3).

● 나머지, 고엘의 가장 큰 의미는 고엘이라는 단어가 하나님께 대하여 '구속자'라는 뜻으로 쓰이는 경우이다. 하나님은 사람을 영육간에 죽음에서 구속하시는 주권을 가지신 분이시다.

④ 엘리멜렉의 기업 회복(4:1-12)
● 장로 10인이 성문에 모여 회의를 갖는다(1-2절)
● 가가운 친척이 기업 무르기를 포기함(3-8절)
● 보아스가 그 의무를 감당키로 하고 룻과 결혼함(9-10절)

기업무름

### 성문 앞에 모인 장로들

● 보아스는 일찍 성문으로 나아갔다. 엘리멜렉과 가장 가까운 친척을 만나기 위해서였다. 마침 기업 무를 자가 지나가고 있었다. 보아스는 그를 불러세우고 계대결혼의 율법적 절차를 밟으려 했다. 당시 성문은 사회, 행정을 위한 백성의 생활의 제반사를 다루는 곳이었다. 물건을 사고 파는 일도 여기에서 이루어지곤했다. 성문은 가장 자연스런 집회의 장소요, 재판을 하는 장소였다.

● 보아스는 급히 장로 10명을 불러모은다. 사사시대에는 장로들이 사회 전반의 지도자의 역할을 했다. 지금 보아스는 룻과 약속한 것을 지키기 위해 율법적 절차를 밟고 있다.

● 보아스는 장로들이 임석한 가운데 기업 무를 자에게 상황을 설명하고 있다. 이를 듣고 있던 가까운 친척의 반응은 어떠했는가?

그는 처음에 이 조건에 선뜻 응했다. 땅을 자기 것으로 만들 수 있는 좋은 기회였기 때문이다. 그러나 보아스의 말은 추가된다. 추가적인 내용은 죽은 자의 소유를 떠맡음은 물론 룻과 결혼해야 한다는 것이었다. 이 친척은 이해득실을 따져보았을 것이다. 만약 룻과 결혼한다면 그 재산은 엘리멜렉의 가문으로 돌아가야 한다.

● 결국, 그 가까운 친척은 기업 무르기를 포기한다. 이 사람은 이미 결혼하여 자식이 있었고, 만약 룻과 결혼한다면 죽은 남편의 이름으로 자녀를 양육해야 한다. 그는 룻을 사랑해서 결혼하려는 것이 아니었고, 다만 땅에 대해 욕심이 있었다.

● 그 사람은 기업 무르는 것을 포기하고 보아스에게 양도한다. 그 사람은 당시의 풍습대로 신을 벗어 보아스에게 주는 것으로 그 땅을 되사는 일과 룻을 아내로 맞아들일 의향이 없음을 분명히 했다. 물론 그곳에 함께 참석했던 장로들이 이 일에 증인이 되었다.

● 그 친척이 기업 무르는 일을 포기하자 보아스는 즉시 자신이 기업 무를 자가 되기를 선언한다. 그리고 그 권리를 행사한다. 룻을 속량하고 아내로 맞는다. 또 죽은 자의 기업을 그 이름으로 잇게 하여 그 이름이 그 형제 중에서 끊어지지 않게 했다.

● 성문에 있던 백성들과 장로들이 이 일에 모두 증인이 되겠다고 응답하고 보아스와 룻을 축복한다.

(1) 여호와께서 네 집에 들어가는 여인으로 이스라엘 집을 세운 라헬, 레아 두 사람과 같게 하시고
(2) 너로 에브랏에서 유력하고 베들레헴에서 유명케 하시기를 원하며(11절)

(3) 여호와께서 이 소년 여자로 네게 후사를 주시 네 집으로 다말이 유다에게 낳아준 베레스의 집과 같게 하시기를 원하노라(12절)

● 보아스와 룻을 찬양한 축복의 내용이 무엇인지 이 교재 본문을 보고 정리해 보라.

④ 새로운 생명, 새로운 출발 (4:13-22)

- 보아스가 룻을 아내로 취함. 그리고 아들을 낳음
- 여인들의 축복송(14-15절). 나오미가 아이를 양육함
- 아기의 이름을 오벳(종)이라고 함

새생명

### 아들을 낳음

- 보아스는 룻과 결혼한다. 하나님께서 잉태케 하셔서 아들을 낳았다. 이 아이가 오벳이다. 바로 다윗의 할아버지가 된다.

- 동네 여인들이 찾아와 나오미를 축복한다. 그 축복의 내용이 무엇인가?

  • 룻 4:14-15 "여인들이 나오미에게 이르되 찬송할지로다 여호와께서 오늘날 네게 기업 무를 자가 없게 아니하셨도다 이 아이의 이름이 이스라엘 중에 유명하게 되기를 원하노라 이는 네 생명의 회복자며 네 노년의 봉양자라 곧 너를 사랑하며 일곱 아들보다 귀한 자부가 낳은 자로다."

- 나오미는 룻이 낳은 아들을 양육한다. 이 아이가 탄생함으로써 나오미의 가정이 다시 회복된다. 이 아이가 노년의 나오미를 봉양하게 될 것이다.

여인들은 나오미가 아들을 낳았다고 찬양한다. 룻이 아들을 낳았지만 나오미가 낳았다고 좋아한다. 이 아이의 탄생으로 엘리멜렉의 대가 끊기지 않고 다시 연결된다. 그리고 이 아이의 이름을 '오벳'으로 지었다. 오벳이란 말은 '종'이라는 의미를 갖고 있다. 이 아이가 늙은 나오미를 섬기는 자가 될 것이라는 의미일 것이다(15절).

- 메시야가 '종'의 역할을 한다는 내용은 이사야 42:1-7의 메시야 예언에서 발견된다.

- "사 42:1 내가 붙드는 나의 종, 내 마음에 기뻐하는 나의 택한 사람을 보라 내가 나의 신을 그에게 주었은즉 그가 이방에 공의를 베풀리라
2 그는 외치지 아니하며 목소리를 높이지 아니하며 그 소리로 거리에 들리게 아니하며
3 상한 갈대를 꺾지 아니하며 꺼져가는 등불을 끄지 아니하고 진리로 공의를 베풀 것이며
4 그는 쇠하지 아니하며 낙담하지 아니하고 세상에 공의를 세우기에 이르리니 섬들이 그 교훈을 앙망하리라
5 하늘을 창조하여 펴시고 땅과 그 소산을 베푸시며 땅 위의 백성에게 호흡을 주시며 땅에 행하는 자에게 신을 주시는 하나님 여호와께서 이같이 말씀하시되
6 나 여호와가 의로 너를 불렀은즉 내가 네 손을 잡아 너를 보호하며 너를 세워 백성의 언약과 이방의 빛이 되게 하리니
7 네가 소경의 눈을 밝히며 갇힌 자를 옥에서 이끌어 내며 흑암에 처한 자를 간에서 나오게 하리라"

## ❹ 다윗의 조상이 된 룻(4:18-22)

- 베레스의 세계(족보)
- 베레스부터 다윗까지 (약 900년간) 10대
- 아브라함과 다윗까지의 족보 연결

### 다윗의 가계

아담 — 에노스 — 므두셀라 — 노 아 — 셈

또 가로되 셈의 하나님 여호와를 찬송하리로다(창 9:26)

셈 — 데 라 → 아브라함

저자는 아브라함과 다윗과의 연속성을 강조하고 있다

아브라함과 및 그의 후손과 맺은 하나님의 언약은 그 효력 또는 완전성을 상실하지 않는 영원한 약속이다 따라서 이 계보에서 보는대로 메시야는 아브라함의 후손인 동시에 다윗의 후손이시다 (마태복음 1장)

그런 면에서 룻과 보아스를 통해 탄생한 '오벳'은 그 연결 고리로서 매우 중요한 사람이다 오벳의 탄생을 통해 이스라엘의 회복이 보증된다.

아브라함 — 이 삭 — 야 곱 — 유 다

유다는 다말에게서 베레스와 세라를 낳음(마 1:3)

연속성 강조

베레스 — 헤스론 — 람 — 아미나답 — 나 손 — 살 몬 — 보아스 — 오 벳 — 이 새 → 다 윗

- 베레스는 다말과 시아버지 유다와의 근친 상간적인 관계에서 태어났다(창 38장).

보아스는 룻과 죽은 남편의 이름으로 후손을 산출한다는 면에서 **베레스의 탄생**과 유사점이 있다. 그러나, 무엇보다 중요한 것은 '다말'(Tamar)과 '룻'(Ruth) 둘 다 메시야 계보에 나타나는 아들들을 낳았다는 데 있다. 이것이 두 이야기를 연결해 주는 가장 강력한 연결끈이다. 베레스의 가문은 베들레헴에 정착했고(대상 2:5, 50-54), 보아스는 바로 베레스의 후손이다.

• 룻 4:12 "여호와께서 이 소년 여자로 네게 후사를 주사 네 집으로 다말이 유다에게 낳아준 **베레스**의 집과 같게 하시기를 원하노라."

살몬은 라합에게서 보아스를 낳고(마 1:5)

보아스는 룻에게서 오벳을 낳고(마 1:5)

- 보아스와 룻 사이에 태어난 오벳은 다윗 족보의 연결 고리로서 중요하다.

다 윗 — 솔로몬 — 르호보암 — 아비야 →

- 다말과 룻은 둘 다 이방 여인이다. 이방 여인들이 예수님의 족보에 등장했다. 이방인도 하나님의 백성이 될 수 있음은 이미 아브라함의 언약 속에 암시하고 있다(창 12:1-3). [이방 구원(선교)사상]

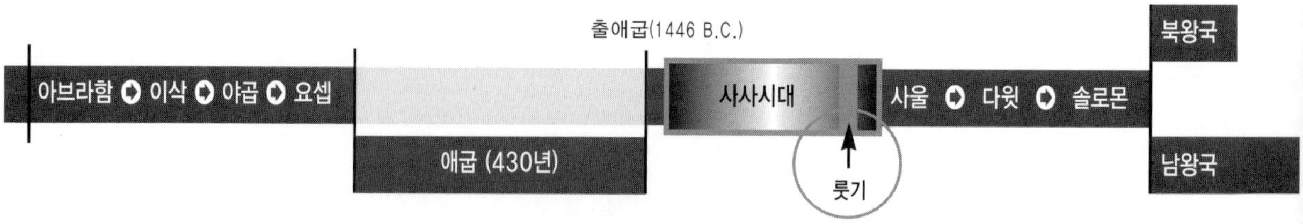


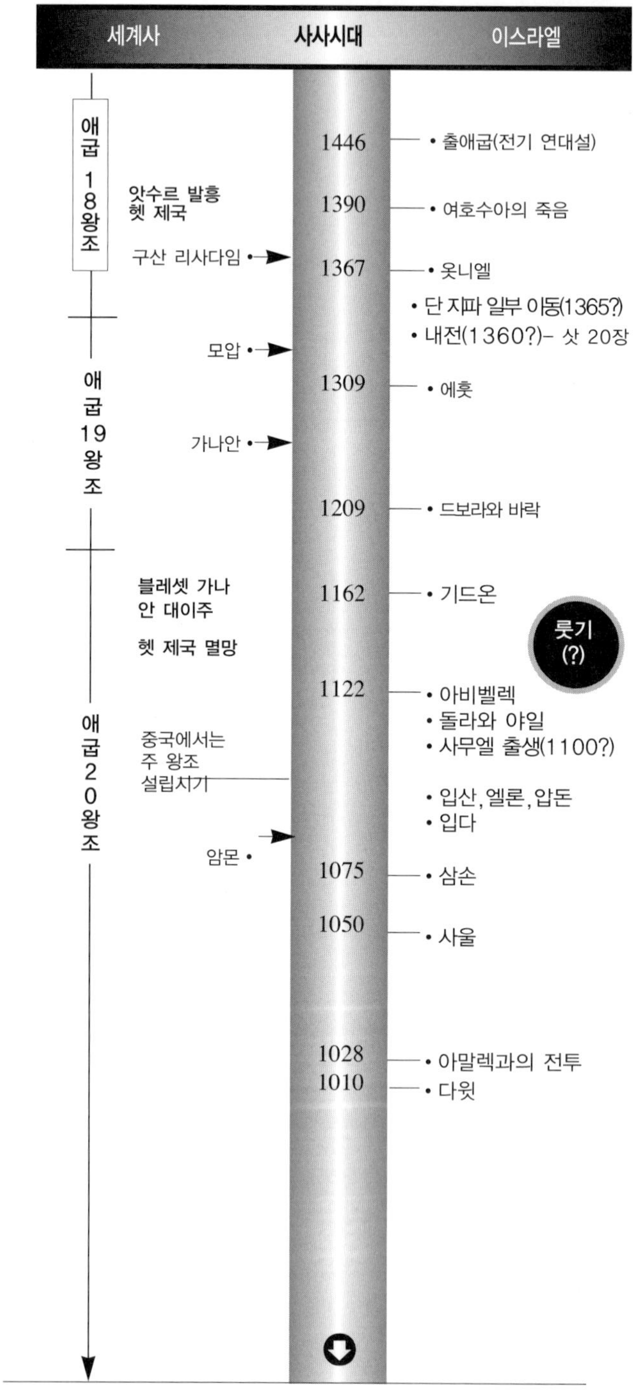


(1) "사사들이 치리하던 때"라는 말만 보아서는룻기에 기록된 사건이 언제 일어난 일인지 확실치 않다. 어떤 학자는 룻이 다윗의 증조모라면 이 사건은 기드온 때에 일어났을 가능성이 많다고 했다.

어쨌든, 엘리멜렉은 유다 베들레헴에 살았다. 그런데 그곳에 흉년이 들었다. 이스라엘 백성들은 지역과 지파에 따라 다르긴 했지만 이방인의 침략과 흉년으로 인해 많은 고통을 당했다. 약속의 땅 가나안은 젖과 꿀이 흐르는 땅이어야 했다. 그러나 그것은 어디까지나 하나님의 언약에 충실하여 죄를 짓지 않을 때에만 적용되는 말씀이었다.

(2) 따라서 이 약속의 땅에 흉년이 들었다는 것은 우연이 아니라 하나님의 언약을 어기고 불순종했던 이스라엘에게 내리는 하나님의 징계였다는 것을 알 수 있다. 엘리멜렉의 모압 이주에서 당한 환난은 약속의 땅을 떠난데서 오는 것이라는 것을 알아야 한다.

(3) 룻기는 단지 나오미라는 한 여인의 가정의 회복이나 나오미와 룻 사이의 효성을 그린 것이 아니다. 룻기는 사사기와는 대조적으로 하나님께서 미미한 한 가족의 삶을 통해 어떻게 구원 계획을 이끌어가시는가를 그려놓은 책이다. 인류를 구원하시려는 하나님의 열심은 인간의 그 어떤 조건에 의해 중단되지 않는다. 하나님은 끊어질듯한 그리스도의 가계(家系)를 그리스도가 오시기까지 기적적으로 이어가신다. 그리스도가 이 땅에 오셔서 십자가에 죽으셔야 하기 때문이다. 룻기 저자는 룻(Ruth)과 보아스(Boaz)를 통해 탄생한 오벳(Obed)은 아브라함으로부터 다윗에 이르는(궁극적으로는 그리스도에게까지 연결되는) 중요한 연결 고리가 된다는 점을 강조하고 있다. 따라서 이 책에서도 "하나님의 신실하심"이 무엇보다 강조되어야 한다. <본문 4장 다윗 족보에서>

4:12 "여호와께서 이 소년 여자로 네게 후사를 주사 네
집으로 다말이 유다에게 낳아준 베레스의 집과 같
게 하시기를 원하노라."

룻 2:8-12 "보아스가 룻에게 이르되 내 딸아 들으라 이삭을 주우러 다른 밭으로 가지 말
며 여기서 떠나지 말고 나의 소녀들과 함께 있으라 9 그들의 베는 밭을 보고
그들을 따르라 내가 그 소년들에게 명하여 너를 건드리지 말라 하였느니라
목이 마르거든 그릇에 가서 소년들의 길어 온 것을 마실지니라 10 룻이 땅에
엎드려 절하며 그에게 이르되 나는 이방 여인이어늘 당신이 어찌하여 내게
은혜를 베푸시며 나를 돌아보시나이까 11 보아스가 그에게 대답하여 가로되
네 남편이 죽은 후로 네가 시모에게 행한 모든 것과 네 부모와 고국을 떠나
전에 알지 못하던 백성에게로 온 일이 내게 분명히 들렸느니라 12 여호와께
서 네 행한 일을 보응하시기를 원하며 이스라엘의 하나님 여호와께서 그 날
개 아래 보호를 받으러 온 네게 온전한 상 주시기를 원하노라."

# 룻기서를 한눈에

## 서 론(1:1-5)

◈ 상황 : 사사들이 치리하던 때 유다 베들레헴에 흉년이 들음

1절: 흉년을 피하기 위해 한 가정이 모압으로 이민을 감(아내와 두 아들과 함께)
2절 : 가족 프로필
남편 : 엘리멜렉(Elimelech) 아내 : 나오미(Naomi)
첫째 아들 : 말론(Mahlon) 둘째 아들 : 기룐(Chilion)
3절 : 남편 엘리멜렉의 죽음
4절 : 두 아들 결혼(모압 며느리 : 룻, 오르바)
5절 : 두 아들도 죽음(자식도 없이)

## 어머니의 하나님이 나의 하나님(1:6-18)

◈ 상황 : 나오미가 베들레헴으로 다시 돌아오기로 결심. 두 자부에게 친족에게로 돌아가라고 권함

- 6-7절 베들레헴에 흉년이 끝났다는 소식을 듣고 고향으로 다시 돌아가기로 결심함. 두 자부도 함께 동행하길 원함
- 8-14절 : 두 자부들에게 친족에게로 돌아가기를 권함. 오르바는 자기 친족에게로 돌아갔으나 룻은 끝까지 시모와 동행한다.
- 15-18절 : "어머니의 하나님이 나의 하나님입니다." 룻은 하나님의 백성이 되기를 원하여, 시모 나오미를 끝까지 놓지 않는다.

## 다시 베들레헴으로(1:19-22)

◈ 상황 : 나오미는 룻과 함께 다시 베들레헴으로 돌아온다. 시기는 보리 추수가 시작될 때였다.

- 19절 동네 사람들의 웅성거림
- 20-21절 : '나오미'라고 부르지 말고 '마라'로 불러주길 바람. 전능자가 자신을 괴롭게 하고, 빈손으로 돌아오게 하셨다고 고백한다.
- 22절 :보리 추수시작할 때에 돌아옴

## 룻과 보아스의 만남(2:1-23)

◈ 상황 : 룻은 생계를 유지하기 위해 이삭을 줍기로 한다. 우연히 엘리멜렉의 친척 보아스의 밭으로 가게 되었다.

- 1-7절 우연히 보아스의 밭에 가서 이삭을 줍게 되었으나 이는 하나님의 섭리였음을 나중에 알게 된다.
- 8-16절 : 보아스는 룻에게 특별한 배려를 한다.
- 18-23절 : 룻은 시모에게 모든 일을 고하고, 나오미는 이 모든 사실을 마음에 둔다.

## 룻의 청혼과 보아스의 약속(3:1-18)

◈ 상황 : 나오미는 룻을 보아스에게 재혼시키기로 결심, 작전을 세운다.

- 1-5절 : 청혼을 위한 계획
- 6-13절 : 룻은 시모의 계획대로 순종한다. 보아스는 룻의 믿음을 보고 기업 무를 것을 약속한다.
- 14-18절 : 룻은 모든 것을 시모에게 보고한다.

## 엘리멜렉의 기업 회복(4:1-12)

◈ 상황 : 룻과 보아스는 결혼한다.

- 1-6절 : 보아스보다 가까운 친족은 처음에 기업 무르기를 약속했으나 후에 포기한다.
- 7-12절: 보아스가 기업 무를 절차를 밟는다. 결국 보아스가 기업 무를 자가 된다.
- 13-17절 : 룻과 보아스 사이에 오벳이 탄생한다.

## 다윗의 조상이 된 룻(4:18-22)

◈ 상황 : 룻과 보아스를 통해 아브라함과 다윗을 잇는 오벳이 탄생하다.

저자는
아브라함과 다윗과의 연속성을 강조하고 있나
메시야는 아브라함의 후손인 동시에 다윗의 후손이시다(미대 1장)

그런 면에서 룻과 보아스를 통해 탄생한 '오벳'은
그 연결 고리로서
매우 중요한 사람이다
오벳의 탄생을 통해
이스라엘의 회복이 보증된다.

Introduction

# 사사들이 치리하던 때

- 사사들이 치리하던 때
- 룻기는 누가 썼는가?
- 모압이란 어떤 나라인가?
- 당시의 역사적 배경
- 룻기의 주제와 신학
- 룻기에서 살펴보아야 할 점

우리는 사사기에서 엄청난 혼돈을 보아왔다. 언약의 파괴, 그로 인한 하나님의 징계, 무정부적인 사회 질서, 젖과 꿀이 흐른다던 가나안 땅은 이스라엘 백성의 부패로 암흑의 시기로 곤두박질쳤다. 여호수아와 그 당시의 지도자들이 모두 죽은 후 이스라엘은 그들을 영적으로 이끌어갈 위대한 지도자가 없었다. 물론 율법에 대한 교육도 없었다. 이스라엘 백성들은 하나님의 언약을 어기고, 여호수아의 간곡한 권면도(수 24:14-25) 잊은 채 가나안 문화에 아주 깊이 오염되어 갔다. 그리고 가나안 신들을 섬기기 시작했다.

이스라엘 백성의 부패는 하나님의 징계를 불러왔다. 그 징계는 절벽을 향해 줄달음 치는 이스라엘 백성을 하나님께로 돌이키기 위한 수단이었다. 그래서 하나님은 자기 백성을 이방인의 손에 파셨다. 대적들의 침략에 이스라엘은 많은 고통을 당한다. 이스라엘은 사사시대 기간 중 삼분의 일을 이방인의 침략에 시달려야 했다. 이방인의 압제로 이스라엘은 하나님께 울부짖는다. 그래서 하나님은 사사를 세우셔서 이스라엘을 구원해 내신다. 그리고 이스라엘에게는 평화가 임한다. 그러나 그 평화도 잠시뿐, 이스라엘은 또다시 죄악으로 떨어진다. 이런 악순환의 고리가 전 사사기간 계속되었다.

룻기 이야기는 바로 이 사사시대에 있었던 일이라고 소개된다. 사사기만 보면 당시의 삶이 숨도 쉴 수 없을 것 같은데, 한 구석에서는 이런 아름다운 삶이 펼쳐지고 있음을 보게 된다. 룻기는 명료하고 단순한 문체 때문에 항상 주목을 끌어왔다.

이 책은 언뜻 보기에는 깊이가 없는 결혼 이야기인 것처럼 보인다. 그래서 충성, 친절, 관대함, 헌신, 등 윤리적인 메시지를 많이 전하고 있다. 그러나 단순히 윤리적인 교훈만을 채택한다면 이 책의 목적을 크게 왜곡시키는 것이다. 이 책은 짧지만 하나님의 이름이 23번이나 나온다. 초자연적인 사건이나 기적들이 등장하지 않지만 하나님께서 이 사건의 주관자라는 사실을 보게 될 것이다. 평범한 한 가정에서 구약에서 가장 중요한 인물인 다윗이 태어나게 된다. 그래서 어떤 학자는 룻기를 "메시야적 역사"라고 부른다. 하나님의 인류를 구원하시기 위한 역사는 이런 평범한 가정을 통해서 이어지게 된다.

# 룻기가 쓰여진 배경

## 1. 룻기를 누가, 언제 썼을까?

(1) 만약 그의 계보(룻 4:13-21)가 후에 첨가된 것이 아니라면 아마도 다윗의 통치 기간 중에 기록되었을 것이다. 그러나 학자들 간의 주장이 서로 다르다. 저자로는 사무엘, 히스기야, 다윗 등이 거론되나 확실치 않다.

(2) 일부 학자들은 룻기가 히브리 성경의 세번째 부분인 **성문서**(Ketubim)에 들어 있다는 점을 들어 포로기 이후 시대에 나온 것이라고 주장하기도 한다. 그러나 대체로 포로기 이전 시대에 기록된 것으로 본다.

• 히브리인들은 성경을 전통적으로 세 부분으로 나눈다. 율법(모세오경), 선지서(여호수아 - 말라기), 성문서(시편 - 역대기까지) / 룻기는 성문서 안에 잠언서 뒤에 위치시켰다.

이에 대한 전문적인 자료를 원하시는 분은 韓三鉉, 칠십인경과 마소라 본문(MT)에 나타난 룻기의 배열 위치와 그 의미(총신대학교 대학원, 석사학위논문, 1997)를 참고해 보라.

## 유대인 성서(타나크: Tanakh)

타나크(Tanach)라는 말은 율법(Torah), 예언서(Nabi'im), 제서(諸書; Chethubim)의 머리글자를 합한 것이다.

Ketuvim (Writings):

시편, 잠언, 욥기, 아가서,
**Ruth(룻)**,
예레미야 애가,
전도서, 에스더,다니엘,
에스라 느헤미야,
역대상
역대하

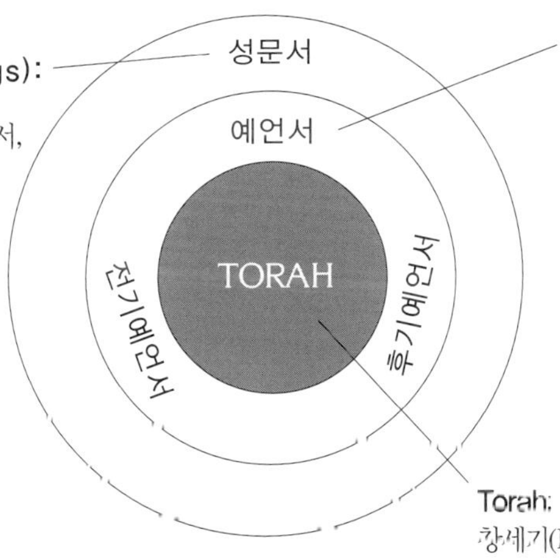


Nevi'im (Prophets):

▶ 전기예언서 : 여호수아, 사사기, 사무엘상, 사무엘하, 열왕기상, 열왕기하

▶ 후기예언서 : 이사야, 예레미야, 에스겔, 호세아, 요엘, 아모스, 오바댜, 요나, 미가, 나훔, 하박국, 스바냐, 학개, 스가랴, 말라기.

Torah:
창세기(Bereshit),출애굽기(Shemot),
레위기 (Vayikrah),민수기 (Bamidbar)
신명기 (Devarim).

• 히브리 성경에는 룻기가 잠언 뒤에 붙어 있다. 그러나 70인경은 사무엘과 사사기 사이에 놓았다. 잠언 31장은 이상적인 치리자와 '현숙한 여인'(אֵשֶׁת־חָיִל)에 대해 다룬다(10절). 그런데 룻기 3:11에도 '현숙한 여인'(אֵשֶׁת חָיִל)이란 말이 나온다. 아마 룻을 현숙한 여인의 전형으로 보았기 때문에 잠언에 연결시킨 것 같다. 잠언이 이상적인 치리자

- 사사들이 치리하던 때
- 룻기는 누가 썼는가?
- **룻기의 사건은 언제쯤 일어난 일인가?**
- 모압이란 어떤 나라인가?
- 당시의 역사적 배경
- 룻기의 주제와 신학
- 룻기에서 살펴보아야 할 점

(왕)와 현숙한 여인 이야기로 끝을 맺고 있다. 룻기 2:1에는 보아스를 '유력한 자'(גִּבּוֹר חַיִל, 덕이 있는 남자다운 남자)라고 소개하고 있다. 그리고 룻을 '현숙한 여인'으로 말하고 있다. 그러나 룻기가 단순히 현숙한 여인에 대한 기록이 아님이 분명하다. 룻기의 사건이 일어난 때가 "사사들이 치리하던 때"라는 기록과 이 책의 끝 부분이 다윗의 족보로 끝맺고 있음을 보아 이것은 다윗 왕조의 역사를 서술하려는 목적도 있는 것 같다. 단순하게 시어머니에 대한 효성심 많은 어떤 한 여인을 소개하려는 것은 아니다.

## 2. 룻기의 사건은 사사시대 언제쯤 일어난 일인가?

(1) 어떤 학자는 룻이 다윗의 증조모라면 이 사건은 기드온 때에 일어났을 가능성이 많다고 했다. 그렇다면 미디안 족속이 이스르엘 평지를 빼앗고 지중해 해안가에 있는 세펠라 평지를, 그리고 블레셋에 있는 가사까지 휩쓸면서 므낫세, 스불론, 잇사갈 지파를 괴롭히던 때였다.

(2) 유대인의 전통은 이 목가적인 룻기 이야기를 마지막 사사요, 선지자이며 제사장인 사무엘의 작품으로 돌리고 있다. 그러나 사무엘의 죽음이 삼상 25:1에 기록되어 있다. 룻기 4:17, 22에 있는 사무엘 생전에 이루어지지 않은 다윗의 즉위를 언급할 리가 없다. 이 책의 배경은 사사들의 시대이나(룻 1:1), 이 저술은 보다 후기에 속한다고 보아야 할 것 같다. 학자들에 따라 포로기 전이냐 후이냐가 다르게 주장되기도 한다.

(3) 엘리멜렉은 유다 베들레헴에 살았다. 그런데 그곳에 흉년이 들었다. 이스라엘 백성들은 지역과 지파에 따라 다르긴 했지만 이방인의 침략과 흉년으로 인해 많은 고통을 당했다. 이는 하나님의 언약을 어기고 불순종했던 이스라엘에게 내리는 하나님의 징계였다고 사사기는 전한다. 룻기의 사건이 사사시대에 일어났던 이야기라면 가나안에 불어닥친 흉년은 자연적인 재해로만 치부할 수 없다.

(4) 룻기서는 엘리멜렉의 가정이 흉년을 피하여 모압으로 이민가는 부분부터 시작하고 있다. 이스라엘 백성이 사는 가나안 땅, 젖과 꿀이 흐를 것이라는 약속의 땅 가나안은 지금 비가 오지 않아 흙먼지가 일어나고 있다. 하나님 앞에 무릎 꿇어 자신들의 죄를 회개하며 하나님의 자비로운 은총을 구해야 할 사람들 중에서, 자신들의 육적인 문제를 해결하기 위해 가나안 땅을 탈출하고 있다. 비극이 계속되고 있다.

# 주제와 신학

## 1. 본서의 저술 목적과 신학적 메시지는?

(1) 저자는 충성, 친절, 관대함 등의 미덕들을 모범적인 예를 통해서 보여주고 있다. 나오미에게 행한 룻의 확고하고도 이기심 없는 헌신, 나오미와 룻에게 보여준 보아스의 친절 등, 여기 등장하는 인물들은 율법의 완성(레 19:18*, 롬 13:10* 참조)인 자기 희생적 사랑을 일상생활을 통해 구체화 하고 있다.

• 레 19:18 "원수를 갚지 말며 동포를 원망하지 말며 이웃 사랑하기를 네 몸과 같이 하라 나는 여호와니라."

• 롬 13:10 "사랑은 이웃에게 악을 행치 아니하나니 그러므로 사랑은 율법의 완성이니라."

(2) 룻기에서는 사사시대의 한 평범한 가족의 삶을 그리고 있다. 사사시대의 극적인 타락상, 그러나 타락한 그 환경 속에서도 하나님을 경외하는 지극히 평범한 사람들이 있었다는 것이다. 사회 전반적인 배도에도 불구하고 경건한 사람들은 율법 대로 살아간다는 점을 보여주고 있다. 따라서 온통 죄악으로 얼룩진 환경 속에서도 하나님을 경외하는 생활이 가능하다는 것을 보여주고 있다. 그리고 하나님을 떠나서는 결코 어떠한 행복도 있을 수 없다는 사실도 배우게 된다.[1)]

1)김영철, 성경정독집(중), 여수룬, 68-66면 참조

(3) 또 룻기는 언뜻 보기에는 흥미를 끄는 결혼 이야기인 것처럼 보인다. 물론 우리는 이런 점들에 관심을 둘 수 있으나 이런 해석은 자칫 이 책의 심오한 신학적 가르침을 간과하기 쉽다. 룻기를 시어머니에 대한 룻의 효성심을 찬양하기 위함이거나 단순히 다윗의 조상이 누구인가를 밝혀주기 위한 기록으로 보아서는 안 된다.[2)]

2) 룻기에서는 초자연적 기적과 사건들은 나타나지 않지만 하나님의 이름이 23번이나 사용되었다. 이로보아 평범한 사람들 속에서 계속적으로 이루어지는 하나님의 시역을 볼 수 있다(Hals). 그래서 할스는 룻기를 "메시야적 역사"라고 불렀다.

(4) 사사기가 전쟁과 투쟁을 통해서 "하나님 백성 전체"를 그 대상으로 어떻게 그 구원 역사를 이끌어가시는 가를 그렸다면, 룻기는 사사시대의 "하나님 백성 중 한 가족"을 대상으로 평범한 생활을 이어가는 보통 사람들의 이야기를 통해서 구원 역사를 그려내고 있다는 점이 다르다.

(5) 또한 도래하는 하나님 나라에 참예하는 것은 혈연이나 출신에 의해서가 아니라 "믿음으로부터 나오는 순종"을 통하여 하나님의 뜻에 일치하게 삶으로써 결정된다는 진리를 예시하고 있다. 이런 이방선교 사상은 이미 아브라함의 언약에서(창 12:1-3) 보여지고 있다.

## 2. 왜 이 책을 쓰게 되었을까? (여러 주장들)

• NBD 사전, 기독교문서선교회

(1) 이 책의 저술 목적을 이해하기 위해서는 저작 연대가 결정되어야 한다. 어쨌든 룻기의 목적에 대해 다음과 같은 제안들이 있다.

- 룻기는 히브리 역사의 왕들 중에 가장 위대한 왕인 다윗의 계보가 사무엘서에서 빠졌기 때문에 보충하려고 쓴 것이라는 설명.
- 본서는 다른 민족과의 결혼 문제에 대한 에스라(10장)와 느헤미야의 엄격함에(느 13:23-27) 대한 반작용으로 쓰여진 정치적 소논문이며, 비분리주의자의 책자였다는 설명(포로 후기의 문서설).
- 본서는 자식 없이 죽은 자를 위해 가장 가까운 친척이 그 책임을 맡으라고 하는 박애주의적인 탄원이었다는 설명.
- 본서는 인종적 아량에 대한 사례를 제시하는 것이라는 설명, 즉 본서는 숨은 동기를 갖고 있지 않고, 단지 들을 필요가 있는 하나의 이야기였을 것이라는 설명 등.

(2) 룻기에서 단일한 동기를 찾기가 힘들지만 어쨌든 많은 것들을 얻을 수 있다. 룻기는 충성스러운 인간 관계의 이야기이며, 의롭고, 사료 깊고, 근면한 보아스는 이스라엘 사람들의 모범이 된다. 룻기의 단순성과 소박성은 심금을 울리는 평민의 이야기이다. 또 룻기는 희망 없고, 쓸쓸하고, 생기를 잃은 사람들에게 희망을 선포한다.

(3) 그러나 이런 주제들은 주변적인 것들이다. 이 책에서 무엇보다 강조되어야 할 것은 한 평범한 가정을 통해서 어떻게 구원 역사가 이루어지는가 하는 '하나님의 신실하심'에 더 강조를 두어야 할 것이다.

따라서 저자는 룻기서 마지막 부분에서 아브라함(이삭－야곱－유다－베레스로 연결되는)과 다윗을 연결시키고 있다(4:18-22). 하나님은 아브라함과 언약을 맺으셨다. 메시야는 바로 아브라함과 다윗의 자손을 통해 오실 것이라는 말이다. 따라서 룻과 보아스 사이에 태어난 '오벳'은 아브라함과 다윗[1]을 잇는 메시야 계보의 한 사람으로 매우 중요한 사람으로 언급되고 있다. 이는 저자가 룻기서를 쓰게 된 가장 중요한 목적 중의 하나이기도 하다. 아브라함언약(창 12:2, 10, 17:6, 16, 17, 7, 8)과 다윗 언약과의 유사성은 4:18이하의 설명을 참고해보기로 하자.

1) 사사시대에 이스라엘은 멸망으로 치달았지만 다윗시대에 들어와서 안식의 시대를 맞이하게 됨을 본다(삼하 7:1 참조).

# 모압이란 어떤 나라인가?

### 1. 모압은 어떤 나라인가? 그 이름은 어디에서 기원하는가?

(1) 모압을 이해하기 위해서 우리는 창세기 19장의 내용을 주의해 볼 필요가 있다. 30-38절까지 읽어보라.

- 창 19:30 (        )이 소알에 거하기를 두려워하여 두 딸과 함께 (        ) 에서 나와 산에 올라 거하되 그 두 딸과 함께 굴에 거하였더니

- 두 딸이 공모한 내용은 무엇인가? (31-32절)

- 부친과의 근친 상간은 훗날 비극적인 결과를 가져온다. 두 딸의 영석인 면은 전무했던 것같다. 비록 아버지는 이 일의 전말을 알지 못했지만 그 역시 칭찬할만한 인물은 못되었다.

- 창 19:36-39 (        )의 두 딸이 아비로 말미암아 잉태하고 큰 딸은 아들을 낳아 이름을 (        )이라 하였으니 오늘날 **모압 족속의 조상**이요 작은 딸도 아들을 낳아 이름을 (        )라 하였으니 오늘날 **암몬 족속의 조상**이었더라

(2) 위의 내용에서 볼 수 있는 대로 두 딸의 범죄로 인한 모압 민족의 탄생은 처음부터 비극적이었다. 이들의 후손으로 태어난 민족은 훗날 그의 탄생에서 예견되듯 숱한 죄악을 범하면서 이스라엘을 괴롭히게 된다. 이들 민족은 특히 몰렉과 그모스 신을 숭배함으로써 엄청난 죄악을 범한다. 이 숭배 과정에서 어린 아이들을 불살라 바치는 가증스러움이 있었다.

(3) 롯의 후손들이 이곳 지역에 도착했을 때는 이미 많은 사람들이 살고 있었다.[1] 따라서 롯의 후손들은 이곳 사람들과 통혼했고 점차 그곳 서주민을 대표하게 되는 지배 집단으로 성장했다. 출애굽 직전에 아르논 북쪽의 모압 사람들은 이 땅을 아모리 족속의 왕 시혼에게 빼앗기기도 했다.

(4) 이스라엘이 출애굽하여 가나안에 진입하기 위해 북진을 계속할 때였다. 이

- 창 19:36-37 "**롯**의 두 딸이 아비로 말미암아 잉태하고 37 큰 딸은 아들을 낳아 이름을 **모압**이라 하였으니 오늘날 모압 족속의 조상이요 38 작은 딸도 아들을 낳아 이름을 낳아 이름을 **벤암미**라 하였으니 오늘날 암몬 족속의 조상이었더라."

1) 신 2:9-11 여호와께서 내게 이르시되 모압을 괴롭게 말라 그와 싸우지도 말라 그 땅을 내가 네게 기업으로 주지 아니하리니 이는 내가 롯 자손에게 아르를 기업으로 주었음이로라(옛적에 엠 사람이 거기 거하여 강하고 많고 아낙 족속과 같이 키가 크므로 그들을 아낙 족속과 같이 르바임이라 칭하였으나 모압 사람은 그들을 에밈이라 칭하였으며

모압의 위치(지금의 요르단 지역)

스라엘이 초원 지대를 가로 지르는 '왕의 대로'(the King's Highway, 33면 참조)를 따라 지나갈 수 있게 해 달라고 부탁했을 때, 모압은 이를 거절했다(삿11:17). 모압 왕 발락은 당시의 유명한 술사 발람을 고용해 아르논 건너편에 진치고 있는 이스라엘을 저주케 했다(민 22-24장; 수 24:9). 비록 저주하는 일은 실패했지만 발람은 이스라엘 지도자들을 모압 종교와 접촉하게 함으로써 우상 숭배와 음행에 빠지게 한다(민 25장). 이른바 '바알브올' 사건. 이렇게 모압의 비우호적인 태도에도 불구하고, 여호와께서는 모세가 그들을 공격하는 것을 금하셨다(신 2:9). 이스라엘과 같은 동족이었기 때문이었다. 자세한 것은 동 교재, 민수기 25장(개정판, 203면)을 참고해 보자.

(5) 우리가 이미 공부했듯이, 사사 시대에 모압 왕 에글론은 여리고까지 이스라엘 영토를 침입하여 18년 동안 이스라엘을 압제했다. 물론 하나님은 베냐민 지파 사람 에훗을 사사로 세우셨다. 모압 왕 에글론은 사사 에훗에게 암살당한다(삿 3:12-30). 모압 사람이 이스라엘 수하에 항복하여 그 뒤로 80년간의 평화가 있었다(삿 3:31).

• 성경에 나타난 모압 성읍들의 이름(민 21:15, 20; 32:3; 수 13:17-20; 사15-16장; 렘 48:20 이하)

## 2. 모압 백성이 사는 곳은 어떤 곳인가?

(1) 우선, 지도를 보고 모압의 위치를 살펴보자.

모압은 한 때 아르논의 북쪽까지 영토를 확장하기도 했지만, 모압의 중심은 사해의 동쪽 아르논강과 와디 세렛(Zered) 시내 사이의 고원 지대이다. 모압의 중심부는 바로 아르논 골짜기와 세렛 골짜기 사이에 위치하고 있다. 모압의 해안 지역은 몇 곳의 비옥한 저지대를 갖고 있었는데 이 지역의 남서쪽 모퉁이와 아르논 골짜기의 북부에 비옥한 땅이 있다. 이 지역은 포도 재배와 농업과 목축업을 하는데 아주 좋았다. 특히 고지대의 서쪽 지역에는 비가 넉넉히 내렸다. 그래서 엘리멜렉은 가나안 땅의 흉년을 피하기 위하여 모압으로 간다. 당시 모압에는 극심한 흉년의 고통을 면할 수 있었을 것이다.

• 모압 : '아버지로 말미암아'라는 뜻이다.

• 암몬: '내 아버지의 아들'이라는 뜻이다.

### 3. 사사 시대에 모압과 이스라엘 관계는 어떠했는가?

(1) 사사시대에 모압의 세력은 점점 커지기 시작했다. 에글론(Eglon)이 왕이 되었을 때 모압은 아말렉 족속 그리고 암몬 족속과 동맹을 맺는다(삿 3:13). 모압은 이스라엘을 18년 동안이나 괴롭힌다.

(2) 물론 이스라엘의 압제는 이스라엘 백성들 자신의 죄악 때문이었다. 사사기는 그 때의 상황을 이렇게 서술하고 있다:

- 삿 3:12 이스라엘 자손이 (      ) 여호와의 목전에 (      )을 행하니라 이스라엘 자손이 여호와의 목전에 악을 행하므로 여호와께서 모압 왕 에글론을 (                    ) 그들을 대적하게 하시매

이스라엘은 자신들의 죄 때문에 하나님께 징계를 받고 있었다. 모압은 요단을 건너 종려나무 성읍(=여리고)을 점령했다(삿 3:13). 물론 이스라엘은 하나님께 부르짖었고, 이에 하나님은 베냐민 지파에서 왼손잡이 사사 에훗을 세우신다. 그는 에글론에게 조공을 바치는 척 하면서 그를 암살했다. 조공을 바친 것으로 보아(삿 3:17) 이스라엘의 고통이 얼마나 심했는가를 볼 수 있다.

(3) 에훗의 활약으로 모압은 요단강 서부 지역에서 완전히 추방되었으며 이후 이스라엘은 80년간의 태평 세월을 가져온다(삿 3:30). 엘리멜렉이 언제 모압으로 이주했는지 정확히 알 수 없으나 이들 두 나라 사이에 우호적 관계가 지속될 때였을 것이다. 이스라엘은 주기적으로 모압이나 암몬 족속에게 압제를 당했으며, 이도 인해 이들의 신을 섬겨야만 했다(삿 10:6).

- 삿 3:12 "이스라엘 자손이 또 여호와의 목전에 악을 행하니라 이스라엘 자손이 여호와의 목전에 악을 행하므로 여호와께서 모압 왕 에글론을 강성케 하사 그들을 대적하게 하시매"

- 사울은 모압 족속과 싸웠으며(삼상 14:47), 다윗은 사울을 피해 나니는 동안 그의 부모를 모압 사람들에게 맡겼다(삼상 22:3-4). 후에 다윗은 모압을 굴복시켰으며 키가 큰 많은 모압인들을 따로 분리시켜 죽였다(삼하 8:2, 12; 왕상 18:2, 11). 모압 족속은 포로기 이후 시대에 한 종족으로 알려지긴 했지만, 한 민족으로서 더 이상 독립된 존재로 남아 있지는못했다(스9:1; 느13:1, 23). 알렉산더 얀내우스(Alexander Jannaeus)가 BC 2세기에 이들을 정복했다(Jos., Ant. 13. 374).-BDB

### 4. 모압 사람들이 믿는 신은 어떤 신이있나?

(1) 위의 석비 비문에서 볼 수 있는 것처럼 모압의 신은 '그모스'였다. 민수기 21:29*을 읽어보자. 아모리 족속을 조롱하는 노래 가운데 그들의 신 그모스(Chemosh)가 언급되었다. 또 사사기 11:24에서는 입다가 암몬왕에게 대답한 말 중에 "너희 신 그모스"라고 한 것을 보아 이는 분명히 몰렉(Molech)을 의미한 말이다. 모압 사람들은 몰렉을 그모스라고 불러 그들의 민족신으로 숭배해 왔음을 알 수 있다. 몰렉(Molech) 또는 밀곰(Milcom)은 암몬인들이 섬

- 민 21:29 "모압아 네가 화를 당하였도다 **그모스**의 백성아 네가 멸망하였도다 그가 그 아들들로 도망케 하였고 그 딸들로 아모리인의 왕 시혼의 포로가 되게 하였도다"

메사의 석비 발견

1868년 모압 지방의 유적지를 여행하던 알사스 출신의 독일인 선교사 클라인(F.A. Klein)이 아르논강 중류 유역에 있는 디반(Divan, 옛 이름은 디본) 인근에서 발견. 39줄의 초기 초서체 히브리 글자가 새겨진 기념 석비였다. [높이 3피트 10인치, 폭 2피트, 두께 2.6인치]

그런데 아랍인들이 화약으로 이 석비를 폭파해버렸다. 그러나 한 프랑스 학자가 폭파하기 수개월 전 탁본을 떠놓았기에 부서진 조각들을 그 탁본에 따라 재조립할 수 있었다. 조립이 완성되자 1,100자 중에서 약 3분의 2인 699자의 히브리 글자가 제자리에 붙게 되었다. – 지금은 파리의 루우불 박물관에 보장되어 있다. 그 석비의 내용을 보자.

## 모압의 유명한 석비 내용

"나는 그모스 (Chemosh)의 아들이며 모압 왕 메사이다. 나의 부왕은 30년간 모압을 다스렸으며 모든 왕들로부터 구출받은 것을 감사하며 콰르호(모압의 수도, 성경의 기르하라셋, 왕하 3:25)에 있는 그모스 신에게 산당을 지어 바쳤다. 그모스 신께서는 이스라엘을 노엽게 여기셨기 때문에 이스라엘 왕 오므리는 수십 년 동안 모압을 억압했다. 그의 아들이 왕이 된 후에는 그 역시 '나는 모압을 억압하겠다'하고 말했다. 내가 임금으로 있을 때 그는 이렇게 말했지만 나는 그와 싸워 승리하였다. 이스라엘은 영원히 멸망하였다. 오므리는 메데바 땅을 소유했고 이스라엘 사람들이 오므리 시대와 그의 아들의 초기 통치기에 40년간 그곳에서 정착해 살았지만 그모스 신은 내 시대에 다시 그곳에 거하셨다... 나는 바알 므온을 세우고 그 안에 구덩이를(렘 18:20 참고)를 팠으며 카르야텐(기랴다임, 렘 48:1)을 세웠다. 그 전에 갓 사람들이 자력으로 아다롯을 세웠지만 나는 저들과 싸워 그 성읍을 빼앗은 후 성읍 주민들을 모두 죽여서 그모스 신과 모압의 제물로 바쳤다. 나는 그들의 족장인 오리엘을 케리옷(Qerioth, 아모스 2:2절의 그리욧)에 있는 그모스 신 앞으로 끌고 갔다…그모스 신은 나에게 '가서 이스라엘의 느보를 빼앗아라'(렘 48:1 참조) 하고 말씀하셨다. 그래서 나는 밤중에 이스라엘로 올라가 새벽부터 정오까지 저들과 싸워 느보를 탈취하고 7,000명의 남자들과 어린 아이들 및 부녀자들을 죽였다. 나는 이들을 모두 아쉬타르 그모스 신에게 제물로 바쳤다…. <기독지혜사, 성서대백과> 701-702면

긴 민족적인 신이었다(왕상 11:5, 33 참조). 몰렉신에게 제사드리는 과정에서 자녀들을 제물로 바쳐 죽이는 일이 있었다고 성경은 기록하고 있다(겔 16:20, 렘 7:31).

(2) "메사의 석비"에 의하면 메사 왕은 그모스의 직접적인 교훈을 따라 행동했으며 '자신의 장자로 희생 제사를 드리는 의식'에서 주도권을 잡았다. 모압의 초기 희생 제사에서는 황소나 어린 양을 제물로 드렸음을 본다(민 23:1,14,29).

모압 자손들은 "파문"(헤렘, herem – 동 교재, 여호수아 확대경 7번, 128면 참조)이라는 제도를 실시했는데, 이 제도 가운데 전리품들은 승리의 신에게 바쳐졌다. 그 파괴의 잔인성과 무자비함은 당시의 여러 나라들과 다르지 아니했다. 포로로 잡은 용사를 죽이는 것이 관례였다.

## 베들레헴 삼부작

백투더 바이블(사사기), 19면에서의 내용을 다시 선새

- **첫번째 이야기**(사사기 17-18장) : 사사기 저자는 이 때가 "이스라엘에 왕이 없던" 그래서 "사람마다 자기 소견에 좋은 대로 행하던" 때라고(삿 17:6) 특징짓는다. 베들레헴 출신 레위인이 미가의 집에 개인 제사장으로 채용된다. 그러는 동안 단 지파는 자기에게 기업으로 할당된 땅을 선주민의 압력으로 소유하지 못한다. 그들은 인내하지 못하고 다른 영토를 알아보려고 정탐꾼을 이스라엘 북쪽으로 파견한다. 그들은 정복 가능성을 보고한다. 그래서 가나안 최북쪽에 있는 라이스를 정복하기 위해 600명이 출발한다. 이때 베들레헴 출신 레위인을 데리고 가 단 지파의 제사장으로 채용한다.

- **두번째 이야기**(사사기 19-21장) : 베들레헴 출신의 여자를 자기 첩으로 맞아들인 에브라임의 한 레위인 이야기다. 위의 두 이야기는 저자가 의도적으로 강조하고 있는 주제일 것이다. 저자는 야베스 길르앗에 대한 역사적 배경을 언급함으로써 사울왕이 이곳 출신임을 은연중 드러낸다. 이것은 암시적으로 사울의 조상들과 왕조에 대한 좋지 않은 인상을 심어주고 있다. 친 다윗적인 성향이 너무나 분명하게 드러나 있다.

- **세번째 이야기(룻기)** : 룻의 이야기는 모압 여인만을 주된 인물로 그리고 있는 듯이 보이지만 마지막 축복과(룻 4:11-15) 족보(룻 4:17-22)를 언급한 것을 보면 주된 목적은 다윗의 조상을 유다와 베들레헴에 이르기까지 추적하는 것임을 밝혀준다

➲ 이렇게 베들레헴은 첫번째와 두번째 이야기의 등장 인물을 통해 명예 훼손을 당하는데 비해 세번째 룻기에서는 엘리멜렉과 그 가족들이 그 명예를 드높인다. 룻의 이야기에서 베들레헴은 다윗 왕의 가장 합당한 출생지가 된다. 룻기는 다윗의 조상을 유다의 아들 베레스로부터 시작한다(룻 4:11-12).

<유진 H. 메릴, 제사장의 나라, 기독교문서선교회, 231면이하 참조 정리>

# 다윗의 할머니, 룻

마 1:3-6

3 유다는 낳고
/베레스와
세라를
/다말에게서
베레스는 낳고
/헤스론을
헤스론은 낳고
/람을
4 람은 낳고
/아미나답을
아미나답은 낳고
/나손을
나손은 낳고
/살몬을
5 살몬은 낳고
/보아스를
/라합에게서
보아스는 낳고
/오벳을
/룻에게서
오벳은 낳고
/이새를
6 이새는 낳으니라
/다윗 왕을
다윗은 낳고
/솔로몬을
/우리아의 아내에게서

**1. 마태가 그린 메시야의 계보에서 룻의 위치를 살펴보자.**

(1) 보아스와 룻이 결혼하려 할 때 동네 사람이 축복해준 내용은 무엇인가?

- 룻 4:12-13 "여호와께서 이 소년 여자로 네게 후사를 주사 네 집으로 다말이 유다에게 낳아준 ( )의 집과 같게 하시기를 원하노라 이에 보아스가 룻을 취하여 아내를 삼고 그와 동침하였더니 여호와께서 그로 잉태케 하시므로 그가 아들을 낳은지라."

(2) 여기서 유다와 다말과의 관계를(창 38장) 살펴보고, 또 보아스와 룻의 관계를 살펴보자. 다말과 룻은 둘다 이방 여인들이었다. 그러나 둘다 다윗/메시야 계보에 나타나는 아들을 낳는다. 룻기는 족보를 베레스(Perez)로부터(룻 4:18) 시작하고 있는데 이 베레스는 누구인가?

룻기의 저자는 유다와 다말, 다른 한편으로는 보아스와 룻의 쌍을 비교하여 연결시키고 있다. 이 연결은 유다에게 주어진 왕권적인 약속이(창 49:10) 다윗의 왕조를 통해 이루어지는 연결끈이다.

- 창 49:10 "홀이 유다를 떠나지 아니하며 치리자의 지팡이가 그 발 사이에서 떠나지 아니하시기를 실로가 오시기까지 미치리니 그에게 모든 백성이 복종하리로다."

**2.** 마태는 "아브라함과 다윗의 자손 예수 그리스도의 세계(족보)"(마 1:1)라는 말로 마태복음을 시작하고 있다. 메시야는 아브라함에게서 그 역사적 뿌리를 갖고 있으며 족장들에게 주어진 약속대로 다윗과 같은 왕(혹은 다윗의 계보를 통한 왕)으로서 오셨다는 것이다.

여기 룻기의 주된 목적 중의 하나는 바로 아브라함과 다윗 사이의 연결을 확립하기 위한 것이다. 룻은 아브라함으로부터 다윗에 이르는(궁극적으로는 그리스도에게까지 이르는) 메시야적 연결 사슬의 중요한 고리가 된다는 점이다. 그래서 룻은 "이스라엘을 세운 라헬, 레아 두 사람과 같은"(룻 4:11) 여인이 되었다.

## 룻기에서 살펴볼 수 있는 주제들

여러 주제를 살펴볼 수 있지만 언제나 전체 주제에서 이탈되어서는 안 된다

- 룻과 보아스를 통한 하나님의 계획 : 하나님은 다윗 왕조를 통하여 하나님의 영광스러운 약속들을 성취하실 것이다. 룻과 보아스가 다윗 왕조에 미친 영향
- 소망 : 절망적인 상황(사사시대)에서도 하나님의 백성들은 소망을 가질 수 있다.
- 자기 백성에 대한 하나님의 사랑 : 언약을 떡 먹듯 배반하는 이스라엘이라도 하나님은 그의 자비와 사랑을 거두지 아니하신다.
- 룻의 믿음 : 그녀는 어떤 면에서 칭찬 받을만한가?
- 암울한 시대에서도 하나님의 율법을 실천하며 사는 평범한 사람들의 모습
- 선택의 기로에서 : 인생은 끝없이 선택에 직면하면서 살아간다. 그 선택은 자기 자신에게 있지만 그 선택의 책임 역시 자신이 져야 한다. 그 선택의 기준은 무엇인가?
- 다윗의 증조모 : 여호와를 자기 하나님으로 택한 룻, 그녀는 다윗 왕의 증조모가 된다.

- 하나님의 주권적 은혜의 원리 : 유대인이 경멸하는 모압 족속의 여인 룻, 하나님은 자신의 뜻을 이루시기 위해 이런 이방인들도 사용하신다.
- 고엘(속량자, 기업 무를 자, Redeemer)로서의 보아스와 예수 그리스도와의 유사점
- 하나님의 역사 : 자기 백성을 구속하시기 위해 하나님의 역사는 어떻게 진행되는가? (은밀성에 대해)
- 아름다운 고부관계 : 나오미의 룻에 대한 극진한 사랑과 룻의 시모에 대한 극진한 효성
- 족보의 중요성 : (특히 유대인에게)
- 하나님의 섭리와 인간의 자유 : 나오미의 삶을 이끌어가시는 하나님의 손길, 그러나 나오미 자신의 의지를 말살하지 않으신다.
- 고난 : 누구에게나 고난이 닥쳐오지만 이에 대처하는 방법은 각자기 다르다. 어떤 원리를 가지고 대처해야 할까?

흉년을 피하여 (1:1–5)

- 흉년으로 인한 기근을 피하여 모압 땅으로 이주하는 엘리멜렉 가정(1–2절)
- 나오미의 남편 엘리멜렉의 죽음(3절)
- 두 아들이 모압 여자와 결혼(4절)
- 그곳에 거한지 10여년, 두 아들마저 죽음 (5절)

Ruth

# 1:1-5

## 흉년을 피하여 모압으로

이스라엘 땅에 흉년이 들었다. 물론 엘리멜렉 가정이 살고 있는 베들레헴도 마찬가지였다. 계속되는 기근은 엘리멜렉으로 하여금 중대한 결정을 내리게 했다. 이 땅에 계속 머물러 있을 것인가, 아니면 이 흉년이 끝나기까지 이민(?)을 가야할 것인가? 결정이 쉽지 않았겠지만 엘리멜렉은 모압 땅으로 이주를 결심한다. 엘리멜렉, 부인 나오미, 그리고 두 아들, 일가족 4명은 베들레헴을 떠나 외국 땅 모압에 가서 살게 된다. 자기 고향을 떠나 모압으로 이민 가는 한 가족의 모습을 지켜보는 동네 사람들, 한편으로는 부럽기도 했을 것이다.

젖과 꿀이 흐른다던 가나안 땅, 그러나 지금은 아니였다. 이스라엘 백성이 하나님의 언약을 어기고 범죄했기 때문이었다. 하나님은 모세를 통해서, 그리고 여호수아를 통해서 약속의 땅에서 복 받는 삶에 대해서 귀가 닳도록 말씀하셨다. 언약을 잘 지키고 순종했을 때에(신 28:1-14) 이들이 사는 땅은 젖과 꿀이 흐르는 땅이 될 수 있었다(신 26:9). 그러나 이스라엘 백성들은 여호와 하나님을 떠나 가나안 족속들의 풍습을 좇고 그들의 신들을 섬겼다. 하나님은 모세를 통해 이스라엘 백성들에게 언약을 파기하여 불순종 했을 때에는 엄청난 고통을 당할 것이라고 경고하셨다(신 28:15-68). 하나님은 이런 징계를 통해서 이스라엘 백성들로 하여금 정신을 차리게 하려 하셨다. 지금 이스라엘이 당하는 환난은 "이스라엘 백성들이 <또> 여호와의 목전에 악을 행하였으므로" 당하는 환난이었다. 따라서 하나님이 주신 징계의 때를 감수해야 했다. 그러나 엘리멜렉의 얄팍한 생각은 잘못된 결정을 내리고 만다.

# 그 땅에 흉년이 드니라 (1:1)

1. "사사들이 치리하던 때"란 언제를 가리키는 것인가?

(1) 본문의 기록으로는 엘리멜렉이 언제 모압으로 이주했는지 정확히 알 수 없다. 어떤 학자는 룻이 다윗의 할머니란 점을 들어 아마 기드온 때에 일어난 것이 아닐까 하고 주장한다.

(2) 그 주장이 어떠하든간에 "사사들이 치리하던 때"는 이스라엘의 역사가 죄와 반역으로 점철된 기간이었다. 출애굽 제 1세내, 즉 과거 광야에서의 이스라엘 백성들은 자신들의 죄 때문에 모두 광야에서 죽었다. 그들은 끊임없이 모세를 원망하며 하나님을 배반했나. 그러나 지금 안식의 땅에서 살아가고 있는 제 3세대 역시 같은 죄를 짓고 있다. 사사기 저자는 이들이 결코 그들의 조상보다 낫지 못한 시대였다고 진술한다. 사사시대 300여년간의 기간 중 삼분의 일이 이방인의 압제로 인한 전쟁에 시달리게 된다. 이방인의 침략으로 기를 피지 못했고, 거기에다 흉년으로 인한 기근까지 계속되고 있다.

2. 하나님은 가나안 땅에 들어가서 어떻게 살아가야 할 것인가를 모세를 통하여 아주 자세히 말씀하셨다. 만일 하나님의 말씀을 순종하지 않는다면 어떤 결과들이 올 것인가 신명기의 말씀을 통해 들어보자.[1]

(1) 먼저, 신명기 28:15-68의 말씀을 읽어보자. 출애굽 제 1세대는 여호수아와 갈렙을 제외하고는 전부 광야에서 죽었다. 이는 반역 행위에 대한 하나님의 심판이었다. 신명기는 모세가 앞으로 가나안 땅에 들어가 살게 될 출애굽 제 2세대를 앞에 놓고 모압 평지에서 설교한 내용을 기록한 것이다. 모세는 (신명기에서) 지나간 날들을 회고하면서 하나님의 신실하신을 강조하고 있다. 하나님을 원망하며 배반을 떡 먹듯 했던 이들의 부모 세대, 모세의 권고는 가나안 땅에 들어가 살 때는 이런 조상들의 죄악을 본받지 말라는 것이었다. 가나안에 들어가 살 때는 제발 규례와 법도를 철저히 지켜 하나님의 축복을 받으라고 강력하게 권고했다.

(2) 특히 신명기 28장은 하나님이 규례와 법도를 철저히 지킬 때와 그렇지 못했을 때 어떤 축복과 저주가 올 것인가를 아주 자세히 기록하고 있다. 만약 이

1) 동교재 신명기(수정판), 28장(214면 참조)

확대경 No. 1

# 엘리멜렉이 살던 곳 '베들레헴'

1. 베트레헴(בֵּית לֶחֶם 떡집) : 예루살렘에서 남쪽으로 8km 지점. 지금은 '베이트 라임'(Bayt Lahim)이라고 불리운다. 그 이름의 뜻과 같이 비교적 비옥한 평야지대에 자리잡고 있다.

2. 야곱이 라헬을 이곳 근처에 묻었다(창 35:16-20). 사사시대에는 미가라는 사람이 베들레헴 출신 레위인 소년을 자기 가정의 신 제사장으로 삼은 일이 있다(삿 17:7 이하). 사사기 17-19장에서는 베들레헴 출신의 여자를 자기 첩으로 맞아들인 에브라임의 한 레위인의 이야기를 소개하고 있다. 룻기의 이야기는 바로 이 베들레헴을 배경으로 일어난 이야기이다. 모압 여인 룻이 이 성읍에서 보아스를 만났다(룻 3,4장). 다윗도 이 도시에서 태어났다(삼상 16:1-13). 그전에 이곳의 이름은 '에브랏'이었다(창 35:19). 다윗은 "유다 베들레헴 에브랏 사람 이새라 하는 자의 아들"로 알려졌다(삼상 17:12). 다윗 시대 이후에는 베들레헴 사람이 바벨론으로 끌려간 것으로 언급되었고(123명, 스 2:21), 포로지에서 귀환 후 이 마을에 거한 자도 상당수였다고 기록하고 있다(느 7:26).

3. 무엇보다도 베들레헴은 예수님의 탄생지로(마 2:1) 유명한 마을이다. 미가는 "이스라엘을 다스릴 자"가 베들레헴에서 탄생될 것이라고 예언했다(미 5:2). 이 통치자의 "근본이 상고에, 태초에"에 있다고 했다. 신약시대의 사람들은 메시야가 베들레헴에서 탄생될 것이라고 기대했다(마 2:5,6 요 7:42). 예수님은 약속대로 베들레헴에서 태어나셨다(마 2:1, 눅 2:4-7).

4. 콘스탄틴의 통치 때에 헬레나(Helena)가 베들레헴에 세운 성탄교회는 정확한 장소일 수도 있고 아닐 수도 있다. 저스틴 마터나 오리겐이 진술한 자료에 의하면 그리스도의 탄생 장소가 동굴이라고 했다. 당시 이 동굴은 가축들의 잠자리로도 많이 사용되었기 때문이다. 이런 전승에 따라 A.D. 325년에 헬레나는 베들레헴에 소재하는 일련의 동굴 위에 교회당을 지었다. 그 뒤로 유스티니아누스 1세(A.D. 527-565 재위)는 헬레나의 교회당을 부수고 그 자리에 더 큰 새 교회를 지었다(예수 탄생지 교회). A.D. 132년 하드리안 황제는 베들레헴을 파괴하여 폐허로 만들었다. A.D. 1세기부터 베들레헴에 순례자들이 몰려들었기 때문이다. 그리고 모든 유대인들이 이곳에서 추방되었다. 그래서 그리스도가 탄생한 장소가 2세기 동안 행방불명되었던 것 같다. 그러나 콘스탄틴 대제가 다시 이곳을 정리, 그 자리에 바실리카 양식의 교회당을 지었다.

5. 비옥한 땅 베들레헴에도 흉년으로 인한 기근이 계속되었다는 것이다. 엘리멜렉은 가장으로서 책임을 느꼈을까, 그는 모압으로의 이민을 준비한다. 그의 결정은 믿음 없는 행동이었다고 사람들은 질타하지만, 누구나 그렇게 쉽게 판단할 수만 없는 어려움이 있었을 것이다.

런 말씀들을 철저히 교육시키고 지켰다면 가나안 땅은 젖과 꿀이 흐르는 땅이 되었을 것이다.

(3) 하나님의 언약을 어기고  순종하지 아니하면 어떤 결과가 올 것인가? 순종치 아니할 때 받을 저주는 어떤 것인가? 다음 구절을 읽고 적어보자.

• 신 28:15-19 ____________________

이 저주의 내용은 신 28:1-14절에 언급된 축복의 내용과 정반대이다.

(4) 그 저주가 얼마나 무서운 것인가를 보여주고 있다. 어떤 질병이 임하게 될 것인가를 알아보자. 우선 보편적인 재앙의 모습을 살펴보자.

• 신 28:20  네가 악을 행하여 그를 잊으므로 네 손으로 하는 모든 일에 여호와께서 ( 저주 )와 (          )와 (          )을 내리사 망하며 속히 파멸케 하실 것이며

(5) 하나님이 내리시는 징벌은 구체적으로 어떻게 임하게 될까? 다음에 언급된 일곱 가지 질병을 살펴보라(신 28:21-22)

• 사람에게 : ① 폐병 ② 열병 ③ (          , =inflammation, 심한 염증으로 온몸에 열이 나는 병) ④ 학질(말라리아, 일정한 시간이 되면 오한이 나고 발열하는 병)
• 식물에게 : ⑤ (          , =극심한 가뭄) ⑥ 풍재(風災, 하늘에서 비가 내리지 않음으로써 먼지와 티끌로 덮인 상태) ⑦ 썩는 재앙(mildew, 곰팡이, 백분병)

가나안에 정착한 후 말씀을 지키지 않을 때 받게 되는 저주를 가시적인 질병으로 종합적으로 설명했다. 말씀을 지키지 않는 것이 얼마나 무서운 일인지 모른다. 재앙은 또 있다. 어떤 것?

• 신 28:23 ( 비 대신에 티끌과 모래가 내리는 황무한 땅으로 변할 수 있다. )

(6) 위와 같은 극심한 자연 재해도 무서운 일이지만 더 무서운 것은 전쟁의 참화일 것이다. 전쟁을 하게 되면 어떤 결과가 올 것인가?

• 신 28:20 "네가 악을 행하여 그를 잊으므로 네 손으로 하는 모든 일에 여호와께서 **저주**와 **공구**와 **견책**을 내리사 망하여 속히 파멸케 하실 것이며"

• 공구(恐懼, 두려울 공 / 두려워할 구 = 공포) : 어떤 공포? 전쟁이나 재앙으로부터 오는 두려움이나 고통스러운 질병으로 인한 신적인 공포를 의미한다(삼상 5:9, 14:20-自中之亂).

• 견책(譴責, 꾸짖을 견 / 꾸짖을 책) : 하나님이 진노중에 발하실 저주를 가리킨다.

• 신28:21 "여호와께서 네 몸에 염병이 들게 하사 네가 들어가 얻을 땅에서 필경 너를 멸하실 것이며 22 여호와께서 **폐병**과 **열병**과 상**한**과 **학질**과 **한재**와 **풍재**와 **썩는 재앙**으로 너를 치시리니 이 재앙들이 너를 따라서 너를 진멸케 할 것이라."

• 신 28:25 "여호와께서 너로 네 대적 앞에 패하게 하시리니 네가 한 길로 그들을 치러 나가서는 그들의 앞에서 **일곱** 길로 도망할 것이며 네가 또 세계 만국 중에 흩음을 당하고"

• 28:25 네가 한 길로 그들을 치러 나가서는 그들의 앞에서 (          ) 길로 도망할 것이며

(7) 재난은 또 있다. 어떤 것?

• 신 28:27 – 종기, 치질, 괴혈병(악성 출혈병), 개창(심한 가려움증)
• 신 28:28 – 미침, 눈멂, 경심증(사소한 일에도 깜짝깜짝 놀라는 병)
• 신 28:29 – 백주(대낮)에도 더듬고 – 항상 압제와 노략을 당할 것이다.
• 아휴, 너무 많아서 다 적을 필요가 없네. 우선 27-46절까지만 읽어보자.

(8) 자, 47-68절까지를 간단하게 요약 정리해 보자. 하나님의 언약을 어기고 율법을 지키지 않게 되면,

• 죄로 인해 이방의 침략을 당하게 될 것이다(47-68절).
• 하나님을 섬기지 않음으로써 원수를 섬기게 될 것이다(47-48).
• 원방(遠方)에서 강국이 쳐들어 올 것이다(49절).
• 참변을 당하게 될 것이다(50-57절).
• 모든 질병을 당할 것이고(60-61절)
• 이방으로 흩어짐을 당할 것이다(62-68절).

(9) 가나안 땅은 어떠한 땅인가? 신명기 말씀을 한 곳 더 살펴보자.

• 신 11:10-17 "네가 들어가 얻으려 하는 땅은 네가 나온 애굽 땅과 같지 아니하니 거기서는 너희가 파종한 후에 발로 물대기를 채소 밭에 댐과 같이 하였거니와
11너희가 건너가서 얻을 땅은 산과 골짜기가 있어서 하늘에서 내리는 비를 흡수하는 땅이요
12네 하나님 여호와께서 권고하시는 땅이라 세초부터 세말까지 네 하나님 여호와의 눈이 항상 그 위에 있느니라
13내가 오늘날 너희에게 명하는 나의 명령을 너희가 만일 ( 청종 )하고 너희의 하나님 여호와를 사랑하여 마음을 다하고 성품을 다하여 섬기면
14여호와께서 너희 땅에 이른비, 늦은비를 적당한 때에 내리시리니 너희가 곡식과 포도주와 기름을 얻을 것이요
15또 육축을 위하여 들에 풀이 나게 하시리니 네가 먹고 배부를 것이라
16너희는 스스로 삼가라 두렵건대 마음에 미혹하여 돌이켜 다른 신들을 섬기며 그것에 절하므로
17여호와께서 너희에게 (          ) 하늘을 닫아 비를 내리지 아니하여 땅으로 소산을 내지 않게 하시므로 너희

• 신 11:17 "여호와께서 너희에게 **진노하사** 하늘을 닫아 비를 내리지 아니하여 땅으로 소산을 내지 않게 하시므로 너희가 여호와의 주신 아름다운 땅에서 속히 멸망할까 하노라."

가 여호와의 주신 아름다운 땅에서 속히 멸망할까 하노라."

• 신 28:22 "여호와께서 폐병과 열병과 상한과 학질과 **한재**와 풍재와 썩는 재앙으로 너를 치시리니 이 재앙들이 너를 따라서 너를 진멸케 할 것이라."

**3. 이와같이 가나안 땅에 흉년이 든 것은 우연이 아니었다. 지금 이스라엘이 당하는 기근은 백성들이 하나님의 언약을 어긴 결과였다.**

(1) 그들이 지은 죄로 인한 하나님의 형벌은 다양하게 나타났다. 지금 신명기 28:22*에 있는 말씀처럼 (　　　, 극심한 가뭄)와 풍재(風災)와 썩는 재앙(mildew, 곰팡이, 백분병)으로 치실 것이라고 경고하셨다. 긴 흉년으로 적국으로 이민을 가야 할 만큼 비참했다면 가나안에 내린 긴 흉년은(룻 1:4, 6 참조) 우연한 일은 아니라고 보아야 한다. 이는 이스라엘 백성들이 하나님의 언약을 어긴 결과였다(신 28:15-68). 물론 성경에 기록된 흉년이나 기근이 언제나 하나님의 징계로 인한 것은 아니다.

(2) 만약 지금 룻기의 내용이 벌어지고 있는 상황이 기드온 때라고 한다면(어떤 학자는 룻이 다윗의 증조모라면 이 사건은 기드온 때에 일어났을 가능성이 많다고 했다.), 기드온 통치 말기에 있었던 이스라엘의 혼란상을 기억할 것이다(삿 8:29-36 참조). 바알 제단을 때려부순 그 용맹성, 그리고 300명의 군사로 미디안 군사를 박살내는 그 작전의 대담성, 그리고 대적을 끝까지 추격 처형하는 끈질김, 그리고 외모의 출중함, 이것이 기드온의 모습이었다. 그래서 백성들은 그를 왕으로 추대하려고까지 했다. 그러나 그의 말년은 그의 명성과는 달리 곤두박칠을 쳤다. 그는 왕이 되지는 않았지만, 왕처럼 행동했다. 그는 아내와 첩을 많이 두었다. 자녀들의 합이 70명이나 된다고 했으니까(삿 8:30). 기드온 말년은 썩어져가는 삶이었다.

• 삿 10:11 여호와께서 이스라엘 자손에게 이르시되 내가 애굽 사람과 아모리 사람과 암몬 자손과 블레셋 사람에게서 너희를 구원하지 아니하였느냐 12 또 시돈 사람과 아말렉 사람과 마온 사람이 너희를 압제할 때에 너희가 내게 부르짖으므로 **내가 너희를 그들의 손에서 구원하였거늘** 13 너희가 나를 버리고 다른 신들을 섬기니 그러므로 **내가 다시는 너희를 구원치 아니하리라** 14 가서 너희가 택한 신들에게 부르짖어서 환난 때에 그들로 너희를 구원하게 하라 15 이스라엘 자손이 여호와께 여짜오되 우리가 범죄하였사오니 주의 보시기에 좋은 대로 우리에게 행하시려니와 오직 주께 구하옵나니 오늘날 우리를 건져 내옵소서 하고"

(3) 기드온에게는 첩이 있었는데(그가 살고 있던 곳에서 100리도 넘는 곳에 사는), 기드온의 잘못된 정신 상태는 그 여인의 아들 아비멜렉에게로 물려졌다. 이 아비멜렉은 그 천한 신분 때문에 성격이 괴팍해졌을 것이고, 그는 마침내 배다른 형제 70명을 한번에 죽임으로써 폭정(暴政)의 길로 들어섰다. 가까스로 잡힌 가나안 땅의 평화는 또다시 회오리바람 속으로 들어간다. 사사기 9장의 이야기다. 기드온 사후 이스라엘은 이방 잡신을 받아들였고, 특히 바알과 아스다롯을 열렬히 섬기게 된다. 물론 이 일로 하나님은 그의 백성에게 크게 진노하셨다. 이번에는 이스라엘을 블레셋과 암몬 자손에게 팔아버리신다(삿 10:7, 8). 하나님의 자기 백성 이스라엘의 대한 실망어린 책망을 읽어보자(삿 10:11이하). 특히 암몬의 18년 동안의 압제는 이스라엘을 극도로

## 단어해설

### 기근, 흉년 (רָעָב, 라압)

1. 성경에 기록된 흉년이나 기근이 늘 하나님의 징계로 인한 것은 아니다. 예를 들면 창세기 12:10과 26:1 그리고 사도행전 11:28의 기근 내용들은 단순히 역사적 사실들로서 언급되어 있다. 특히 비에 의존했던 고대 그 지역에서는 기근의 가장 잦은 원인이 가뭄이었다(학 1:10-11, 왕상 17:1, 18:1-2). 또한 기근은 병충해나(암 4:9) 곤충 떼와(욜 1:4-20) 같은 자연적 재해나 전쟁과 같은 인간의 행위에 의해 올 수도 있다.

2. 그러나 자연과 역사에 있어서 기근들이 하나님의 징계로 내려질 수 있다(암 4:6; 계 6:8). 이스라엘 자손들은 종종 기근을 하나님의 징계로(신 11:17, 사 3:1, 렘 29:17-18), 또는 하나님께서 인간을 구원하시기 위한 일종의 연단으로 온다고 생각했다(욥 5:20 참조).

   기근으로 인한 어려움은 동족끼리 서로 잡아 먹는 극단의 경지로까지 끌고 갈 수도 있다(왕하 8:28-29, 애 4:10). 이 극단적인 환경을 피하기 위해 타국으로의 이주를 결심하기도 한다. 엘리멜렉은 이 기근을 피하여 모압으로 이주했으나 그의 가족은 거기에서 엄청난 어려움 속에 빠진다.

3. 인간이 하나님께 불순종할 때에 자연적 축복들이 도로 회수되어진다. 인간이 하나님 앞에 범죄했을 때, 땅에 대한 저주는 타락의 첫번째의 즉각적인 결과들 중의 하나였다(창 3:17-18). 하나님은 역사를 통하여 그의 노여움을 표시하고 인간 회개를 촉구하는 경고로서 기근들을 사용하셨다(왕상 17:1; 18:17-18; 학 1:6, 9-11; 2:16-17). 계시록도 기근을 인간의 죄에 대한 직접적인 재앙으로 표현하고 있다. 순종과 풍요(시 1:1-3; 잠 3:7-10; 사 1:19), 불순종과 빈곤(레 26:14-16)은 성경적으로 필수불가분의 관계이다. 이 가뭄에 대해 신명기 28장에서는 고전적으로 표현되었고, 예레미야 14장에서는 시적으로 묘사되었다.

<NBD • 아가페 성경사전>

피곤케 했다. 룻기서는 이런 하나님의 징계로 인한 흉년의 여파로 그것을 견디지 못한 한 가족의 이민사로부터 시작하고 있음을 본다.

**4. 엘리멜렉이 모압으로 이주한 이유는 무엇일까?**

1:1 …וַיְהִי רָעָב[1] בָּאָרֶץ…

| in the land | a famine | there was |
|---|---|---|
| בָּאָרֶץ… | רָעָב[1] | …וַיְהִי |

(1) 룻기 이야기의 첫 장면은 유다 땅 '베들레헴'(Bethlehem)이다. 베들레헴은 여

1) 라압(רָעָב 기근, 기아, 굶주림, 흉년) - 사사들이 통치하던 때에 기근이 들었다는 것은 어디까지나 자연 현상으로 돌릴 수 없다. 약속의 땅에서의 흉년과 기근은 이스라엘의 불순종과 직접적으로 관계가 있다. 즉 이때의 흉년은 하나님의 심판이었다.

부스(후에 예루살렘)에서 남쪽으로 8km 지점이다. 유다 지파의 북방 변두리의 성읍이었지만 비옥한 평야지대에 자리잡고 있었기 때문에 '떡집'이란 뜻의 '베트레헴'(בֵּית לֶחֶם, house of food)이라고 불렀다. 조금은 비옥하다는 베들레헴에 흉년이 들었다. 기근이 닥쳐왔다. 구약에서는 때때로 하나님의 징계의 하나로 기근을 보내기도 하셨다(레 26:18-21, 신 28:15). 그러므로 지금 이들이 당하는 기근은 우연이 아니었다. 이스라엘 백성들이 죄를 짓고 하나님을 청종치 아니했기 때문이었다. 불경건한 사람들의 악행 때문에 환난이 온 것이다. 그러나 경건한 사람도 어찌할 수 없이 함께 고난을 당해야 한다. 그것참…

(2) 이스라엘 백성은 지금 너무 큰 어려움을 만났다. 흉년이 들었다. 견디기 힘든 상황이 계속된다. 농부들의 열심만으로 해결될 수 없는 일이다. 비가 내리지 않는다. 먹을 곡식이 없다. 이제 모든 사람들에게서 기쁨이 사라졌다. 엘리멜렉은 유다 땅 베들레헴에서 유력한 사람들 중 하나였던 것 같다. 모든 환경이 그의 마음을 들뜨게 했을 것이다. 엘리멜렉 한 가족만 이주를 결심했을까? 이미 모압으로, 아니면 애굽으로 이민을 간 사람들도 있었으리라. 어쨌든 엘리멜렉의 마음은 이미 고향을 떠나 있었다. '아무래도 나도 이민을 가야겠어…' '어디로 가야할까?'

(3) 흉년으로 인한 기근은 사회적, 도덕적 질서를 무너뜨린다. 우선 생존이 문제가 되기 때문이다. 가족의 생명을 보존하기 위해 이주를 생각지 않을 수 없다. 족장 아브라함도 기근으로 인해 애굽으로 내려간 일이 있었다(창 12:10). 이삭 때에도 흉년이 들었다(창 26:1). 야곱도 기근을 피하기 위해 애굽으로 내려갔다(창 46:1-47:12).

엘리멜렉의 모압에로의 이주 결정은 어쩌면 가장으로서 가족의 생존을 위해 어쩔 수 없는 결정이었으리라. 그래도 하나님이 주신 땅에서 고난을 견디는 대다수의 사람들이 있지않는가!

• 룻 12:10 "그 땅에 기근이 있으므로 아브람이 애굽에 우거하려 하여 그리로 내려갔으니 이는 그 땅에 기근이 심하였음이라."

• 룻 26:1 "아브라함 때에 첫 흉년이 들었더니 그 땅에 또 흉년이 들매 이삭이 그랄루 가서 블레셋 왕 아비멜렉에게 이르렀더니."

(4) 모압에는 흉년이 들지 않았다는 소문이 나돌았으리라. 애굽으로의 이주보다 모압은 지리적으로도 가깝지 아니한가. 사해를 건너기만 하면 되니까. 결국 엘리멜렉은 최후의 결단을 내린다. 모압으로 이민 가기로 결정한 것이다. 이 과정에서 부인 나오미는 이민을 가자고 압력을 넣었을까? 아니면? 하나님이 기업으로 주신 땅을 버리고 외국으로 문제해결을 위해 떠난다는 것은 어떤 이유이든 잘한 일은 아니었을 것이다.

## 5. 엘리멜렉의 모압으로의 이주 결단은 잘한 일인가? 그렇지 못하다면 왜 잘못된 결정일까?

(1) 가나안은 하나님이 이스라엘 백성에게 주신 약속의 땅이요 축복의 땅이다. 가나안 땅에서 하나님의 언약을 지키며 말씀대로의 순종은 풍성한 수확의 축복과 함께 가나안 땅에 젖과 꿀이 흐르게 하는 원인이 될 것이다. 그러나 우리가 이미 알고 있듯이 사사시대는 죄악으로 점철된 기간이었다. 어쨌든 모압으로의 이주는 하나님이 주신 "약속의 땅"을 떠난다는 사실을 의미한다.

(2) 베들레헴에서 엘리멜렉의 위치는 어떠했을까? 그는 어느 정도 사회적으로 존경 받는 위치에 있었던 것 같다(1:21 참조). 만약 그렇다면 모압으로의 이주는 더더욱 잘못된 선택임에 틀림없다. 우리는 다음과 같은 나오미(Naomi)의 고백에서 엘리멜렉의 결정이 잘못된 것임을 어렴풋이 볼 수 있다.

• 룻 1:13 "너희가 어찌 그것을 인하여 그들의 자라기를 기다리겠느냐 어찌 그것을 인하여 남편 두기를 멈추겠느냐 내 딸들아 그렇지 아니하니라 '여호와의 손이 나를 ( 치셨으므로 )[1]' 나는 너희로 인하여 더욱 마음이 아프도다"

(3) 모압으로 이민을 갈 것인가, 말것인가는 자유로운 선택이지만 그 결과는 결단을 내린 사람의 몫이다. 엘리멜렉, 그는 언약 공동체의 일원으로서 지금 가나안에 내려진 흉년과 기근의 의미를 깨닫고 회개하며, 그 기근의 때가 지나가기를 기다려야 하지 않았을까? 적어도 하나님의 백성 이스라엘은 자신들에게 내려진 고난의 의미를 되씹으며 하나님의 자비를 구했어야 했다. 그 고난이 자신들의 죄악 때문이었음을 뼈져리게 느끼며 다시 하나님께로 가까이 가야 했을 것이다. 물론 우리는 한 마디로 그를 평가할 수 없다. 생활에 지치고, 아니 빚까지 져서 고난의 구덩이에서 헤어나오지 못할 환경이었을 것이기 때문이다.[2]

(4) 엘리멜렉은 "약속의 땅"을 떠나서라도 육적인 문제를 해결하려 했다. 우선 그에게, 모압은 그 육적인 문제를 단번에 해결해 줄 수 있는 곳이었다. 우리가 살고 있는 이 세상은 언제나 우리에게 모든 문제 해결의 열쇠가 된다고 손짓하고 있다. 모압으로 가기만 하면 된다. 모압으로 가지 말라고 붙잡는 사람도 있었으련만 엘리멜렉은 주저하지 않았다. 물론 성경에 기록되지 않

1) 야차(יָצָא) : '나가다, 나오다, 떠나도, 앞으로 가다, 이끌어내다'라는 뜻이 있다. 이 단어는 상당히 다양한 뜻으로 쓰였다. 여기서는 하나님으로부터 오는 재앙(렘 11:11)이나 진노(민 16:46)를 가리킨다. / the hand of the LORD has gone out against me!

"너희들 처지를 생각하니, 내 마음이 괴롭구나. 주께서 손으로 나를 치신 것이 분명하다."(표준새번역)

• 우리는 삶의 여정에서 수많은 선택의 기로에 서게 된다. 크게는 직업을 선택하는 일, 배우자를 선택하는 일, 거주지를 선택하는 일 등에서부터 작게는 매일의 생활 속에서 결정을 내리면서 살아가게 된다. 믿음 안에서의 결정은 자신을 더 높은 신앙의 경지로, 그리고 축복된 삶의 열매들을 맺히게 한다. 물론 잘못된 선택과 결정은 평생을 저주스러운 삶을 살아가게 만들 수도 있다.

2) 우리는 나오미가 소유지를 가지고 있었다면(룻 4:1-4 참조) 왜 애초에 그렇게 가난했는지 모른다. 아마도 나오미가 모압으로 이사했을 때, 누군가에게 소유권이 넘어간 것으로 보인다. 따라서 그녀는 기근이 끝나도 토지에서 얻는 이득에 대해 어떤 권리도 주장할 수 없었다.

모압은 지리적으로 유다와 크게 멀지 않다. 지금 모압은 흉년이 들지 않았다. 그러나 사해를 끼고 맞은편에 위치한 유다는 그곳 사람들이 다른 곳으로 이민을 가야할만큼 심각한 가뭄이 계속되고 있다. 이는 언약을 어기고 죄악으로 떨어진 백성에게 내려진 하나님의 징계임이 틀림없다.

엘리멜렉은 모압으로 가기 위해
어떤 길을 택했을까?

(1) King's High Way(왕도) : 모압으로 가는 주요 통로는 소위 '王道'라고 하는 하이웨이가 있다. 헤스본(Heshbon)에서 디본(Dibon)을 거쳐 길-하로셋 (Kir Hareseth)으로 그 위로는 다메섹으로 연결되어 있다.

모세가 출애굽하여 이스라엘 백성을 이끌고 북진(北進)을 계속할 때 에돔은 이스라엘의 통과를 거절했다(민 20:14-22). '트랜스 요르단'(요단 동편)으로 가기 위해서는 에돔과 모압을 지나는 왕도(King's High Way)를 통과하면 빨리 갈 수 있었다. 그러나 하나님은 그들을 괴롭게 말고 싸우지 말것을 명하셨다(신 2:4-6, 9, 19, 삿 11:17). 그래서 모세는 에돔과 모압을 우회해서 북진하게 된다.

엘리멜렉은 베들레헴을 떠나 요단을 건너 이 길을 택하지 않았을까?

(2) 아니면, 배를 타고 사해를 건너서 가지 않았을까?

은 어썰 수 없는 한경이 있었을 것이다.[1] '어떻게 하든 모압에 가면 모든 것이 다 해결되겠지…'

(5) 이스라엘 백성에세 내려지는 하나님의 징계, 그것은 하나님이 자기 백성을 치료하시는데 반드시 필요하기에 내려지는 수단이다. 이 징계 앞에 우리는 무릎을 꿇어야 한다. 그리고 지난 날들의 잘못을 회개해야 한다. 하나님이 자기 백성에게 내리시는 징계는 영원하지 않다. 그 징계는 자식을 사랑하는 또다른 표현이기 때문이다. 물론 징계이기에 아픔과 눈물이 있다. 그 징계가 지금 이스라엘 백성에게는 전쟁과 기근으로 나타났다. 만약 이런 징계가 없다면 이스라엘은 영원히 구제받을 수 없는 자식이 되었을 것이다.

1) 그가 가지고 있던 땅까지도(룻 4:4 참소) 타인의 소유로 넘어갈 정도로 가난했는지, 아니면 이민가는데, 땅을 처분하고 갔는지 알 수 없다.

44

# 하늘 같은 남편도 죽고, 금쪽같은 아들도 죽고 (1:3–5)

사사들이 치리하던 때, 이스라엘 땅에 장기간에 걸쳐 흉년이 들었다. 그 원인이 이스라엘 백성들의 죄악 때문이었다. 그렇다면 하나님께 엎드려 죄를 회개하고 자비를 구했어야 했다. 그러나 엘리멜렉은 세상적인 방법을 택했다. 그에게는 모압으로의 이주가 최선의 해결책이었다. 엘리멜렉 부부는 어느 사이에 세상적인 방법으로 모든 문제를 해결하는 데 익숙해져 있었을 것이다. 그의 아들들의 이름에서 볼 수 있듯이 그들 가정에는 이미 먹구름이 끼고 있었음을 보게 된다. 엘리멜렉과 나오미의 모압으로의 이민은 인간적으로 볼 때는 성공적이지 못했다. 그의 가족의 삶이 공중분해 되었기 때문이다. 남편 엘리멜렉도 죽고, 모압 여인을 아내로 맞은 두 아들 역시 자식도 낳지 못하고 죽었다. 허탈해진 나오미… 어쩔 줄 몰라 하는 나오미를 지켜 보시는 하나님의 손길… 카메라는 지금 나오미의 삶을 조명하고 있다.

**1. 몇 식구가 모압에 도착했는가? 먼저, 가족들의 프로필을 살펴보자.**

- "나의 하나님은 왕이시다."
- 베들레헴 에브랏 사람으로 기근이 들자 애굽으로 이주하나 그곳에서 곧 죽는다.

- "나의 기쁨, 나의 즐거워 하는 자, 사랑받는 자 (beloved)"
- 모압에 가서 10여년의 역경 끝에 다시 유다 땅으로 돌아온다.

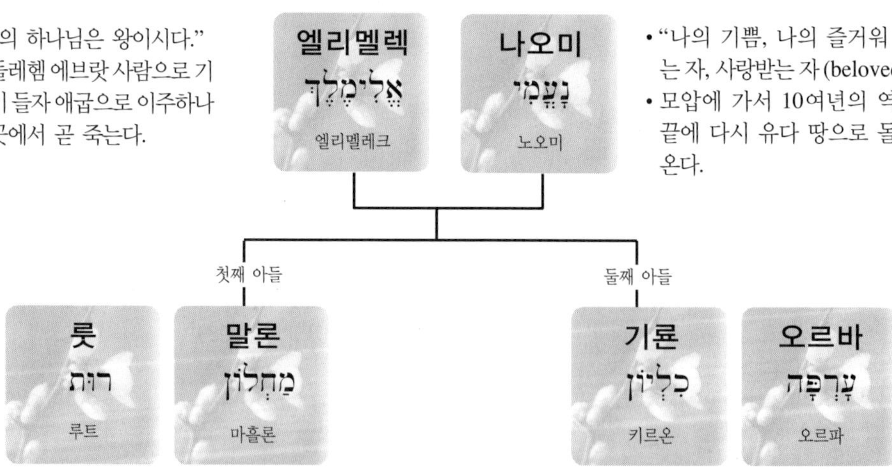


말론의 아내로 남편이 죽자, 시어머니 나오미를 따라 베들레헴으로 온다. 이 여인이 바로 룻기의 주인공이다. 그는 다윗과 예수님의 선조가 된다(룻 4:17-22, 마 1:5).

남편 기룐이 죽자 시어머니를 따라 베들레헴으로 가려했으나 시어머니의 권고를 듣고 모압의 친족에게로 돌아갔다(룻 1:4-14).

(1) 엘리멜렉(Elimelech)은 식구들을 이끌고 모압 땅으로 가서 우거하게 된다(1절). 물론 엘리멜렉은 모압 땅에 가서 완전히 정착하려 하지는 않았을 것이다. 여기 "우거하다"(구르, גּוּר)라는 말은 '잠시 체류한다'는 말이다. 그는 이 기근이 끝나면 곧 돌아오려고 했을 것이다.

(2) 남편을 따라 모압에 온 나오미(Naomi), 즐거운 마음이 있었을까? 문제는 엘리멜렉의 생각과 같이 삶이 그렇게 쉽게 풀려가지 아니했다는 것이다. 모압에 가서 얼마를 지났는지 모른다. 엘리멜렉은 어떤 이유인지 모르지만 그만 죽고만다. 모든 꿈은 사라졌다. 이 가정에 생각지도 않은 고난이 닥쳐왔다.

룻1:21 "내가 풍족하게 나갔더니 여호와께서 나로 비어 돌아오게 하셨느니라 여호와께서 나를 징벌하셨고 전능자가 나를 괴롭게 하셨거늘 너희가 어찌 나를 나오미라 칭하느뇨 하니라"

2. 남편 하나 믿고 물설고 낯서른 타향 땅에 왔는데, 남편이 먼저 세상을 떠났다. 지금까지 남편의 죽음은 생각지도 못한 일이었으리라. 나오미에게 갑자기 절망과 고통이 찾아왔다. 나오미에게 남편의 죽음의 의미는 무엇이었을까? 여자의 몸으로 삶을 꾸려가는 것은 죽음이나 다름없었다. 더욱이 모압에서.

(1) 갑자기 일어난 남편의 죽음은 그녀의 생의 근본적인 것을 뒤흔들어 놓았다. 처음에는 남편의 죽음이 현실이 아니라고 부정했을 터이지만 그녀는 모든 것을 현실로 받아들여야만 했다. 나오미에게 아직 두 아들이 남아있지만, 지금 슬픔이 그녀를 괴롭히고 있다.

(2) 유다 땅에 내린 흉년을 피하기 위해, 하나님의 뜻을 묻지 아니하고 인간적인 선택으로 모압 땅에 왔지만, 그래서 일시 기근은 피해갔을테지만, 그러나 그 기근보다 더 엄청난 고난이 이들을 기다리고 있었다. 엘리멜렉(나오미) 가정의 이민사(移民史)는 고난의 연속이었다. 나오미가 다시 베들레헴으로 돌아갔을 때, 그녀는 성읍 사람들에게 자기를 이제 더이상 '나오미'(은총, 은혜로움, 사랑받는 자)라고 부르지 말고 차라리 '마라'(쓴, 괴로운)라고 부르라고 했음을 보아 그녀의 삶이 얼마나 비참했었는가를 보여준다. 그녀의 삶이 '마라'라는 말처럼 쓰고, 괴로운 삶이었다는 말이다.

우리는 하나님의 뜻을 묻지 않고 인간적인 평안과 안정만을 위하여 자기 자신의 판단으로 결단을 내리기 쉽다. 특히 이주, 결혼, 직업 등을 선택하는데 잘못된 판단으로 평생을 괴로움 속에 지날 수 있다. 그러나 하나님은 이런 고난을 통하여 우리를 정화시키기도 하신다.

• 룻 1:4 "그들은 **모압** 여자 중에서 아내를 취하였는데 하나의 이름은 오르바요 하나의 이름은 룻이더라 거기 거한 지 십 년 즈음에."

**3.** 남편을 잃고 얼마를 지났을까? 소용돌이치던 환경도 조금은 진정되었을 것이다. 나오미에게는 아직도 두 아들이 있다. 이제 이 아들들이 결혼 적령기가 되었다. 아들의 며느리감을 구해야 했다. 누구를 며느리로 택해야한단말인가? 이곳은 베들레헴이 아니지 않는가! '어떻게 할까?'

1:4 그들은 (　　　　　) 여자 중에서 아내를 취하였는데 하나의 이름은 ① 오르바요 하나의 이름은 ② 룻이더라.

(1) 두 아들의 이름은 무엇이며, 이 아들의 이름에서 엘리멜렉과 나오미의 신앙이 어떠했는가 생각해보자.

• 말론(מַחְלוֹן) : 마흘론(Mahlon) : 노래, 영약함, 질병이라는 뜻이 있다.
• 기룐(כִּלְיוֹן) : 키르욘(Chilion) : 허약함, 수척해짐, 상실하다 등의 뜻이 있다.

두 아들의 이름의 뜻을 정확히 파악하기는 어렵지만 '질병' '허약함' 등의 뜻이 있음을 보아 이 가정에 불어닥칠 고난의 바람을 볼 수 있지 않겠는가. 엘리멜렉은 가나안에 흉년이 닥쳤을 때, 이를 하나님의 징계로 알아 그 고난을 인내로 승화시켜야 했다. 그러나 엘리멜렉은 인간적인 판단을 내리고 현실을 도피했다. 이들의 이민 생활은 아들의 이름의 뜻과 같이 질병의 세월이었을 것이다.

• 신 23:3 "암몬 사람과 **모압 사람은** 여호와의 총회에 들어오지 못하리니 그들에게 속한 자는 십대 뿐 아니라 영원히 여호와의 총회에 들어오지 못하리라 4 그들은 너희가 애굽에서 나올 때에 떡과 물로 너희를 길에서 영접하지 아니하고 메소보다미아의 브돌 사람 브올의 아들 발람에게 뇌물을 주어 너희를 저주케 하려 하였으나 5 네 하나님 여호와께서 너를 사랑하시므로 발람의 말을 듣지 아니하시고 그 저주를 변하여 복이 되게 하셨나니 6 **너의 평생에 그들의 평안과 형통을 영영히 구하지 말지니라.**"

(2) 어쨌든 나오미는 두 아들을 결혼시켜야 했다. 그렇다면 누구를 며느리로 맞아들여야 할까?! 물론 모압 땅에서 동족의 여자를 고른다는 것이 쉬운 일이 아니었으리라. 결국 나오미는 모압 여인을 며느리로 맞아들인다. 모압 사람들은 분명히 이스라엘과는 원수지간이 아닌가?! 나오미에게는 아직 그것을 따질 형편이 아니었으리라. 그녀에게는 아직도 기댈 수 있는 언덕이 있었다. 두 아들이 살아 있었기 때문이었다.

• 첫째 아들 말론 : (　　　　　)을 아내로 맞음(룻 4:10)
• 둘째 아들 기룐 : (　오르바　)를 아내로 맞음

(3) 자손을 잇고자 하는 나오미의 열망은 결국 모압 여인을 며느리로 맞아들인다. 이스라엘과 모압 여인 간의 결혼은 금지 되지 않았지만, 모압 사람은 십대까지라도 여호와의 총회에 들어올 수 없었다(신 23:3*).

(4) 어쨌든 시간의 흐름과 함께 남편의 죽음으로 인한 슬픔이 그녀를 해방시키고, 또 두 아들의 결혼으로 한시름 놓았을 나오미, 이들 가족에게는 다시 베들레헴으로 돌아가겠다는 생각은 아주 사라졌을 것이다. '이제는 아주 모압 사람이 되는구나!'

**4. 그러나 고난은 여전히 나오미를 괴롭히고 있었다. 어떤 사건이 그를 절망으로 떨어뜨렸는가?**

1:5 말론과 기룐 두 사람이 다 (　　　　) 그 여인은 두 아들과 남편의 뒤에 남았더라

• 룻 1:5 "말론과 기룐 두 사람이 다 **죽고** 그 여인은 두 아들과 남편의 뒤에 남았더라."

(1) 나오미에게 고난 위에 고난이 겹쳤다. 잠시 동안 흉년을 피한다는 것이 어느 사이에 10년이 흘러가버렸다. 그리고 지금 나오미는 망연자실해 있다. 남편도 죽고, 두 아들마저 죽었다. 앞으로 더 살아가야 할 의미가 없는 현실 앞에 나오미는 오열했을 것이다.

(2) 더욱 그녀를 괴롭히는 일은 두 아들 모두 자식이 없이 죽었다는 것이다. 남자들은 다 죽고 세 여인만 남았다. 아마 두 아들은 모압 체류 10년 말기에 결혼했을 것이고, 결혼 후 그리 오래지 않아 죽었을 것이다. 아니면 하나님이 두 아들에게 씨를 주지 않으셨을런지도 모른다. 지금 한 가족이 공중분해되고 있다. 엄청난 회오리 바람이 지나가고 나오미는 이 모든 사실이 하나님이 자신을 치신 것이 분명하다는 생각을 갖는다. 이 가정 위에 불어온 환난의 바람은 우연이 아니었고, "여호와의 손이 나를 치셨기" 때문이라고 고백한다(룻 1:13). 그녀가 이런 상황에서 여호와를 찬양했을까? 그녀의 생각 밑바닥에는 여호와께서 자신을 벌하셨다는 앙금이 가라앉아 있었다. '고향을 떠나는 게 아니었는데…' 아마 이런 생각이 있었을 것이다.

(3) 어쨌든, 믿음 없는 한 순간의 선택이 그녀를 많은 세월 동안 눈물로 보내게 만들었다. 비록 성경에는 엘리멜렉의 모압 이민사를 아주 짧게 기록했지만(룻 1:1-5), 그 십여년의 세월은 나오미에게는 눈물과 한숨의 세월이었다. 이 처절한 실패 앞에서 나오미는 어떤 결단을 내리는가? 인생의 밑바닥까지 내려와서야 나오미는 하나님을 바라본다. '그래, 다시 베들레헴으로 돌아가는 거야!!' 모든 사람들이 그녀를 향해 비웃을지도 모른다. 비참하게 된 그녀의 모습을 보고 측은하게 여길지도 모른다. 다시 고향으로 돌아가는 일도 결코 쉽지 않은 대단한 결단이었다.

확대경 No. 2

# 하나님이 주신 약속의 땅, 가나안

**1. 약속의 땅 가나안 그곳은 하나님이 자기 백성에게 주신 축복의 땅이었다. 하나님은 모세를 부르면서 다음과 같이 말씀하신다.**

- 출 3:8 "내가 내려와서 그들을 애굽인의 손에서 건져내고 그들을 그 땅에서 인도하여 아름답고 광대한 땅 젖과 꿀이 흐르는 땅 곧 가나안 족속, 헷 족속, 아모리 족속, 브리스 족속, 히위 족속, 여부스 족속의 지방에 이르려 하노라."

**2. 한마디로 가나안은 아름답고 풍요롭고 축복이 가득한 땅이라고 말한다. 그 땅은 젖과 꿀이 흐르는 땅이었다. 그 땅의 풍요로움을 다음과 같이 말하고 있다.**

- 신 8:7-9 "네 하나님 여호와께서 너를 아름다운 땅에 이르게 하시나니 그곳은 골짜기에든지 산지에든지 시내와 분천과 샘이 흐르고 밀과 보리의 소산지요 포도와 무화과와 석류와 감람들의 나무와 꿀의 소산지라 너의 먹는 식물의 결핍함이 없고 네게 아무 부족함이 없는 땅이며 그 땅의 돌은 철이요 산에서는 동을 캘 것이라."

그 땅은 너무 아름다워서 애굽의 땅과 비교할 수 없는 곳이다.

- 신 11:10-12 "네가 들어가 얻으려 하는 땅은 네가 나온 애굽 땅과 같지 아니하니 거기서는 너희가 파종한 후에 발로 물대기를 채소 밭에 댐과 같이 하였거니와 너희가 건너가서 얻을 땅은 산과 골짜기가 있어서 하늘에서 내리는 비를 흡수하는 땅이요 네 하나님 여호와께서 권고하시는 땅이라 세초부터 세말까지 네 하나님 여호와의 눈이 항상 그 위에 있느니라."

**3. 그 땅은 물질의 풍요로움뿐 아니라 사방의 모든 대적을 이기게 하실 곳이었다(신 12:9-10).**

- 신 12:19 "너는 삼가서 네 땅에 거하는 동안에 레위인을 저버리지 말지니라 20 네 하나님 여호와께서 네게 허락하신 대로 네 지경을 넓히신 후에 네 마음에 고기를 먹고자 하여 이

르기를 내가 고기를 먹으리라 하면 네가 무릇 마음에 좋아하는 대로 고기를 먹을 수 있으리니"

이스라엘이 그 땅에 정착할 때, 싸움이 있기는 했지만 이전의 삶과 비교할 때 안식과 축복의 삶이었다. 신약에서는 이 안식을 그리스도인이 구원받은 사실과 연관시켜 설명했다(히 4:10). 즉 주님을 영접한 사람은 이미 안식을 얻은 것이라는 것이다. 물론 이런 성도의 삶은 아직 완성되지 않은 저 나라를 향해 선한 싸움을 싸우는 일이 있어야 한다(히 4:11).

**4. 이렇게 가나안 땅은 축복이요, 안식(쉼)의 땅이지만 그렇다고 아무렇게나 살아가도 되는 곳이 아니다.**

(1) 그곳은 특별한 생활 양식을 요구하는 땅이다. 하나님은 거룩한 하나님이시니 그의 백성 또한 거룩하게 살라는 것이다. 이 축복의 땅에 들어가서 어떻게 살아가야 할 것인가는 율법을 통해서 수도 없이 반복적으로 전달되었다. 특히 신명기에서 강하게 강조되고 있다(신 11:31이하 참조). 이렇게 축복의 땅 가나안은 하나님께서 자기 백성 이스라엘에게 주신 선물이었지만, 여기에는 반드시 백성들의 책임 완수가 따른다. 적당히 아무렇게나 살아가도 되는 곳이 가나안의 삶이 아니다. 그것은 크리스챤이 구원 받고 아무렇게나 살아서는 안되는 것과 같다. 성도에게는 선한 영적 싸움이 있다.

(2) 그런데 우려했던 바와 같이 "사사들이 통치하던 때에" 이스라엘은 하나님의 언약을 어기고 죄악 속에 곤두박질치고 있었다. 가나안은 백성들의 죄악으로 더럽혀지고 있었다. 가나안에 닥친 흉년과 기근은 죄로 인한 하나님의 징계였다. 그 징계의 때에 이스라엘 백성들은 회개하고 다시 하나님께로 돌아온다. 이스라엘에게는 다시 소망이 있게 된다. 룻 1:6을 읽어보자.

• 룻 1:6 그가 모압 지방에 있어서 **여호와께서 자기 백성을 권고하사** 그들에게 양식을 주셨다 함을 들었으므로 이에 두 자부와 함께 일어나 모압 지방에서 돌아오려 하여

(3) 하나님은 자기 백성을 다시 권고하신다. 징계는 잘못된 길을 걸어가는 자식을 향한 하나님의 또다른 사랑의 표현일 뿐이다. 따라서 징계는 영원하지 않다. (*)

### 5. 모압으로의 결정은 무엇까지 포기해야 하는 문제인가?

(1) 그 당시는 물론 종교의 자유가 없는 시대였다. 민족들마다 신이 있어 자신들의 신을 섬기며 살아야 했다. 모압으로의 이주는 여호와의 종교를 포기해야(?) 하는 극단 상황까지 가지는 않았겠지만 그렇다고 쉬운 일은 아니었을 것이다. 물론 엘리멜렉이 여호와를 완전히 버리지는 않았을지라도 유다 땅에서처럼 마음놓고(?) 못섬겼을런지도 모른다. 모든 것이 모압인의 사고(思考)의 틀 안에서 살아가야만 하지 않았겠는가? 모압에서 어쩔 수 없이 모압 여인을 며느리로 맞아들였듯이 말이다.

(2) 그러나, 훗날 룻(Ruth) 속에 숨어 있는 여호와에 대한 신앙이 있음을 보아 그 가족 속에 여호와의 신앙이 살아 있었음을 보게 된다.

### 6. 그렇다면, 이런 모든 재난의 원인이 한 가정 위에 내린 하나님의 징계 때문인가?

(1) 물론, 성경에서는 엘리멜렉의 가정이 공중분해된 원인이 하나님의 징계 때문이라는 직접적인 설명은 없다. 성경의 인물들이 당하는 고난들이 모두 하나님의 징계 때문만은 아니다(욥 처럼). 그러나 하나님의 징계로 인한 고난이었다 할지라도 룻기 기자는 이 점에 초점을 맞추지 않는다. 이 책을 쓰는 목적이 여기에 있지 않기 때문이다. 죄악 때문에 이스라엘이 나락으로 곤두박질 치는 가운데서도 한 가정의 몰락과 회복을 통해 여호와의 인애를 그리고 있다. 더욱이 룻은 이방 여인이었지만 이스라엘 사람을 만나 하나님을 영접하게 되는 복을 누리게 된다. 그녀는 다윗의 조상이 되었으며, 예수님의 족보에 오르는 영광을 얻는다(마 1장).

(2) 그러나 문제는 나오미가 이런 일련의 고통과 재난들이 하나님의 징계라는 생각을 가지고 있었다는 것이다(1:13, 20-21). 물론 그녀가 하나님을 향해 크게 원망했다는 말은 아니다. 이런 극한 상황 가운데서도 '할렐루야, 하나님이 이런 고통을 주셨으니 찬양하자'라고 한다면 오히려 외식적인 행동일 것이다. 어쨌든 나오미는 현재 슬프고 고통스럽다. 그녀가 여호와의 인애를 깨닫기 전까지는…. 이런 상황에서는 울어야 하는 것이 더 참다운 신앙인의 모습이 아닐까? "내가 풍족하게 나갔더니 여호와께서 나로 비어 돌아오게 하셨느니라 **여호와께서 나를 징벌하셨고 전능자가 나를 괴롭게 하셨거늘** 너희가 어찌 나를 나오미라 칭하느뇨 하니라"(1:21).

- 우리는 한 평생을 살면서 수없는 선택의 기로에 서게 된다. 결혼, 이주, 직업의 선택 등, 그 잘못된 선택 때문에 지금 괴로워하고 있는가?! 그렇다면 당신은 나오미가 아닌가?! 그러나 낙심하지 말자. 이후 나오미를 인도하시는 하나님의 손길을 볼 수 있지 않은가?! 인생의 처절한 패배자만이 삶의 의미를 진정 음미할 수 있지 않은가!
- 하나님이 함께 하지 않는 삶, 그것은 비록 외부가 화려하다 할지라도 비참한 삶이다. 하나님을 떠난 행복은 진정한 행복이 아니다. 나오미의 가정을 향해 내리시는 징계는 하나님의 사랑의 한 방편이다. 만약 그녀가 다시 하나님께로 돌아온다면 그 동안의 아픔은 결코 헛되지 않다.
- 엄청난 괴로움을 당하며 슬픔을 당한 자를 바라보는 우리네 모습은 어떠한가? 모든 고통과 환란을 죄와 연관시켜 바라보고 있지 아니한가? 생에 닥치는 고난이 어떤 사람에게는 훈련일 수 있다.

# 룻 1:1–5 정리하기

**요약질문**

*Summary*

- 가나안 땅은 이스라엘 백성에게 어떤 땅인가? (하나님의 언약적 측면에서)
- 가나안 땅은 흉년이 자주 있었다. 흉년과 기근은 적어도 이스라엘 백성과는 어떤 관계성을 갖는가?
- 하나님이 자기 백성 이스라엘을 징계하시는 방법은 무엇인가?
- "사사들이 치리하던 때는" 어느 때를 말하는가? (교재)
- 엘리멜렉이 살던 베들레헴은 이스라엘에게는 어떤 의미가 있는가? (확대경 1번 참조)
- 이스라엘 백성에게 축복과 저주는 어느 때 임하는가? 신명기 28장을 읽고 설명해 보라.
- 하나님이 자기 백성에게 내리시는 징벌은 구체적으로 어떤 것들인가? (신 28:21-22, 교재 본문 참조)
- 하나님의 언약을 어기고 죄를 지을 때 어떤 저주가 임할 것인가 요약 정리해보라. (교재)
- 엘리멜렉이 모압으로 이주한 이유는 무엇인가? (1절)
- 모압으로의 이주가 왜 잘못된 선택이었나? 모압은 이스라엘에게 어떤 존재인가?
- 몇 식구가 모압에 도착했는가? 그 식구들을 소개해 보라.
- 두 아들의 이름과 그 이름에서 오는 엘리멜렉 가정의 신앙을 살펴보라.
- 엘리멜렉의 죽음이 나오미에게 가져다 준 충격은 어떠했는가? 그는 남편의 죽음의 원인이 무엇이라고 고백했는가? (1:13을 읽고)
- 두 아들의 죽음을 앞에 놓고 망연자실 했을 나오미의 심정을 이야기해 보라.
- 하나님이 주신 가나안 땅은 어떤 경우에만 젖과 꿀이 흐르는 땅이 되는가? (확대경 2번 참조)
- 3명의 여인만 남았다. 나오미는 가장 불쌍한 자가 되었다. 그렇다고 소망이 전혀 없을까?

연구–1 약속의 땅에서의 흉년과 기근의 원인

연구–2 베들레헴의 영적, 역사적 의미는 무엇인가? (미 5:1 참조)

연구–2 가장 처절한 나오미와 이스라엘 백성의 비참한 영적 상태 비교 연구

모압에서 베들레헴으로 (1:6-18)

• 나오미는 여호와께서 자기 백성을 돌아보사 흉년을 끝내고 양식을 주셨다는 소식을 듣고 고향으로 돌아오려고 결심함(6절)

• 두 며느리가 나오미를 따라 가기를 원함. 그러나 나오미의 간곡한 권유로 오르바는 자기네 친족에게로 돌아감(7-14절).

• 그러나 룻은 나오미를 따르기로 함(15-18절)

# Ruth 1:6-18

## 어머니의 하나님이 나의 하나님

나오미(Naomi), 가나안에 내려진 흉년을 피하여 남편과 함께 모압으로 내려온 그녀는 지금 생의 가장 낮은 곳에서 어찌할 줄을 모르고 있다. 남편 엘리멜렉도 죽었고, 남은 두 아들마저 모압 여인들과 결혼했으나 자식도 낳지 못한 채 죽어버렸다. 남은 사람은 나오미 자신과 두 며느리뿐, 남자들은 다 죽고 여인 셋만 남았다. 그러는 동안 모압 이민 10년 세월이 흘러가버렸다. 하나님의 뜻은 아랑곳하지 않고 인간적인 판단으로 내린 모압으로의 이주(移住)는 한 가정이 공중분해되는 상황까지 이르렀다.

이제는 울 기운조차 없는 나오미, 그녀는 조용히 지나온 10여년의 이민 생활을 반추하기 시작한다. 내가, 왜 지경까지 왔을까? 끝도 없는 고난이 내 주위를 맴돈다면 필경은 보이지 않는 어떤 섭리가 있었을 것이 아닌가?! 그녀는 눈을 들어 하늘에 계신 여호와를 바라본다. 나오미는 베들레헴에 흉년이 끝났다는 소식을 듣게 된다. 흉년이 끝나고 양식을 주신 것은 하나님이 자기 백성을 권고하셨기 때문이다. 고향 베들레헴에 흉년이 끝나 양식 걱정이 없어졌다는 소식은 넋을 잃은 나오미에게 용기를 가져다주는 기폭제가 되었다. 그녀는 고향으로 돌아가기로 결심한다. 그녀의 마음 속에 잠자고 있던 신앙이 눈을 떴을 것이다. 나오미는 고향에 양식으로 인한 고통이 사라졌다는 소식을 듣고나서야 고향행을 결심한다. 이때 두 며느리들이 시어머니를 따라나선다. '어떻게 할까? 얘들도 따라 나선다는데…' 나오미는 며느리들에게 집으로 돌아갈 것을 강하게 권유한다. 그러나…

# 어머니의 백성에게로 돌아가겠나이다 (1:6-10)

흉년을 피해 모압으로의 이민을 아주 쉽게 결정했던 한 가정, 그 가정은 지금 파산을 당했다. 남편을 잃고 허탈했던 나오미, 그러나 사랑하는 두 아들마저 잃는 아픔을 당하고 나서야 나오미는 그 모든 슬픔의 과정이 하나님의 특별한 섭리였다는 사실을 깨닫게 된다. 10년이 지나서야… 물론, 아직도 그녀의 마음속에는 부정적 시각을 가지고 있다. 베들레헴에 흉년이 끝났다는 소식을 듣고 그녀는 귀향을 서두른다. '그래, 베들레헴으로 돌아가는거야!!'

구문 by 채호덕

6 이에[ו]<br>
[그녀가] —— **일어나**<br>
/두 자부와 함께<br>
/[그녀의]<br>
**돌아오려 하여**1)<br>
/모압 지방에서[부터]

//(이유: כִּי, for)<br>
그[녀]가 —— 들었으므로<br>
/모압 지방에(있어)서<br>
/여호와께서 —— 권고하(사)(=신 것을)2)<br>
/자기 백성을<br>
/주(셨다함을)(=시므로)<br>
/양식을<br>
/그들에게

1) 돌아가다 : 룻기에서 이 단어가 많이 쓰였다. 1:6, 7, 8, 10, 11, 15,16,21,22, 2:6, 4:3, 4:15 (회복자)

2) 권고하다: 여기서는 이 말이 어떤 뜻으로 쓰였는가?

- 나오미는 왜, 갑자기 고향으로 돌아가려 했는가?
- 처음에는 고향으로 돌아가려 할 때 누구와 함께 동행했는가?
- 하나님은 이스라엘을 권고하사 흉년을 그치게 하셨다. 여기서 "권고하다"라는 말의 의미는 무엇인가?
- 나오미가 고향으로 가려고 결심했던 근본적 이유는 무엇이었을까?

**1. 인제까지나 실만할 수는 없는 나오미, 그녀는 마침내 중대한 결심을 하기 위해 일어선다. 왜 그녀는 유다 땅으로 돌아가기로 결심했는가?**

1:6 그가 모압 지방에 있어서 여호와께서 자기 백성을 (　　　　) 그들에게 (　　　　)을 주셨다 함을 들었으므로

- 룻 1:6 "그가 모압 지방에 있어서 여호와께서 자기 백성을 **권고하사** 그들에게 **양식**을 주셨다 함을 들었으므로 이에 두 자부와 함께 일어나 모압 지방에서 돌아오려 하여"

(1) 이방인의 땅 모압에서 비참한 상황에 처해 있는 나오미, 그 때 조국 유다에서 들려온 소문은 절망 속에 있던 그녀에게는 희망의 메시지였다. 유다 땅에 기근이 끝났다는 소문이었다. 기근은 참기 힘든 고통이었지만 그 고통은 계속되지 아니했다. 그 흉년으로 인한 기근은 어디까지나 자기 백성 이스라엘을 징계하기 위한 하나님의 회초리였기 때문이다.

확대경 No.3

## 이스라엘 백성이 겪었던 기근의 원인

**(1) 여호와의 목전에 악을 행하여 :**

- 풍요로움은 인생들로 하여금 죄악 속으로 떨어지게 할 요인을 가지고 있다. 이스라엘 백성들에게 주어진 평강의 세월들은 이들로 하여금 다시 죄악으로 빠지게 하는 서곡(序曲)이 되곤했다. 율법에 대한 철저한 교육도, 위대한 영적 지도자도 없는 세대의 이스라엘 백성들은 "애굽 땅 종 되었던 집에서 인도하여 내신 여호와"를 잊어버렸다. 그리고 가나안 족속들이 섬기는 우상을 섬기기 시작했다. 물론 여호와의 종교를 아주 버린 것은 아니었다. 여호와도 섬기고 우상도 섬기는 "혼합주의" 종교로 빠졌다. 성경은 이런 상태를 "하나님을 버렸다"고 표현하고 있다.

- 하나님은 모세를 통해 앞으로 이스라엘 백성이 가나안 땅에 들어가 살 때에는 다음과 같은 사실을 주의하라고 하셨다.

> 신 6:10-15 "네 하나님 여호와께서 네 열조 아브라함과 이삭과 야곱을 향하여 네게 주리라 맹세하신 땅으로 너로 들어가게 하시고 네가 건축하지 아니한 크고 아름다운 성읍을 얻게 하시며 11네가 채우지 아니한 아름다운 물건이 가득한 집을 얻게 하시며 네가 파지 아니한 우물을 얻게 하시며 네가 심지 아니한 포도원과 감람나무를 얻게 하사 너로 배불리 먹게 하실 때에 12너는 조심하여 너를 애굽 땅 종 되었던 집에서 인도하여 내신 여호와를 잊지 말고 13네 하나님 여호와를 경외하며 섬기며 그 이름으로 맹세할 것이니라 14너희는 다른 신들 곧 네 사면에 있는 백성의 신들을 좇지 말라 15너희 중에 계신 너희 하나님 여호와는 질투하시는 하나님이신즉 너희 하나님 여호와께서 네게 진노하사 너를 지면에서 멸절시키실까 두려워하노라"

- 적과 싸울 때는 이스라엘은 부패로 나아가지 아니했다. 그러나 생활에 여유가 있을 때 이들은 하나님의 언약을 어기고 범죄했다. 우리들은 사단과 전쟁 중에 있을 때에는 정신을 차린다. 그러나 그 전쟁이 소강 상태에 있을 때 우리는 죄에 빠지기 쉽다.

"너를 애굽 땅 종 되었던 집에서 인도하여 내신 여호와를 잊지 말라."

### (2) 이스라엘에게 진노하심(심판)

- 어쨌든 유다 땅의 흉년은 이스라엘 백성들이 하나님을 멀리하고 범죄했기 때문에 내려진 하나님의 징계였다. 하나님은 거룩하신 분이시기에 자기 백성들 역시 거룩한 삶을 살기를 원하신다. 그래서 백성들이 지켜야 할 율법(헌법)을 주셨다. 따라서 그 율법을 부지런히 가르치고 지켜야 한다. 그렇지 못할 때 하나님은 "이스라엘을 대적"하신다(*against* Israel). 율법에의 불순종은 반드시 하나님의 징계를 가져온다. 죄를 싫어하시는 하나님의 속성 때문이다. 전쟁과 기근은 자기 백성을 징계하시는 한 방편이었다. 그로인해 이스라엘 백성들은 말할 수 없는 고통을 당하지만, 이런 고통은 하나님께로 다시 가까이 갈 수 있는 회복의 길이기도 했다.

### (3) 여호와께 부르짖음

- 이방인의 지독한 압제, 또는 견디기 힘든 기근은 이스라엘 백성들로 하여금 여호와 하나님 앞에 무릎을 꿇게 한다. 이스라엘은 그 고통 때문에 하나님께 부르짖는다. 이스라엘의 구원 여부가 절대적으로 하나님께 달려 있다. 이스라엘이 범죄했을 때 하나님은 모압 왕 에글론을 강성케 하셔서(삿 3:12) 이스라엘을 치게 하셨다. 이들은 요단강을 건너 유다 땅을 공격 '종려나무 성읍'(여리고)을 점령했다. 이스라엘은 모압에게 18년간을 신음했다(삿 3:14). 이스라엘은 이들에게 공물을 바치며 숨을 죽이며 살아야 했다. 그래서 이스라엘은 하나님께 부르짖고, 하나님은 왼손잡이 사사 에훗을 세우셔서 이 곤경에서 구원해 내신다.

### (4) 이스라엘을 구원하심

- 오늘 본문에 나오는 이 기쁜 소식이 위에서 가리키는 암모이나 모압의 압제로부터의 구원인지는 확실치 않다. 어쨌든 유다 땅에 내린 하나님의 징계는 이방인의 압제와 함께 온 기근이었다. 그런데 이제 그 고통을 하나님께서 풀어주시고 이들에게 다시 양식을 주셨다는 것이다. 하나님께서 이스라엘을 "권고하셨다." 하나님은 주의 백성의 간구에 신실하신 분이시기 때문이다.

(2) 우리가 이미 사사기에서 배운 것처럼 이스라엘 백성들은 하나님의 언약을 어기고 죄악으로 아주 깊이 빠져들어가곤 했다.

**2. 하나님은 자기 백성 이스라엘을 권고하셨다. 왜 하나님은 이들을 권고하시는가?**

(1) "권고하다"라는 말의 의미를 찾아보자.

- 권고하다(פָּקַד 파카드) : 방문하다, 소집하다, 맡기다. 처리하다, 임명하다 등의 뜻이 있으나 여기서는 '돌보다'(take care of), '권고하다'(take up the cause of)라는 뜻으로 쓰였다.

- 창 21:1 "여호와께서 그 말씀대로 사라를 **권고하셨고** 여호와께서 그 말씀대로 사라에게 행하셨으므로"

(2) 창세기 21:1에서 이 단어가 같은 뜻으로 사용되었다. 어떤 내용인가?

- 창 21:1 여호와께서 그 말씀대로 사라를 (                    ) 여호와께서 그 말씀대로 사라에게 행하셨으므로

오랫 동안 자식이 없어 의미 없는 나날을 보내고 있던 사라를 하나님께서 "권고하셨다." 그녀를 돌아보셨다는 말이다. 자식을 낳지 못한 사라의 태를 여실 수 있는 분은 하나님 뿐이시다. 이들 아브라함 부부의 나이에서 자식이 출생된 것은 기적적인 사건이었다. 누가복음에 나오는 '사가랴의 노래' 에서 사가랴는 다음과 같이 예수님의 탄생을 이삭의 기적적인 탄생과 연계시키고 있음을 본다.

- 눅 1:67 "그 부친 사가랴가 성령의 충만함을 입어 예언하여 가로되 68 찬송하리로다 주 이스라엘의 하나님이여 그 백성을 **돌아보사** 속량하시며 69 우리를 위하여 구원의 뿔을 그 종 다윗의 집에 일으키셨으니…"

- 눅 1:68-78 "찬송하리로다 주 이스라엘의 하나님이여 그 백성을 (            ) 속량하시며…77주의 백성에게 그 죄 사함으로 말미암는 구원을 알게 하리니 78이는 우리 하나님의 긍휼을 인함이라 이로써 돋는 해가 위로부터 우리에게 임하여"

(3) 이렇게 가나안 땅에 기근을 그치게 하사 양식을 주신 것은 하나님께서 자기 백성 이스라엘을 "권고하셨기" 때문이다. 자기 백성을 긍휼히 여기사 돌아보셨다. 하나님께서 그의 백성을 찾아보시어 양식을 주셨다는 말이다.

(4) 결국 이스라엘 백성에게 복잡하게 얽힌 문제는 여호와 하나님께서 푸셔야

한다. 이스라엘 백성들이 회개하고 울부짖을 때 하나님은 그 고통의 징계를 푸신다. 이스라엘의 구원은 전적으로 하나님께 달려 있다는 말이다. 나자신의 삶의 모든 문제도 하나님께 돌아갈 때에만 그 해결이 있다.

3. 나오미는 마침내 그 고달픈 이민의 삶을 청산하고 고향으로 돌아가기로 결심한다. 모압에서의 생활은 더이상 의미없는 생활이었다. 하나님께서 다시 이스라엘에게 복 주신다는 소문을 들었기 때문이었다.

(1) '돌아가다'라는 말 슈브(שׁוּב)[1]는 자기 종족, 옛 관습, 특히 하나님께로 돌아간다는 것을 의미한다. '돌아간다'는 것은 나오미에게 어떤 의미가 있을까? 고향을 떠나온지 너무 오래 되어서 향수에 젖어 무작정 돌아가고 싶은 감정이었을까? 우선 확대경을 통해 그 단어의 의미를 살펴보자.

(2) 비록 지금까지 살고 있는 상황이 비참했다 하더라도 안식처를 버리고 일어선다는 것은 결코 쉽지 않은 일이다. 나오미는 지금 성공해서 고향을 가는 것이 아니다. 우선 동네 사람들의 시선을 견디기 어려울 것이다. 남편도 죽고, 두 아들마저 죽어 모든 삶이 파산되어 있지 아니한가?! 이 모양으로 고향을 다시 찾는다는 것은 죽기보다도 싫었을 것이다. 그렇다고 모압에 계속 머문다는 것은 더욱 견디기 어려운 일이었다. 그는 결심하고 일어선다.

**4. 어려운 결단이었지만 나오미는 유다 땅으로 돌아오려고 길을 행했다. 누구와 함께?**

구문 by 채호덕

7 [그녀가] —— **떠나고①**
/[그]곳(을)(=으로부터)

/[거기서][2]
자부도 —— 있던
/두 /그[녀]와 함께 (하여)
/[그녀의]

[그들이] —— **행하다가②**
/길(을)(=에서)

//(목적:לְ, to)
돌아오려고(부정사, לָשׁוּב)
/유다 땅으로

① 떠나고 :야짜(יצא) - (Qal)나가다, 떠나다, (Hiph)이끌어내다, 인도하나, 나타나나 등.

② 돌아오려고 : (유다 땅으로) 돌아가려고 / 돌아가다(שׁוּב)

1) 슈브(שׁוּב)- (되)돌아오다: 이 동사는 여러 가지 뉘앙스를 갖고 있다. 구약에서만도 1,050회 이상 등장한다. 특히 예레미야에서 가장 자주 나온다(111회). 시편에서 71회, 창세기에서 68회, 에스겔서에서 62회, 열왕기에서 62회, 역대상에서 61회, 열왕기하에서 55회, 이사야에서 51회가 등장한다.

- 돌아가다(창 18:33, 레 25:10), 돌아오다(출 33:11), 돌이키다(신 23:13), 떠나다(신 23:14), 회복하다(왕하 13:25) 등등.

2) 관계부사 - 선행사는 '그 곳'이다.

## 단어해설

### "(되)돌아오다" (룻 1:6, 슈브, שׁוּב)

1. (되)돌아오다(슈브, שׁוּב) : 이 동사는 여러 가지 뉘앙스를 갖고 있다. 구약에서만도 1,050회 이상 등장한다. 특히 예레미야에서 가장 자주 나온다(111회). 시편에서 71회, 창세기에서 68회, 에스겔서에서 62회, 열왕기에서 62회, 역대상에서 61회, 열왕기하에서 55회, 이사야에서 51회가 등장한다.

• 돌아가다(창 18:33, 레 25:10), 돌아오다(출 33:11), 돌이키다(신 23:13), 떠나다(신 23:14), 회복하다(왕하 13:25) 등등.

2. 성경에서는 회개의 과정에서 인간의 책임을 묘사해 주는 관용어들이 많다(수 24:23, 렘 4:4. 렘 4:14, 호 10:12 등등). 여기 이 '슈브'(שׁוּב)라는 동사는 다른 어떤 동사들보다 본질적으로 회개의 두 가지 필요 요건들, 즉 악으로부터 돌아서는 것과 선을 행하는 것과 더 잘 결합되고 있다. 여러 가지 의미 중에서도 다음의 의미들은 중요하다.

• 수 24:23 "여호수아가 가로되 그러면 이제 너희 중에 있는 이방신들을 제하여 버리고 너희 마음을 이스라엘의 하나님 여호와께로 향하라."
• 렘 4:4 "유다인과 예루살렘 거민들아 너희는 스스로 할례를 행하여 너희 마음 가죽을 베고 나 여호와께 속하라 그렇지 아니하면 너희 행악을 인하여 나의 분노가 불같이 발하여 사르리니 그것을 끌 자가 없으리라."

(1) 육체적인 운동이나 움직임을 암시하는 '슈브'의 기본적인 의미는 (되)"돌아오다"는 의미로 270회 이상 나온다(Qal 동사 어간에서 슈브의 의미).

• 창 18:14 "여호와께 능치 못한 일이 있겠느냐 기한이 이를 때에 내가 네게로 돌아오리니 사라에게 아들이 있으리라" - 하나님이 주어인 경우
• 창 22:5 "이에 아브라함이 사환에게 이르되 너희는 나귀와 함께 여기서 기다리라 내가 아이와 함께 저기 가서 경배하고 너희에게로 돌아오리라 하고" - 사람이 주어인 경우

(2) 이 동사는 종종 동사의 행동을 되풀이 하는 보조 동사의 역할을 한다.

• 창 26:18 "그 아비 아브라함 때에 팠던 우물들을 '다시' 팠으니…"

(3) 세번째로 신학적으로 가장 중요한 용법(회개의 의미로)은
① 언약의 공동체가 하나님께로 되돌아가는 것,
② (죄를 부인한다는 의미에서) 악에서 돌아서는 것,
③ (배교자가 된다는 의미에서) 하나님께로부터 돌아서는 것을 의미하는 용법이다.

3. 수많은 곳에서 '슈브'는 '포로에서의 귀환'을 의미하고 있다(Qal형 - 스 2:1, 느 7:6, 사 10:22, 렘 22:10 / Hiphil형 - 왕상 8:34, 렘 12:15). 포로에서 돌아오는 것은 온갖 형태의 죄에서 돌이키는 것과 마찬가지로 개심하는 것이었다.

하나님이 그 어느 쪽의 돌아옴이든지 다 허락하신다는 것은 그의 언약에 대한 신실성을 확증해 주는 것이다. "~에로" 혹은 "~로부터" 돌아서라고 요구하는 것은 하나님께로 돌이킴으로써 하나님이 주신 능력으로 죄인이 자기 운명의 방향을 고칠 수 있음을 말한다. 회개는 하나님의 자유로운 주권적 행동과 인간이 통회와 슬픔을 초월하여 하나님께로 돌아오는 의지적인 결단을 하는 것 등 두 가지 측면이 있다.

➡ 지금 나오미는 모압에서의 생활을 청산하고 다시 베들레헴으로 '돌아오고' 있다. 비록 양식 문제로 인해 발길을 돌리고 있기는 하지만, 그녀는 모압 땅이 계속해서 자기가 살아가야 할 곳은 아니라는 것을 알았다. 지금까지의 모압에서의 삶이 궁극적으로는 하나님을 떠난 삶이었다는 것을(룻 1:13) 늦게나마 깨닫고 있었다. 나오미는 지금까지 걸어가던 길에서 다시 되돌아 오고 있다. 소망이 여호와께만 있음을 알았기 때문이다.

<구약원어 신학사전, 요단출판사>

- 나오미는 그녀가 살았던 모압을 떠나려고 길을 나섰다. 누구와 함께?

- 두 자부는 물론 모압 여인이다. 어떻게 그녀들은 자기 조국을 버리고 유다 땅으로 가려했을까? 두 여인들의 어머니에 대한 사랑의 관계를 유추해 보라.

- 유다 땅으로 돌아간다면 모압으로 이민왔던 길로 다시 돌아가려 하지 않았겠는가?! 나오미의 마음에 오갔을 착잡한 심정을 어떻게 표현할 수 있을까?

(1) 나오미, 그녀는 아마 조금이라도 여유 있는 형편이었다면 결코 다시 유다 땅으로 돌아가려 하지 않았을 것이다. 외국으로 이민갔다가 거지(?)가 되어 다시 조국으로 돌아오는 가족이 있다면 그 비참함이 어떠하겠는가? 나오미는 지금 거지가 되어 조국으로 돌아가고 있다. 물론 걸어서 그 길을 걸어갔으리라. 지금 세 여인들만이 무거운 발걸음을 옮기고 있다.

(2) 그런데 며느리들도 시어머니를 따라나서겠다는 것이 아닌가! 모압 여인으로서 자기 남편의 나라 유다 땅으로 선뜻 시어머니를 따라나선다는 것은 결코 쉽지 않은 결정이다. 우리는 여기서 나오미의 성품을 읽을 수 있을 것 같다. 나오미는 평소에 자부들을 몹시 사랑했던 것같다. 더욱이 아들들이 죽은 후에 시어머니의 며느리에 대한 자애로움은 더해 갔을 것이다. 비록 모압 여인들이었을지라도 그런 시어머니의 사랑 앞에 많은 감동을 받았을 것이다.

그런데 지금 그 시어머니가 고국으로 돌아가겠다는 것이 아닌가! 이런 시어머니를 따라간다면 그 어떤 환경에서라도 행복할 수 있다고 생각했으리라. 고부(姑婦) 간의 갈등이 심심찮게 회자되는 이 세상에 나오미와 두 며느리의 관계는 그림 같은 이야기가 아닌가!

(3) 세 여인, 시어머니와 두 명의 모압 며느리, 한 명은 유대인, 두명은 모압인. 남편들은 다 죽고 여인들만 살아서 쓸쓸이 귀국길에 올랐다. 물론 이들은 가난하다. 그 동안도 생존을 위한 삶에 지쳐 있었을지도 모른다. 떠나는 이들을 누가 거창하게 환송이나 했을까? 떠나는게 부끄러워 몰래 빠져나오지나 않았을까? 이들의 비참한 모습에서 우리는 어떤 희망적인 요소를 발견할 수 있을 것인가? 그 누구도 거들떠 보지 않는 초라한 모습, 모습들… 이들은 무엇보다 생존을 위해 다시 유다 땅으로 돌아가려 한다.

(4) 오직 하나님만이 이 초라한 여인들을 지켜보고 계실 뿐이다. 오직 하나님만이 이들의 앞날을 위한 계획을 갖고 계실 뿐이다. 누가 이 초라한 집단을 눈여겨 보았을 것인가? 누가 이 집단에서 구속사의 커다란 맥을 잇는 다윗 왕이 태어날 것이라고 생각이나 했겠는가? 꺼져갈듯한 불꽃, 우리가 보기에도 너무 초라하다.

가난하고, 배운 것 없고, 외모조차 보잘 것 없는 사람이 교회에 나왔다. 아무도 그를 크게 생각지 않는다. 나오미와 두 자부보다 더 비참한 사람들이 우리 주위에 있어도 크게 관심을 두지 않는다. 어느날 그들의 모습이 교회에서 사라져간다해도 대단치 않은 일이라고 지나간다. 교회는 여전히 많은 교인들로 북적거리고 있으니까….

**5. 얼마를 지나왔을까, 나오미의 머리를 스치는 생각이 있었다. 자기를 따르는 두 자부에게 어떻게 권유하고 있는가?**

8 나오미가 —— **이르되**(...하고)
/자부에게
/두
/[그녀의]
/너희는 —— **돌아가라**①
/각각
/집으로
/[그녀의] 어미의
/여호와께서 —— **선대히시기를 원하며**②
/너희를
/너희가 — 선대한 것같이
/죽은 자와 [함께]
/나(를)(=와 함께)

9 /여호와께서 **하시기를 원하노라**③
/[너희에게]
/너희(로)(=가) — 얻게[하는 것을]
/평안함을
/집에서
/[그녀의] 남편의
/각각

• 선대하다 : 아써(hc;[;) - 행하다, 다루다, 산출하다, 대접하다(삿 9:19), 베풀다(창 19:19, 출 19:9).

• 나오미가 지금 두 자부들에게 원하고 있는 것이 무엇인가? (①-③)

• 나오미가 사랑하는 두 자부에게 권유한 내용은 무엇인가?

• '어미'의 집으로 돌아가라는 말에서 그 당시의 사회가 모계(母系) 사회가 아니었을까?

• 왜 나오미는 두 자부들을 베들레헴으로 데려가려 하지 않았을까?

• 두 며느리는 시어머니 나오미의 권유함을 듣고 가부간 결단해야 할 입장에 서게 되었다. 어떤 결단들을 내렸는가?

② 비록 두 자부가 모압 여인이었지만 여호와의 사랑이 임하기를 빌고 있다. 여호와 하나님이 어느 특정 족속에게만 섭리하시는 분이 아님을 보여주고 있다. 이 무압 여인들도 하나님을 영접할 때 그의 자녀가 될 수 있다는 선이 드러나고 있나.

**6** 세 여인들은 모두 남편과의 사별(死別)의 아픔을 갖고 있다. 남편들이 세상을 떠난 뒤 그동안 겪었을 고통은 적지 않았을 것이다 특히 여성으로서의 삶은 당시 사회의 구조로 볼 때 역경의 세월이었음에 틀림없다.

이제 이런 사별의 아픔이 아물기도 전에 또 이별(離別)의 슬픔이 이들을 우울하게 하고 있지 않은가?! 그렇게도 인정이 많았던 시어머니가 다른 곳도 아닌 본인의 조국으로 돌아가겠다고 하지 않는가! 서로 다른 족속의 시어미니와 며느리지간이었지만 한 가족으로서의 이 끈끈한 정을 끊기가 쉽지 않았을 것이다. 자, 나오미가 며느리들에게 권유하는 내용을 들어보자.

• 룻 1:8 "나오미가 두 자부에게 이르되 너희는 각각 어미의 집으로 돌아가라 너희가 죽은 자와 나를 선대한 것같이 여호와께서 너희를 선대하시기를 원하며 9 여호와께서 너희로 각각 남편의 집에서 평안함을 얻게 하시기를 원하노라 하고 그들에게 입맞추매 그들이 소리를 높여 울며"

• 룻 1:11 "나오미가 가로되 내 딸들아 돌아가라 너희가 어찌 나와 함께 가려느냐 나의 태중에 너희 남편 될 아들들이 오히려 있느냐."

• 나오미는 나오는 울음을 참으며 단호하게 말했을 것이다. 하지만 이 아이들이 소리 높여 울고 있지 아니한가?! 이 못난 시어머니를 따라 낯서른 땅까지 같이 가겠다는 것이 아닌가?! '아이들이 이렇게 보채는데, 같이 데리고 갈까.' 흔들리기 시작하는 나오미… "안 돼!! 너희들을 데리고 그곳에 갈 수 없어!!"

- 8절상 : "너희는 각각 어미의 집으로 (                    )"
- 8절중 : 하나님께서 (                    )하시기를 원한다.
- 9절상 : (            )의 집에서 평안함을 얻기를 원한다.

(1) 나오미는 두 자부들이 자기를 따라 나서는 것이 부담스러웠을 것이다. 그녀는 지금 여보란듯이 고향으로 가는 것이 아니다. 더욱이 며느리들은 이방 여인이지 않는가. 유다인과는 원수 관계에 있는 모압 여인들과 함께 고향에 나타난다는 것은 어떤 이유로든 속이 편치 않았을 것이다.

또한 같이 따라간다해도 이들의 장래의 행복을 낙관할 수 없다. 이방 여인이요, 원수 나라의 여인이 낯선 나라에 가서 남은 생애를 펼쳐간다는 것도 쉽지 않은 일이다.

(2) 그래서 나오미는 며느리들에게 따라오지 말고 집으로 돌아갈 것을 권유하고 있다(1:8, 11-13). 그리고 비록 이방인들이지만 하나님께서 이들을 선대하기를 바라고 있다. 그렇게 한다면 너희들은 다시 가족을 갖게 될 것이며 또 결혼도 할 수 있게 될 것이 아니냐고 다독거리고 있다.

(3) 비록 남편이 죽어 힘들고 괴로운 세월들을 보냈지만, 그 동안 시어머니의 사랑을 듬뿍받았던 며느리들, 시어머니가 고향 유다 땅으로 돌아간다기에 근심반 설레임반으로 시어머니를 따라나섰는데, 지금 이 시어머니께서 집으로 돌아가기를 권유하고 있지 아니한가?! "오, 안 되요…"

(4) 시어머니 나오미는 두 며느리에게 마지막 작별 인사를 하고 있다. 며느리들에게 입맞추고 매정하게(?) 돌아서려 한다. 이 절박하고도 슬픔의 순간, 그래도 시어머니를 따라갈까, 아니면 권유를 받아들여야 할까, 다시는 못만날 저 인정 많았던 시어머니를 놓쳐서는 안 된다. 아니 혼자 살아가게 해드려서는 안 된다. "어머니, 안되요…" 며느리들은 소리 높여 울기 시작한다. 자기들도 따라가겠다는 것이다.

(5) 두 며느리들이 울며 부르짖는 소리를 들어보라.

1:10 나오미에게 이르되 아니니이다 우리는 어머니와 함께 (                    ) 에게로 돌아가겠나이다

# 오르바는 자기 족속에게로, 룻은 시어머니를 따라

선택의 기로에 선 룻과 오르바, 지금 이들의 시어머니는 함께 동행할 수 없으니 집으로 돌아가라고 권유하고 있다. 그렇다고 집으로 선뜻 돌아가고 싶지 않다. 앞으로 삶이 어떻게 전개될 지 모르지만 사랑하는 시어머니를 따라가고 싶었다. 인사하고 돌아서려는 시어머니를 붙들고 울기 시작하는 며느리들… 흔들리기 시작하는 나오미, 그녀는 왜 그들과 함께 갈 수 없는가를 자세히 논리적으로 설명하기 시작한다. 결국 며느리들은 각자대로 판단을 내린다.

## 1. 이제 이들 시어머니와 두 며느리들 간의 대화를 직접 들어보자.

구문 by 채호덕

11 나오미가 ── **가로되**
/내 딸들아![1)]
/[너희는] ── 돌아가라①
/너희가 ── 어찌 가려느냐?
/나와 함께
/아들들이 ── 오히려 있느냐?
/[나에게]
/나의 태중에
//(목적: ו, that...may)
[그들이] ── 남편 (될)(=되기 위하여)
/너희[에게]

12 /내 딸들아!
/[너희는] ── 돌이켜②
└ 가라③
/(너희 길로)
//(이유: כִּי, for)
나는 ── 늙었(으니)(=기 때문에)
/두(지 못할지라)(=기에)
/남편을
/가령(=만일, כִּי)

1) 내 딸들아!!: 며느리들에 대한 호칭을 보라. 이 호칭에서 오는 나오미의 온유한 성품을 읽을 수 있다.

- 나오미가 며느리들에게 계속 무엇이라고 명령하고 있는가? ①-③
- '너희 길로' 가라는 것은 어떻게 하라는 것인가?
- 나오미는 '남편을 두지 못할 정도로' 늙었기에 너희가 소망을 둘 수 없을 것이라고 말한다. 어떤 이유로 이런 말을 하는가?

(1) 시어머니를 따라가겠다고 눈물짓는 두 며느리들에게 그렇게 할 수 없는 이유를 차근차근히 설명하고 있는 나오미, 그녀는 다음과 같이 그 이유를 대고 있다.

- "나의 태중에 너희 남편될 아들들(sons)이 있느냐? ( 없어요 ) 그런데, 어찌하여 나와 함께 가려하느냐?!"

1) 신25:5-6 "형제가 동거하는데 그 중 하나가 죽고 아들이 없거든 그 죽은 자의 아내는 나가서 타인에게 시집가지 말 것이요 그 남편의 형제가 그에게로 들어가서 그를 취하여 아내를 삼아 그의 남편의 형제 된 의무를 그에게 다 행할 것이요 6그 여인의 낳은 첫 아들로 그 죽은 형제의 후사를 잇게 하여 그 이름을 이스라엘 중에서 끊어지지 않게 할 것이니라"

(2) 나오미는 순간 여호와의 율법에 "계대 결혼법"[1]을 생각했을까? 신명기 25:5-6에는 형이 자식이 없이 죽었다면 그의 동생이 형수와 결혼하여 자식을 낳아 형의 대를 계승하는 법이 있다. 그렇다고 해도 나오미의 태중에는 그런 자식이 없다. 또한 나이가 많아 재혼 역시 불가능한 일이 아닌가!.

(3) 이렇게 나오미는 그 불가능성을 아주 확실하게 강조하고 있지만 이 이야기를 듣고 있는 룻과 오르바, 사실이 그렇기는 해도 쉽게 수긍하려 들지 않는다. "그래두요, 어머니!!"

(4) 나오미는 안타까워 더 간절하게 그 불가능성을 강조한다.

구문 by 채호덕

/가령(=만일, כִּי)
/내가 — 말한다든지
 /소망이 — 있다고
 /[나에게]
 두어서
 /남편을
 /오늘 밤에
 생산한(다 하자)(=다면, 조건절, if)
 /아들들을

- 나오미는 그의 처절한 상태를 어떻게 표현하고 있나?(12절하)
- 그들이 자라기를 기다리는 것도 또한 못할 일이고, ①
- 그렇다고 그들을 위해 너희가 남편 얻는 것을 그만두겠느냐? ②

13 /너희가 — (어찌) 기다리겠느냐?①
 /그(것)(=들)을 인하여
 /그들(의)(=이)---자라기(를)(=까지)
 (어찌) 멈추겠느냐?②
 /두기를
 /남편
 /그(것)(=들)을 인하여
/내 딸들아!
/그렇지 아니하니라

//(이유: כִּי, for)[1]
[그것이] — 마음이 아프(도다)[2](=기 때문에)
 /더욱
 /너희로 인(하여)(=함 보다)
 /나(는)(=에게)

//(이유: כִּי, for)
손이 — 치셨으므로[3]
 /여호와의 /[나를]

1) 왜, 나오미의 마음이 아픈(쓴)가?

2) 아프다(마라르): 쓰다, 강하게 하다 – 이 말에서 '마르'(쓴)라는 말이 파생되었다. 룻1:20을 읽어보자. 그녀의 삶이 비통한 삶이었음을 미각적인 관점에서 표현하고 있다.

3) 왜 나오미는 하나님이 자신을 치셨다고 생각하는가? '치셨다'는 의미는 무엇인가? 정말로 하나님이 나오미를 징계하셨다는 의미인가?

(5) 나오미는 인간의 가능성을 다 동원해 문제를 해결한다는 가정을 세웠지만 불가능하기는 마찬가지였다. 가령(כִּי, if), 즉 모든 상황이 불가능하지만, 그 가능성을 설정한다 하더라도, 그래서 오늘밤 남편을 두어 자식을 생산한다고 가정해 보자. ① 그렇다하더라도 그 아이가 언제 성장하기를 기다리겠느냐? ② 그들 때문에 너희들이 남편 얻는 것을 중단하겠느냐는 것이다. 아무리 따져도 불가능 하니 집으로 돌아가 재혼하고 새로운 삶을 시작하라는 것이다.

• '아프다'(마라르, מרר) : '쓰다', '강하게 하다'라는 말로 히브리인들은 비통하고 불쾌한 체험을 미각이라는 관점에서, 즉 '쓴 맛'이라는 표현을 했다. 특히 욥기에서 많이 발견되는 용어이다.

나오미는 두 며느리로 인해 마음이 아프다(쓰다). 두 며느리까지 자기로 인해 고생을 시켜서는 안 된다고 생각했다.

2. 나오미는 지금 마음이 아프다. 그의 지나온 삶이 쓰디쓴 삶의 나날이었기 때문이었다. 지금 자기를 따라오려는 두 며느리를 설득하는 과정에서 그녀는 일순간 지나온 삶이 뇌리를 스친다. 나오미는 지금까지의 살아온 고난의 이유를 설명하고 있다.

• 1:13하 "내 딸들아 그렇지 아니하니라 (                    )이 나를 치셨으므로 나는 너희로 인하여 더욱 마음이 (                    )."

• 룻 1:13 "너희가 어찌 그것을 인하여 그들의 자라기를 기다리겠느냐 어찌 그것을 인하여 남편 두기를 멈추겠느냐 내 딸들아 그렇지 아니하니라 **여호와의 손**이 나를 ***치셨으므로*** 나는 너희로 인하여 더욱 마음이 **아프도다**."

(1) 나오미에게 불어온 환난의 바람, 그것은 우연이 아니었음을 고백한다. 그녀는 그 이유가 하나님이 자신을 치신 결과라고 말한다(1:13, 20). 자기는 지금 하나님의 징계로 인해 이런 고생을 당하고 살아온 것이라는 것이다. 그런데, 자기 자신 때문에 앞날이 창창한 며느리들까지 고생을 시켜야 한다면 그 또한 마음이 아프지 않을 것인가!

• 룻 1:20 "나오미가 그들에게 이르되 나를 나오미라 칭하지 말고 **마라**라 칭하라 이는 전능자가 나를 심히 괴롭게 하셨음이니라."

(2) "여호와의 손"이란 표현은 어떨 때 사용하고 있나?

• 야드 예호바(יַד־יְהוָה) : 손은 힘과 권위(렘 38:4, 겔 11:9), 주로 하나님의 능력과 권위를 의미한다(출 13:9, 신 7:8 참조). 지배력 또는 보호를 의미하기도 한다(창 9:2, 수 9:25-26). 악인에게는 심판을, 의인에게는 은총을 베푸는 주의 능력을 말한다.

나오미를 치신 "하나님의 손"은 궁극적으로는 자기 자녀를 하나님께로 돌이키시려는 하나님의 은총으로 보아야 하지 않겠는가? 만약 나오미에게 이런 쓰딘 쓴 고통이 없었다면 언제까지나 모압에서 떠나려 하지 않았을 것이다. 물론 '하나님의 손'이 그녀를 치셨으므로 그 고통에는 말할 수 없는 슬픔이 동반되었다. 어쨌든 자기를 따라나서려는 두 며느리를 보면서 마음이 아프다. '아, 거친 세월!!' '언제나 이 터널의 끝이 보일 것인가!'

☞ 모압으로의 이주가 엘리멜렉 한 가정뿐이었을까? 물론 성경에 기록이 없다. 그러나 가능성은 있다. 엘리멜렉의 가정이 다른 이유가 아니라 흉년으로 인해 이민을 갔다면 다른 가정들도 타국으로 이민을 갔을 가능성이 많다. 물론 이민을 갔다고 해서 다 나오미와 같은 어려움을 겪지는 않았을 것이다. 우리는 나오미에게 불어닥친 고난의 이유를 분명하게 말할 수 없지만 그 가정을 주목해 보시는 하나님의 특별한 섭리를 룻기서를 통해 볼 수 있다. 그렇다면 이들에게 닥친 고난은 의미없는 사건은 아닐 것이다.

## 3. 나오미가 당한 모든 고난은 하나님의 징계인가?

(1) 학자들 중에는 나오미가 당한 고난을 하나님의 징계로 볼 수 없다고 주장하기도 한다. 본문 1:13이나, 21절의 나오미의 고백은 "단지 모든 일들이 하나님으로부터 나오는 것이라는 표현일 뿐"이라고 주장한다(예, 암 3:6하, 애 3:37-38, 사 45:7).[1)]

물론 나오미가 당하는 고통이 한 마디로 잘라 하나님의 징계라고 못박아 말하기는 어렵다.

(2) 고난은 대체로 크게 세 가지로 분류해 볼 수 있다. ① 형벌적인 고난 ② 인과응보적 고난(사람이 저지른 잘못에 대해 마땅히 가해지는 처벌) ③ 결백한 고난(부당하게 주어지는 고난) – 이런 고난들은 모두 그 고난을 받는 자가 그 고난을 통해서 정결하게 되거나 훌륭하게 될 때 또는 타인들에게 유익을 주게 될 때, '구속적 고난'이 될 수 있다.[2)]

(3) 성경은 고난을 당하는 자가 어떤 상황에 빠졌든지, 물리적 또는 영적인 세력의 공격을 받았든지, 양식의 부족을 경험하든지 간에 이런 문제들은 타락한 인류의 경험 속에 타고나는 것이며 하나님께서 미리 아신 것이기 때문에 누구나가 겪을 수밖에 없는 것으로 묘사된다. 어쨌든 고난은 성도의 성화나 성숙 등과 연관되어 소개된다. 또 한 가지는 고난이 하나님의 영광을 위해 필수적이라는 점이다. 그렇다면 나오미가 당하는 고난이 위의 것들 중에서 어떤 것일까? '결백한 고난'(?)

(4) 어쨌든 나오미는 이렇게 고백한다. "내가 **풍족하게 나갔더니** 여호와께서 나로 **비어 돌아오게** 하셨느니라 여호와께서 나를 **징벌하셨고** 전능자가 나를 **괴롭게 하셨거늘**…"(룻 1:21). 나오미의 고난이 하나님의 징계가 아닐 수 있다. 그러나 나오미의 고백 속에는 이 모든 역경의 원인이 하나님의 징계였다는 생각이 저변에 깔려 있다. 우리가 극한 어려움 속에 있게 되면 나도 모르게 '내가 하나님 앞에 무슨 큰 잘못을 했길래 이런 고난이 온단말인가?'라고 생각하는 것처럼 말이다.

(5) 본문에는 고난의 원인에 대한 더이상 자세한 소개가 없다. 고난의 원인을 설명하는 것이 저자의 의도가 아니기 때문이다(물론 분명한 목적에 대한 언급이 없다). 룻기서를 저작한 목적이 사건 배후에서 모든 것을 주관하시는 하나님

1) 김지찬, 요단강에서 바벨론 물가까지, 생명의 말씀사, 259면.

2) 성경이미지 사전, 고난, 기독교문서선교회

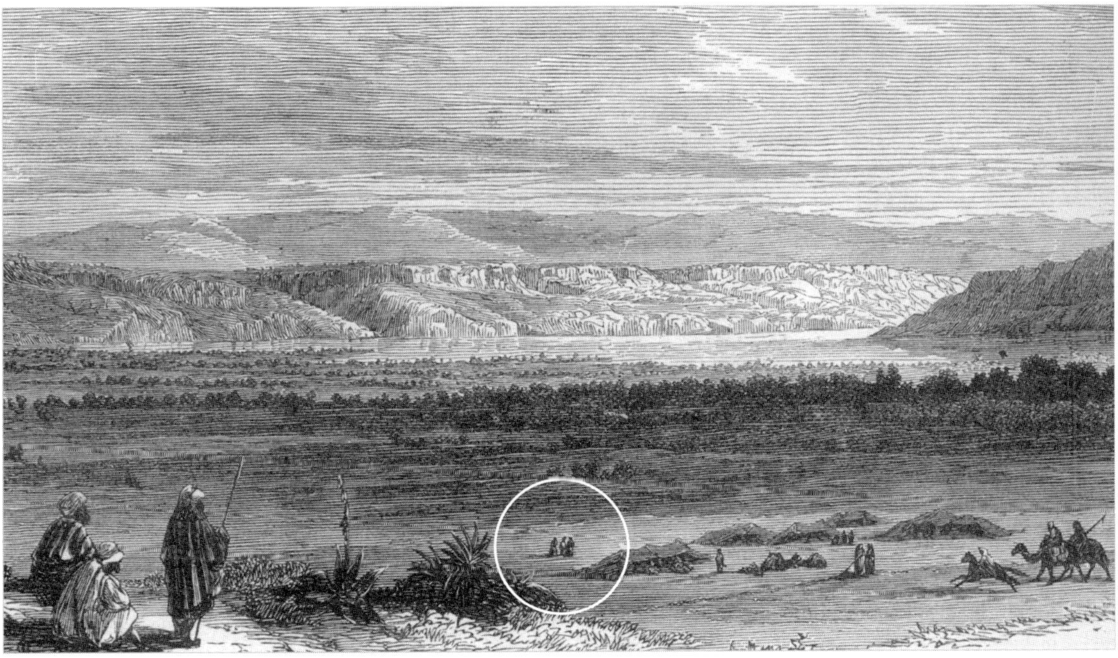

나오미와 룻은 모압 땅을 떠나 자기가 살던 옛 고향 베들레헴으로 돌아간다. 돌아가는 길 또한 쉽지 않았을 것이다. 교통 수단이 없었으니 아마 걸어서 가지 않았을까?

에 초점이 맞추어져 있다고 보기 때문이다.

4. 자, 이야기를 다시 본문으로 돌려보자(12a, 13절). 이렇게 간절하게 권유하는 시어머니의 정성(?) 때문에 결과가 있었다. 두 며느리들이 가부간 결단을 내렸기 때문이다. 그런데 두 며느리들이 내린 결단이 서로 달랐다. 서로 어떤 결단을 내렸는가?

> 1:14 그들이 소리를 높여 다시 울더니 **오르바는** 그 시모에게 입맞추되 **룻**은 그를 (                    )[1]

- 룻 1:14 "그들이 소리를 높여 다시 울더니 오르바는 그 시모에게 입맞추되 룻은 그를 붙좇았더라(–매달렸다)"

1) 다바크(דָּבַק) : 달라붙다, 굳게 결합하다(밀착), 접근하다

(1) 오르바, 둘째 아들의 며느리이다. 그녀는 계속되는 시어머니의 간청에 못이겨 나오미의 뜻을 따르기로 했다. 이제 오르바는 자기 친정으로 돌아가 새로운 삶을 살아가게 될 것이다. 아직은 젊은 그녀에게 새 인생의 출발이 있게 될 것이다. 오르바는 시어머니에게 다가가 울면서 마지막 작별 키스를 했다. 다시는 못볼 시어머니를 생각하며 소리 높게 울었다. 오르바, 그녀의 선택에 누가 손가락질을 할 것인가! 비록 모압 여인이었지만 오르바 역시 착한 여

자였을 것이다. 시어머니와의 영원한 이별을 서러워 했던 여인이 아닌가!

• 모압인들이 믿는 신은 '그모스'(Chemosh)였다. 그래서 모압인을 "그모스의 백성"이라고 부르기도 했다(민 21:29, 렘 48:46). 또 모압인은 '바알브올'을 섬기기도 했다(민 25:3, 신 4:3) 그모스신에 대한 것은 서론에서 언급되었다.

(2) 어떤 사람들은 나오미가 왜 끝까지 그녀를 설득하여 데려가지 않았느냐고 나오미의 행동을 채근하기도 하지만 나오미 역시 이 상황에서 힘든 결정이 있었을 것이다. 가정의 실패, 그리고 며느리로 삼았던 두 이방 여인과 함께 고향으로 간다는 것은 여러 모로 그녀를 가슴 아프게 하는 일이었다. 오르바는 자기 친족에게로 돌아갔지만, 룻(Ruth)은 다른 결정을 내렸다. 룻은 시어머니의 손을 놓지 않았다. "룻은 그(녀)를 **붙좇았더라**" 그녀는 시어머니의 곁을 떠나려 하지 않았다. 여기 "붙좇았더라" 라는 말은 '다바크'(דָבַק)라는 말로 '착 달라붙다', '바싹 뒤따르다'라는 뜻이다. 그러니까 시어머니를 굳게 붙잡고 놓지 않았다는 말이다. 나오미가 동행의 불가능을 역설하는 순간에도 룻의 마음은 이미 유다 땅 베들레헴에 가 있었다.

(3) 그녀의 선택이 얼마나 복된 축복의 삶으로의 선택이었는지 앞으로의 기사에서 보여질 것이다. 룻의 선택은 어려움을 각오한 선택이었다. 앞으로 계속 굶주림이 있을 지도 모른다. 재혼하지 못해 자식이 없을 수도 있다. 모압에서처럼 가난이 계속될지도 모른다. 그러나 룻은 이런 물질적 축복보다 나오미의 생활 속에서 이스라엘 백성들이 섬기는 여호와 하나님을 알았다. 룻은 단순히 시어머니를 봉양하기 위해서 이 길을 선택한 것만은 아니었다.

**Q.T**

• 룻의 선택, 그것은 단순히 시어머니에 대한 효성 때문만은 아니었다. 그렇다고 기분에 의한 일순간의 선택도 아니었다. 그녀는 시어머니 나오미에게서 살아 역사하시는 여호와를 보았다. 따라서 룻은 선택의 순간에서 흔들림이 없었다. 생존을 위한 투쟁으로 냄새를 풍기는 인생들이 많은 세상에 룻의 선택은 얼마나 값진 것인가!! "어머니의 하나님이 바로 나의 하나님이십니다."

• 절망 가운데 들려온 고향으로부터의 희소식, 그 소식은 다죽어가는 나오미에게 생기를 불어넣는 순간이었다. '그래, 다시 고향 베들레헴으로 돌아가는거야!!' '갖은 수모가 나를 괴롭게 할 것이지만 처음부터 다시 시작하는거야.' 믿음이 저 밑바닥으로 곤두박질 칠 때에 절망은 굴러 떨어지는 바위처럼 나를 집어삼킬 것이다. 그래도 벧엘로 다시 올라갔던 야곱처럼, 주께로 돌아가는 길 외에는 인생의 근본적인 해결책이 없다.

• 그 숱한 고생 속에서도 행복했을 나오미와 두 며느리, 행복은 물질이 넉넉한 곳에 있지 않았다. 서로 떨어지기 싫어 울음으로 보챘던 오르바와 룻, 우리는 여기서 아름다운 한 폭의 그림을 본다. 그러나 결국 오르바는 자기 친족에게로 돌아갔다. 무대에서 사라지는 오르바, 다시는 그녀의 이름이 오르내리지 아니한다. 그녀는 무엇을 삶의 목표로 삼았을까?

# 어머니의 하나님이 나의 하나님 (1:15-18)

나오미의 끝없는 설득에 오르바는 자기 친족에게로 돌아갔다. 그러나 룻은 그녀의 동서와는 다른 결정을 내렸다. 룻은 시어머니의 손을 놓지 않았다. 나오미는 룻을 향해 다시 한번 타일렀지만 룻은 요동하지 않았다. 룻은 어머니가 어디를 가든지 끝까지 좇을 것이라고 하면서 떨어지지 아니했다. 결국 나오미는 룻과 동행할 수밖에 없었다. 룻은 왜 끝까지 시어머니 나오미를 따라 가려는 것일까?

**1. 나오미는 다시 한번 룻을 티이르기 시작한다. 다시 한번 잘 생각해 보고 결정하라는 것이었다.**

15 나오미가 ——— **또 가로되**
　　/보라!
　　/동서는 ——— **돌아가나니**
　　　/네　　　　/그[녀의] 백성과
　　　　　　　　/그[녀의] 신에게로[1)]
　　/너도 ——— **돌아가라**
　　　　　　　　/[너의] 동서를 따라

(1) 나오미는 자기를 떨어지지 않으려는 룻(Ruth)을 달래고 있다. 너도 동서(sister-in-law)를 따라 집으로 돌아가라고 타이르고 있다.

1:15 나오미가 또 가로되 보라 네 동서는 그 (　　　　)과 그 (　　　)에게로 돌아가나니 너도 동서를 따라 돌아가라

(2) 오르바는 자기 친족에게로 돌아갔다. 그녀의 백성(암, עַם)에게로 돌아갔다. 여기서 자기 백성에게로 돌아간 사실과 그녀의 신(엘로힘, אֱלֹהִים)에게로 돌아갔다는 말을 연세해서 사용했음을 본다. 당시에는 물론 신앙의 자유가 있었던 것이 아니였기에 오르바가 자기 족속에게로 돌아간다는 것은 또한 모압의 신을 섬겨야 한다는 말이기도 했다.

(3) 룻이 시어미를 한사코 따라가려고 했던 이유 중 하나는 바로 여호와에 대한 신앙 때문이기도 했음을 본다(16절). 룻은 살아 역사하시는 여호와 하나님에

1) 오르바가 자기 친족에게로 돌아가는 것은 그의 백성에게로 돌아가는 일이기도 하거니와 그 민족의 신인 그모스를 섬기는 일이기도 했다.

• 룻이 그의 동서를 따라가는 것은 그녀의 마음속에 계신 여호와를 버리는 것과 같은 일이다.

대한 신앙을 갖고 있었다. 그녀는 선택에 주저하지 않았다. 시어머니의 말대로 그녀는 그녀의 동서가 택했던 길을 갈 수도 있었다.

### 2. 자꾸만 친족에게로 돌아가기를 타이르는 시모에게 룻은 애원하듯 말한다.

구문 by 채호덕

16 룻이 ——— **가로되**
/[당신은] —— 강권하지 마옵소서[1)]
/나(로)(=를)
/떠나(며)(=기를)
/어머니를
/돌아가라[고]
/어머니를 따르(지 말고)(=는 것으로부터)

• 룻은 시어머니에게 그렇게 끈질기게 돌아가도록 강권하지 말라고 애원한다. 룻이 자기 친족에게로 돌아가지 않으려는 이유는 무엇인가?

//(이유:כִּי, for)
나도 —— 가고
/어머니께서 ——가시는 곳에
나도 —— 유숙(하겠나이다)(=할 것이기 때문에)
/어머니께서 ——유숙하시는 곳에서

• 이 말은 앞으로 베들레헴에 돌아가서 여호와 하나님을 믿겠다는 말인가?

/백성이 ——— 백성이 **되고**
/어머니의 /나의
/하나님이 ——— 하나님이 **되시리니**[2)]
/어머니의 /나의

17 /나도 ——— 죽어
/어머니께서—— 죽으시는 곳에서
장사될 것이라
/거기
/만일[כִּי]
/죽는 일 (외에)(=이) ——— 떠나면(=갈라놓는 것이 아니면, 조건절, if)
/어머니와 내(가)(=사이를)
/여호와께서 ——— 내리시고
/벌을
/내게
더 내리시기를 (원하나이다)

1) 강권하다(파가, פגע): (우연히) 만나다. (적과) 조우하다, 우연히 또는 의도적으로 끈덕지게 부딪히다, 간구하다.

2) 여기 '되시리니'라고 번역된 부분은 오해될 소지가 있다. 룻은 앞으로 여호와 하나님을 영접할 것이라는 이야기인가?

(1) 룻(Ruth)은 시어머니의 끈질긴 권유에도 불구하고 그의 뜻을 굽히지 아니했다. 그녀는 시어머니에게 제발 더이상 돌아가라는 말을 하지 말기를 간청한다. "어머님 가시는 곳으로 저도 가겠으며, 어머니가 유숙(머무는)하시는 곳

에 저도 머물겠습니다." 이렇게 룻이 나오미를 따라가려는 그 이유가 무엇일까?

- 1:16하 어머니의 백성이 나의 백성이 되고 ( )의 하나님이 ( )의 하나님이 되시리니

(2) 위에서 '되고' '되시리니'는 번역은 본문의 의미를 흐리게 할 수 있다. 다음 구절을 자세히 보자

| אֱלֹהָי | וֵאלֹהַיִךְ | עַמִּי | עַמֵּךְ | כִּי ··· |
|---|---|---|---|---|
| my God | and thy God | my People | thy People | for |
| 나의 하나님 | 그리고 어머니의 하나님 | 나의 백성 | 어머니의 백성 | 왜냐하면 |

"제발 나에게 돌아라고 강권하지 마세요. 왜냐하면(כִּי, for), 어머님이 가시는 곳에 저도 가겠으며(I will go - Qal 동사 미완료), 어머님이 유숙하는 곳에 저도 유숙하겠습니다(I will lodge) 어머니의 백성이 곧 저의 백성이며 그리고 어머니의 하나님이 곧 저의 하나님이시기 때문입니다."

즉, '되고' '되시리니'라는 미래의 뜻이 아니라 현재 그렇다는 것이다. 지금 나오미가 믿는 하나님이 바로 자신(룻)의 하나님이요, 지금 어머니의 백성이 바로 자기의 백성이라는 말이다.

(3) '이스라엘 백성'은 하나의 단일민족(單一民族)일까? 선민(選民), 이스라엘은 야곱의 12아들로써 그 기초가 형성되었다. 그래서 그 혈맥(血脈)이 단일한 것이 보이나 그렇지 않다 다음 구절을 찾아보자.[1]

- 겔 16:3 이르기를 주 여호와께서 예루살렘에 대하여 말씀하시되 네 근본과 난 땅은 가나안이요 네 아비는 아모리 사람이요 네 어미는 헷 사람이라

- 아브라함은 히브리인의 피가 흐른다 에벨(히브리)의 핏줄기를 이어받았기 때문이다.

(4) 이렇게 당시 하나님의 백성이 되는 길은 출산의 수단(by birth)을 통하여 이루어지지 아니했다. 하나님을 믿고 할례만 받으면 누구나 이스라엘 백성이 될 수 있었다. 이렇게 구원은 어떤 일부의 종족이나 사람들의 독점물이 아니

- 룻 1:16 룻이 가로되 나로 어머니를 떠나며 어머니를 따르지 말고 돌아가라 강권하지 마옵소서 어머니께서 가시는 곳에 나도 가고 어머니께서 유숙하시는 곳에서 나도 유숙하겠나이다 어머니의 백성이 나의 백성이 되고 **어머니**의 하나님이 **나**의 하나님이 되시리니

- 1:16 And Ruth saith, 'Urge me not to leave thee-to turn back from after thee; for whither thou goest I go, and where thou lodgest I lodge; thy people is my people, and thy God my God. - YLT

1) 그런데, 야곱의 어머니 리브가는 어디 출신인가? (창 25:19이하, 28:5)

- 야곱을 가리켜 '(아람 사람 )'이라고 불렀다(신 26:5). 아람인은 노아의 손자 아람의 후예들이다.

- 물론 출애굽 때에도 혈통이 많이 섞였다. 요셉은 애굽여인을 얻었고, 모세도 미디안 여자를 얻었다. 출애굽시 중다한 잡족이 함께 했었다(출 12:38).

- 그리고 약속의 땅 가나안에 들어와서도 여러 종족들과 통혼이 이루어졌다(삿 3:6, 출 34:16).

라 혈통과 문화, 관습과 상관없이 누구에게나 하나님을 믿으면(by faith) 주어지는 것이다. 앞으로 언급되겠지만 룻(Ruth)도 하나님의 백성이 되었고(룻 1:16하), 훗날 예수님의 육적 조상인 다윗의 증조모가 되었다. 그녀는 모압인이었지만 지금, 이스라엘의 하나님 여호와를 자기의 하나님으로 고백하고 있지 않는가?!

룻은 비록 자신이 모압 여인이었지만 '하나님의 백성'이 될 수 있다는 것을 잘 알았을 것이다. 따라서 룻은 오르바의 선택을 따르지 아니했다. 지금 룻은 시어머니와의 인간적인 효성 때문만이 아니라 여호와의 신앙에 기초한 결단을 내리고 있는 것이다. 이방 여인의 이 놀라운 신앙 고백을 하나님이 어찌 간과하셨으리요.

(5) 룻의 결심은 더욱 단호했다. 어떤 결심을 했길래?

1:17 /나도 —— **죽어**
/어머니께서 —— 죽으시는 곳에서
**장사될 것이라**
/거기

룻은 그의 삶 전체를 나오미를 위해, 그리고 나오미가 믿는 하나님과 그의 백성을 위해 살기로 결심한다. 물론 룻은 그녀의 동서 오르바가 선택한 길에 대한 어떤 비난도 하지 않는다. 룻에게는 오르바의 선택보다는 여호와의 백성이 되겠다는 기쁨이 더욱 넘쳤기 때문이다. 그녀는 시어머니를 위해서 평생을 살겠으며 그녀를 사랑하겠다는 것이다. 이제, 시어머니 나오미와 헤어질 수 있는 유일한 길은 죽음밖에는 없다는 것이다.

/만일[כִּי]
/죽는 일 (외에)(=이) —— 떠나면(=갈라놓는 것이 아니면, 조건절, if)
/어머니와 내(가)(=사이를)
/여호와께서 —— 내리시고
/벌을
/내게
더 내리시기를 (원하나이다)

3. 룻의 단호한 결심 앞에 나오미는 결국 동행을 허락한다. 나오미는 룻이 여호와 하나님께 자신의 삶을 의탁하기로 결심한 것을 보고 더이상 돌아가라

는 말을 할 수 없었다. 룻은 모압 여인으로서 그모스 신을 믿고 자랐다. 그녀는 이스라엘의 하나님을 발견하고 그의 전 생애를 하나님과 그의 나라를 위해 헌신하기로 굳게 결심하고 있다.

(1) 나오미는 이 기특한 며느리의 결심을 중단하도록 더이상 권유할 수 없었다. 룻의 굳은 결심을 나오미는 막을 수 없었기 때문이다. 룻이 비록 며느리였지만 모압 여인이다. 룻과 함께 고향으로 간다는 것이 그리 마음 내키는 일은 아니었으리라.

(2) 룻의 선택은 쉬운 일이 아니었다. 그녀는 고국 그리고  자기 부모와 친척을 버려야 했다. 룻은 외적으로, 혈통적으로는 유대인이 아니었지만 믿음을 통해 영적 유대인이 되어 하나님의 백성의 한 사람으로 살아가게 된다.

(3) 흉년을 피하여 잠깐 모압에 머물려던 엘리멜렉의 가정은 파산되었고, 이제 가련한 두 여인만이 베들레헴으로 돌아가고 있다. 10년간의 악몽 같은 세월, 나오미는 이 모든 것이 하나님을 멀리함으로 인한 하나님의 징계였다는 생각이 떠나질 않는다(1:13하). 물론 어떤 학자들의 주장처럼 엘리멜렉의 가정이 공중분해 된 것이 하나님이 내리신 징계가 아니었다고 하더라도, 분명히 보이지 않는 하나님의 손길이 나오미의 삶속에 역사하셨을 것이다. 어쨌든 나오미는 장차 이루어질, 그녀에게 부어질 엄청난 축복을 아직은 알지 못한다. 다만 지금 그녀에게 불어닥친 역경들, 풍족하게 베들레헴을 떠났으나 이제 거지가 되어 고향으로 돌아간다는 사실 앞에 오열하고 있다.

**Q.T**

• 인생의 갈림길에서 오르바와 룻은 각각 어떤 결단을 내렸나? 룻의 결단은 어떤 면에서 칭찬을 받아야 하나? 우리는 선택의 순간에서 늘 세상의 유혹을 받는다. 물론 그쪽을 선택한 분명한 이유가 있다. 그리고 될 수 있는 한 그 쪽을 선택한 것을 합리화 시킨다. 하나님의 뜻을 알려는 적극적인 노력을 하지 않는다.

• 룻의 신앙고백에서 발견되는 그녀의 믿음은 무엇인가? 룻이 그렇게도 나오미와 함께 동행하려는 깊은 이유는 무엇인가? 가장 좋은 것을 선택한 룻, 그녀에게는 그 선택 때문에 더 많은 고통을 당할지도 모른다. 그래도 그 선택을 포기할 수 없다. 가장 값진 진주를 발견했기 때문이다.

## Question

### 본문이 전하려는 핵심 메시지는?

1. 우리는 지금까지 나오미와 며느리들간의 그림 같은 아름다운 장면들을 보았다. 특히 나오미와 룻과의 애뜻한 대화는 우리의 마음을 감동케 한다. 룻의 시어머니에 대한 효성심이 크게 돋보이기 때문이다. 그러나 본문의 내용이 룻의 효성심만을 강조하는 것으로 보면 메시지의 일부만을 전하는 우를 범하기 쉽다.

(1) 본문이 룻기 전체의 내용이 아니다. 우리는 룻의 신앙고백 속에서 여호와 하나님에 대한 믿음을 볼 수 있다. 그녀는 모압 여인으로서 모압의 신 그모스를 섬기며 살아왔다. 그모스를 섬기는 모압 사람들에게서 비도덕적인 면을 많이 보았을 것이다. 그러나 룻은 이 가정에 들어와 살면서 이들 속에 살아 역사하시는 여호와 하나님을 만날 수 있었을 것이다.

(2) 만약, 룻이 나오미와 헤어졌다면, 그것은 곧 여호와 하나님을 버리는 것과 같은 것이다. 룻의 고백은 바로 살아 계신 여호와 하나님을 믿는 신앙에 근거한 것이었다. 따라서 룻의 시어머니에 대한 효성심은 이런 신앙고백 속에서 이해되어져야 한다. 그녀는 나오미를 따라가는 것이 모압에서 사는 것보다 더 많은 어려움이 있을 수 있다는 점을 각오했을 것이다. 자기의 고국, 그리고 부모 친척들과 영원히 헤어지는 것이기 때문이다.

2. 이렇게 성경의 어느 본문을 해석하든지, 성경 전체의 흐름 속에서 이해해야 한다. 따라서 오늘 본문도 비록 어두운 시대를 살아가는 이스라엘 백성이라고 할지라도 이런 경건한 남은 자들을 통해 하나님은 그의 구원 역사를 이루어가신다는 점을 상기시키고 있음을 보아야 한다. 따라서 오늘 본문도 나오미와 룻을 이끌어가시는 하나님의 섭리에 초점을 맞추어야 한다.

부모에 대한 효성심을 강조하기 위하여 이 본문을 택하는 것은 옳은 일인가? 우리는 본문의 흥미진진한 내용을 전개하다보면 자칫하면 이 책을 흐르고 있는 핵심적인 내용에서 크게 벗어날 수 있다. 이런 일은 성경해석에서 너무 비일비재해서 주의해야 할 일이다. 성경을 '이현령 비현령'식으로 해석해서는 안 된다. 따라서 이 본문을 강해(설교)하면서 룻기 전체의 흐름을 강조하여야 한다. 그러면서도 하나님이 그의 구원의 역사를 어떻게 펼쳐가시는가를 주의 깊게 연관시켜야 할 것이다.

# 룻 1:6-18 정리하기

**요약질문**

- 나오미는 이민 생활을 청산하고 고향 베들레헴으로 돌아가기로 결심한다. 그가 돌아가려한 이유는 무엇인가? (6절)
- 가나안 땅에 흉년과 기근이 물러간 것은 무엇 때문인가? (6절)
- "권고하다"라는 말은 어떤 경우에 사용되어졌나? (교재)
- "돌아가다"라는 말의 의미는 무엇인가? 확대경을 보고 설명해 보라.
- 나오미가 고향으로 가려고 할 때 두 며느리의 태도는 어떠했나? (7-9절)

- 시어머니를 따라 베들레헴으로 가려고 했던 두 며느리들에게 나오미는 자기 친족에게로 돌아가기를 권했다. 나오미는 왜 이들을 돌려보내려고 했는가?
- 나오미는 어떤 이유를 들어 돌아가기를 권유했는가? (8, (11, 12절)
- 시어머니의 간곡한 권유에 며느리들은 어떤 결정을 내렸나? (14절)
- 나오미는 자기가 당한 여러 고통의 이유가 무엇이라고 고백하는가? (13절하)

- 나오미는 왜 룻과 함께 동행하려 하지 않았는가? 그리고 룻은 왜 그렇게 나오미를 따라 가려고 애를 쓰는가?
- 룻이 나오미를 따라 가려는 근본 목적은 무엇이었는가? (16절)
- 당시 이방인으로서 하나님의 백성이 될 수 있는 길은 무엇인가?
- 이스라엘 백성은 단일민족인가? '선민'의 바른 의미는 무엇인가?
- 나오미에 대한 룻의 효성심은 어떤 의미에서 이해되어야 하는가?
- 룻의 신앙고백에서 발견되는 룻의 여호와에 대한 신앙을 말해보라. 룻의 이러한 신앙은 누구에게서 얻은 것인가?

(1) 오늘 본문에서 강조되어야 할 점은 무엇인가?
(2) 자기 백성에게 징계를 내리시는 하나님의 목적은 무엇인가?
(3) 구약에서 '하나님의 백성'의 개념

## *Summary*

1:6 나오미가 다시 베들레헴으로 돌아오기로 결심함
1:7-14 오르바는 친족에게, 룻은 나오미를 따라감
1:15-17 룻은 나오미를 따르기로 함
1:18 나오미는 룻의 결정을 받아들임

다시 베들레헴으로 (1:19-22)

- 나오미와 룻 두 사람이 다시 베들레헴으로 돌아옴. 성읍 사람들이 떠들석함(19절)
- '나오미'라고 부르지 말고 '마라'라 칭하라(20절).
- 풍족하게 나갔으나 빈손으로(21절)
- 보리 추수 시작할 때에 도착함(22절)

Ruth

# 1:19-22

## 다시 약속의 땅 가나안으로

흉년을 피하여 모압으로 이민 갔던 한 가정, 잠깐 머물다가 다시 돌아오리라던 생각과는 달리 엘리멜렉의 가정은 소용돌이 치는 삶 속에서 그 근본 뿌리부터 흔들려버렸다. 엘리멜렉의 가정은 엄청난 고통과 어려움 속에서 무너져 내렸다. 이민 가서 얼마 되지 않아 엘리멜렉은 죽는다. 남편은 죽고 나오미는 남은 두 아들과 함께 이국에서의 삶을 계속한다. 힘들고 고달픈 삶은 그나마 두 아들이 있어 위로가 되었을 것이다. 따라서 그녀는 모압에서의 생활을 계속한다. '할 수 없지, 이 두 놈만 의지하고 살아야지…'

말론과 기론, 아들들은 장성해서 결혼을 하게 된다. 물론 신부는 모압 여인들이었다. 왜, 이방 여인들을 며느리로 맞아들였느냐고 그녀를 채근할 수 없다. 나오미에게는 그 길이 최선의 선택이었을테니 말이다. 계속 모압에서 머물러 살려는 나오미는 또다시 감당하기 어려운 시련을 맞는다. 두 아들이 자식도 낳지 못하고 죽었기 때문이다. 한가닥 희망, 자식들을 믿고 남은 여생을 살아가려는데, 그 아들들마저 사라져버렸다. '어떻게 나에게 이런 일이 일어날 수 있을까!!' 울부짖는 나오미, 그러나 그것은 현실이었다. 그 후에 벌어졌을 나오미의 삶, 고난이 꼬리에 꼬리를 물고 그녀를 괴롭히고 있다. 상처가 아물 무렵, 나오미는 기쁜 소식을 접한다. 유대 땅 자기 고향에 흉년이 끝났다는 것이었다. 생존이 문제였을 나오미와 두 며느리, 마침내 나오미는 큰 결단을 내린다. "그래, 베들레헴으로 다시 돌아가는거야!!" 그녀는 지금까지 끝도 없는 고난의 원인이 하나님의 징계였다고 믿는다. 여호와의 손이 자신의 가정을 치셨다는 것이다.

# 이게, 누구야, 나오미 아냐? (1:19)

전혀 희망이라곤 보이지 않던 나오미, 베들레헴으로 발걸음을 옮기고 있는 그녀에게 새로운 희망이 생기기 시작했을까? 아니, 베들레헴으로 돌아가는 길 외에는 달리 방도가 없지 않은가? 베들레헴으로의 귀향, 그것은 하나님으로부터 멀어졌던 신앙을 다시 회복하는 길이기도 했다. 그녀가 겪었던 숱한 난관들은 멀어져만 가는 나오미로 하여금 하나님께로 눈길을 돌리기 위한 하나님의 작전이었을까? 어쨌든 나오미와 룻은 두근거리는 마음으로 베들레헴 성을 들어선다.

**1. 베들레헴에 도착한 나오미와 룻, 그녀를 대하는 베들레헴 성읍 사람들의 환호성을 들어보라.**

1:19 이에 그 두 사람이 행하여 베들레헴까지 이르니라 베들레헴에 이를 때에 온 성읍이 그들을 인하여 (          ) 이르기를 이가 나오미냐 하는지라

19 이에[ו]　　　　　　　　　　　　　　　　구문 by 채호덕

| | |
|---|---|
| 그 두 사람이 | **행하여**(went) |
| | /[그들이]　　이르(니라)(=기까지) |
| | 　　　　　　/베들레헴(까지)(=에) |
| [그들이] | 이를 때에(상황절, when) |
| | /베들레헴에 |
| 성읍이 | **떠들며**(הום, 큰 소리를 지르다, 고함치다) |
| /온 | /그들을 인하여 |
| | 이르기를(...하는지라) |
| | /이가　　나오미냐? |

(1) 베들레헴 성읍을 들어서는 나오미의 심정이 어떠했을까? '차라리 나시 돌이가버릴까?, 그럴 수도 없고…' 오면서 별 생각이 다 떠올랐을 것이다. 즐거움빈, 두려움반으로 나오미는 성내를 들어섰을 것이다.

(2) 나오미가 다시 베들레헴에 돌아왔다는 소식은 순식간에 작은 성내를 떠들석하게 만들었다. 이전에 엘리멜렉과 나오미는 풍족한 삶을 살았던 것으로 보인다(1:21, 4:3). 당시의 상황으로 보아 너무 가난한 집은 모압으로의 이민은 꿈도 못 꾸었을 것이다. 모압으로 이민 갔던 나오미가 되돌아왔다는 소식

은 동네 사람들의 관심과 흥미를 끌기에 충분했다. 이내 사람들이 많이 몰려들었을 것이고, 반가움과 애초로움을 가지고 그간의 행적을 물었을 것이다. 이들로 인해 온 동네가 떠들석했다.

(3) 여기 '떠들다'(훔, הום)라는 말은 "소리지르다, 쳐부수다, 요란케 하다, 소란하다, 소리가 크게 들리다"라는 뜻으로 그 상태가 "몹시 떠들석한" 모습을 가리킨다. 여기서는 수동형으로 써서 베들레헴 성읍이 나오미와 룻으로 인해 술렁거렸다고 표현하고 있다.

(4) 나오미는 그렇다하더라도 룻의 심정은 어떠했을까? 동네 사람들에 둘러싸여 눈도 제대로 뜨지 못했을 룻… '앞으로 어떻게 살아가지…'

⬆ 결코 시어머니를 떨어지지 않으려는 룻을 데리고, 나오미는 그가 살던 고향을 다시 찾아왔다. 10여년 동안 모압에서의 생활이 비록 '마라'의 세월이었지만, 그녀는 하나님 안에서 모든 해결점을 찾는다. 나오미는 그 동안의 삶이 하나님의 징계라고 생각한다(1:21). 이런 나오미에게 하나님은 틀림없이 참된 평안과 위로를 주실 것이다.

**2.** 나오미가 다시 돌아왔다는 반가움에 동네가 떠들석했다. 그러나 나오미는 웃음이 나오지 않는다. 그녀는 지금 웃을 수 있는 형편이 아니었다. '나오미'라고 부르는 동네 사람들의 호칭이 오히려 거북스러웠다.

(1) '나오미'라는 이름의 뜻은 무엇이며, 왜 그녀는 그의 이름을 '마라'로 바꿔 불러주기를 바라는가?

구문 by 채호덕

20 나오미가 ——— **이르되**(…하니라)
/그들에게
/[당신들은] —— **칭하지 말고**(=do not call)
/나를
/나오미[1]라
**칭하라**
/[네게]
/마라[2]라

//이는(이유: כִּי, for)
전능자가 —— 괴롭게[3]하셨(음이니라)(=기 때문에)
/나를
/심히(메오드, 매우 대단히)

1) 나오미 : '나의 기쁨, 나의 기뻐하는 자'라는 뜻이다.

2) 마라 : '쓴, 괴로움'을 의미한다. (확대경, 72면)을 참조하라.

3) 여기서 '괴롭게 하다' 마라와 같은 어원의 뜻이다.

(2) 엘리멜렉의 이름은 '나의 하나님은 왕(멜렉)이시다'라는 뜻이요, 나오미(נָעֳמִי)는 '나의 기쁨, 나의 즐거워 하는 자, 사랑받는 자'라는 뜻이다. 그렇다면 이들 부부의 관계는 "하나님과 이스라엘과의 관계"를 상징적으로 표현하는 뜻일 것이다. 그러나 이런 아름다운 관계는 파괴되어 버렸다. 마치 이스라엘 백성들과 하나님과의 관계가 파괴된 것처럼… 나오미의 비참함은 바로 이스라엘의 비참을 잘 나타내주고 있다.

(3) 만나서 인사하는 사람들마다 '나오미'의 이름을 부르며 그간의 안부를 묻는다. 이름을 부를 때마다 그녀의 가슴은 미어지는 것같았다. 그녀의 지금 모습은 그 이름의 뜻과는 정반대의 환경이었기 때문이다.

### 3. 나오미는 사람들에게 무엇이라고 불러주기를 바라는가? 그 이유는 무엇인가?

1:20

> • 룻1.20 "나오미가 그들에게 이르되 나를 나오미라 칭하지 말고 마라라 칭하라 이는 전능자가 나를 심히 괴롭게 하셨음이니라."

그녀는 '나오미'(נָעֳמִי)의 세월이 아니라 '마라'(מָרָא)의 세월을 보냈다. 그녀는 지금 웃고 싶지 않다. 나오미는 지금 생애의 가장 어둡고 괴로운 시간을 보내고 있기 때문이다. 그녀가 모압으로 가기 전에는 그런대로 풍족했음을 알 수 있다. 그러나 지금은 완전히 거지가 되어 너무 비참하게 되지 않았는가?! '마라'는 "쓰다"라는 말이다. 그녀의 비통한 심정을 '마라'라고 표현하고 있다.

### 4. 나오미 자신은 이렇게 비참하게 된 원인이 어디에 있다고 보았는가?

//이는(이유: כִּי, for)
전능자가 —— 괴롭게 하셨(음이니라)(=기 때문에)
/나를
/심히(메오드, 매우 대단히)

(1) 여기서 그녀는 하나님을 무엇이라고 부르고 있는가?

• **전능자**(샷다이, שַׁדַּי) : KJV는 전능(Almighty)이라고 번역했다. 구약에 나오는 하나님의 이름 중 하나로 엘(El, אֵל)로 시작하는 하나님의 이름에 붙는다. '영원하신 하나님'(엘 올람, 창 21:33), '지극히 높으신 하나님'(엘 엘욘, 창 14:18), '벧엘의 하나님'(엘 벧엘, 창 31:13) 등. '샷다이'는 구약에서 48회 나오는데, 거의 욥기에서 나온다(31회). <엘 샷다이> 하나님은 자신을 족장들에게 계시하셨다(출 6:3). 특별히 아브라

• 괴롭게 하다(마라르') : '비통하다, 괴롭다, 쓰라리다, (맛이) 쓰다, 아프다' 등의 뜻이 있다. 이 단어는 언제나 인간을 주어로 사용한다. 하나님의 행동과 뜻에 대한 인간의 해석을 기술하는 경우가 아니면 하나님을 결코 주어로 하지 않는다. 이 단어에서 파생어가 특히 욥기에서 자주 나타난다. "전능자께서 내 영혼을 괴롭게 하셨도다" (한글개역 "나의 영혼을 괴롭게 하신 전능자")

함에게(창 17:1), 이삭에게(창 28:3), 야곱에게(창 35:11, 43:14, 48:3) 계시하셨다. 언약을 맺는 상황에서나 후손에 관한 약속에 있어서 순종과 충성을 명하는 상황에서, '엘 샷다이'의 이름으로 나타나셨다.

(2) 나오미는 이 전능자 하나님께서 자신을 괴롭게 하셨다고 고백한다. 그것도 심히(very) '괴롭게 하셨다'고 했다. 이 말의 원 뜻(마라르, מָרַר)에는 "쓰다"라는 개념이 있다. 이 단어는 언제나 인간을 주어로 쓰이고 있으나 여기 본문과 같이 하나님의 행동과 뜻에 관한 인간의 해석을 필요로 할 때는 하나님을 주어로 갖는다. 욥은 "전능자께서 나의 영혼을 괴롭게(쓰게) 하셨다"고 불평한다(욥 27:2). 이와 같이 히브리인들은 비통한 삶의 체험을 이야기 할 때, 미각적(味覺的)인 관점으로 사용했다. 즉 비통한 삶을 "쓴 맛"이라는 비유적 표현을 썼다. 욥 16:13에서 사용된 "쓸개(즙)"이란 말도 이 단어에서 파생되었다.

(3) 어쨌든 나오미는 그녀의 이름을 차라리 '마라'(Mara)라고 불러주기를 원했다. 그녀는 자신의 지나온 삶이 '마라의 세월'이었다고 고백한다. 왜, 전능자 하나님께서 나오미를 심히 괴롭게 하시고(마라르, מָרַר) 또 징벌하셨는가? 그녀는 하나님께서 자신을 치셨다고(1:13, 21) 말함으로써 하나님께서 자신의 삶을 간섭하셨다는 사실을 간접 고백한다. 하나님이 나를 치셨지만 이제 다시 회복시키시리라는 희망이 그녀에게 있었을 것이다. 이제 나오미는 모든 슬픔의 세월을 잊으려 애쓰고 있다.

• 나오미와 같은 쓰라림을 당한 사람들이 교회 내에 많을 것이다. 우리는 그들에게 어떤 위로를 줄 수 있을까? "어떻게 하다 그런 어려움을 당했어?!" "세월이 약이지 뭐!!" 위로를 준다는 것이 도리어 아픈 부분만 건드리는 것은 아닌지!!

• 나오미 자신은 전혀 모르게 진행되는 하나님의 따사로운 손길, 먹구름 위에 태양 같이, 소망은 고통 저 너머에 있다. 하나님의 섭리를 조금이라도 이해할 수 있다면 '마라'의 세월은 견딜 수 있는 기간이련만… '아, 너무 길다. 10여년이 지났는데도 끝은 아직 멀었나보다.'

• "하나님! 고통이 너무 길면, 절망이 나를 괴롭게 합니다. 가끔씩은 비통한 삶 위에 용기를 주옵소서. 하루에도 몇번씩 교차하는 절망과 소망, 아직은 먹구름만 보이네요."

• 나오미에게는 아직도 어두움만이 계속된다. 그러나 저쪽에서 나오미에게 줄 엄청난 선물을 가지고 다가오시는 전능자(샷다이) 하나님을 보라. 나오미는 지금 빈 손이다. 그러기에 받을 선물도 더욱 많으리라.

# 풍족하게 나갔으나 빈손으로 (1:21-22)

나오미는 그 동안 하나님께서 얼마나 자기를 깨뜨리셨는지를 말하고 있다. 모압으로 떠날 때는 비록 흉년을 피하여 갔지만 풍족했었다. 그러나 하나님은 그 가정을 징계(징벌)하셨고 이제는 빈손으로 고향에 돌아오게 하셨다는 것이다. 그러나 하나님은 아무 소망 없는 가문에 은총을 내려 회복하시려 역사하신다. 때마침 베들레헴에서는 추수가 한창이었다. 우선 생존이 문제였던 나오미에게는 여간 다행한 일이 아닐 수 없었다.

1. 나오미의 설명은 계속된다. 그녀는 '나오미'로 떠났다가 지금은 '마라'로 돌아왔다는 것이다. 풍족하게 나갔으나 여호와께서 빈손으로 돌아오게 하셨다. 가계(家系)를 이을 대(代)도 끊어졌다. 인간적으로 볼 때 그녀는 모든 소망이 사라졌고, 인생의 가장 낮은 밑바닥에서 지금은 생존이 더 큰 문제였다. 물론 모압으로 간 것은 엘리멜렉과 나오미의 자유로운 결정이었다. 그 결정의 책임은 물론 인간이 져야 한다.

구문 by 채호덕

21 /내가 ——— 나갔더니[1]
/풍족하게
/여호와께서 ——— 돌아오게 하셨느니라[2]
/나로
/비어
/너희가 ——— 어찌 칭하느뇨?
/나를
/나오미라

//(이유: ו, since)
여호와께서 — 징벌하셨고(עָנָה)[3]
/나를
전능자가 ——— 괴롭게 하셨(거늘)(=기 때문에)(רָעַע)[4]
/나를

1) "나갔더니"의 주체는 누구인가? 그렇다면 이 결정의 책임은 누구에게 있는가? (21절)

2) 나오미의 삶을 간섭하시는 분은 누구인가? 왜 하나님은 성도의 삶을 간섭하시는가? 어떤 방법으로 간섭하시는가?

- 인간의 자유와 하나님의 주도권에 대해 그 개념을 정리해보라.

3) 아나 : '괴롭히다, 압박하다, 겸손히 행하다.

4) 라아, 악하다, 나쁘다.

- 모압으로 간 것은 엘리멜렉과 나오미의 자유로운 결정이었다. 성도로서 어떤 점이 잘못되었을까?
- 나오미의 삶은 자신의 뜻대로 움직여지지 아니했다. 하나님은 어떻게 그녀의 삶을 간섭하셨나? 하나님은 어떤 방향으로 성도의 삶을 인도하시는가?
- 하나님이 나오미의 삶을 컨트롤 하시는 방법은 무엇이었나?

**확대경** No. 4

# "마라"(מָרָא)의 세월

1. 마라(מָרָא) : '괴롭게하다'(마라르, מָרַר)에서 파생된 단어로 '쓰디쓴(비통한)'이라는 뜻이다. 나오미는 그녀의 비참했던 삶을 되돌아보고 동네 사람들에게 '나오미'라는 이름 대신 '마라'로 불러주길 바란다. 나오미의 모압 10여년의 세월은 정말로 '마라'의 세월이었다. 그녀는 험악한 세월을 '쓴 맛'이라는 미각적인 관점에서 표현했다. 남편도 죽고 두 아들마저 자식 하나 없이 죽었다. 어찌 그 날들이 '마라의 세월'이 아니겠는가?

2. 마라르(מָרַר)라는 동사는 15회가 사용되었다 : 창 49:23(그를 학대하며), 출 1:14(그들이 괴롭게 하니), 출 23:21(그를 노엽게 하지 말라), 룻 1:13(마음이 아프도다), 룻 1:20(전능자가 괴롭게 하셨음이라), 삼상 30:6(백성이 자녀들을 위하여 마음이 슬퍼서), 왕하 4:27(그 중심에 괴로움이 있다마는), 욥 27:2(나의 영혼을 괴롭게 하신 전능자 / 전능자께서 내 영혼을 괴롭게 하셨도다), 사 22:4(나는 슬피 통곡하겠노라), 사 24:9(쓰게 될 것이며), 애 1:4(곤고를 받았도다), 단 8:7(더욱 성내어), 단 11:11(크게 노하여), 슥 12:10(그를 위하여 통곡하기를), 슥 12:10(통곡하듯 하리로다). – 여기서 이 동사는 인간을 주어로 한다. 그러나 하나님의 행동과 뜻에 대한 인간의 해석을 할 때는 하나님을 주어로 했다(룻 1:20, 욥 27:2).

**3. 마라르(מָרַר)에서 파생된 단어를 좀더 살펴보자.**

(1) 마르(מַר) : '쓴, 강한' – 이스라엘 백성이 출애굽 하여 물이 없어 불평하다가 물을 발견했으나 그곳 물이 써서 먹지 못한다. 그래서 그곳 이름을 마라(מָרָא)라고 했다(출 15:23). / 아내의 부정을 알아보기 위해 거짓말 탐지기 같은 "쓴 물"을 만들었다(민 5:18-19, 23-27).

'마르'는 파괴적이고 가슴을 아프게 하는 상황에 대한 감정적 반응을 표현하는데 자주 쓰였다. ① 여자에게 있어서의 불임(삼상 1:10, 한나가 마음이 괴로워서 여호와께 기도하고 통곡하며), ② 죽음을 소망하나 성취되지 않는 상황(욥 3:20, 어찌하여 곤고한 자에게 빛을 주셨으며 마음이 번뇌한 자에게 생명을 주셨는고), ③ 가족간의 소란(창 27:34, 에서가 그 아비의 말을 듣고 방성<exceeding bitter>대곡하며) ④ 약소민족에 대한 억압과 착취(에스더 4:1), ⑤ 개인적인 고통과 고난(욥 7:11, 내 영혼의 괴로움을 인하여 / 10:1, 사 38:15) ⑥ 적과 대립하고 있는 불안한 상황(시 64:4,

독한 말로) ⑦ 불신앙인에 대한 하나님의 심판(습 1:14, 용사가 거기서 심히 애곡하리로다) 등등.

(2) 모르(מֹר) : 몰약

(3) 모라(מֹרָה) : (낙담이라는 의미에서) 비통, 창 26:35에서만 나타나는데 이삭과 리브가의 마음의 근심이 되었더라

(4) 메레라(מְרֵרָה) : '쓸개즙' 이라는 말로 오직 욥 16:13에서만 사용되었다)

(5) 마로르(מָרוֹר) : 씀, 쓴 나물, 유월절 식사 때 쓴 나물을 먹어야 한다(출 12:8, 민 9:11).

4. 이렇게 위에서 살펴본 대로 이 단어(마라르, מָרַר)는 인간의 고통과 비통, 슬픔과 관련되어 사용하고 있음을 본다. 그렇다면 전능자(샷다이) 하나님은 왜, 나오미를 괴롭게 하셨을까? 전능자의 뜻은 어디에 있었을까?

(1) 나오미는 동네 사람들에게 전능하신 하나님께서 자신을 치셨고(1:13), 심히 괴롭게 하셨다고(1:20) 고백한다. 모압으로 갈 때는 아쉬운 것이 없이 풍족하게(full, 마레, מלא) 떠났지만, 지금은 여호와께서 빈손으로(empty, 레캄, ריקם) 돌아오게 하셨다고 말한다. 물론 빈손으로 돌아오게 하셨다는 말은 가난해졌다는 의미보다 자식이 없고, 또 자식을 낳을만한 희망도 없다는 의미이다. 이제 나오미마저 죽으면 모든 것은 끝나게 된다. 물론 나오미는 앞으로 전개될 하나님의 섭리를 이해하지 못한다. 어찌했든 그녀는 하나님께서 자기를 어떻게 괴롭히셨는가를 말하고 있다. 그녀의 찌든 삶 속에서 하나님에 대한 부정적인 생각이 앙금처럼 가라앉아 있었을 것이다.

(2) 그러나, 이 가정에 대한 하나님의 역사는 지금부터 새로운 전환을 가져온다. 왜, 하나님은 나오미의 가정에 이런 쓰라린 환경을 주셔서 징벌(아나, ענה)하셨는가? (21절)

5. 징계는 무엇이며, 왜 성도에게 징계(싱빌)를 주시는가?

(1) 엘리멜렉 가족이 당하는 고난이 하나님의 징계가 아니라고 말하는 사람도 있다. 물론 그럴 수도 있다. 그런 것이 아니라면, 나오미가 당하는 어려움을 어떻게 설명할까? 어쨌든 하나님이 나오미를 사랑할 수 있는 최선의 방법은 그녀의 생애에 역풍(逆風)을 불게 하는 방법이었으리라. 그녀의 삶이 잘 풀려나갔다면, 그녀는 베들레헴으로의 회항(回航)을 꿈꾸지 아니했을 것이다.

(2) 하나님은 징계를 통해서(혹 징계가 아니더라도 가고 있는 방향을 돌려서) 하나님의 자녀를 교정시키시고, 복종케 하고, 개량시키며, 믿음과 신실성을 갖게 하신다. 따라서 그 결과는 행복과 축

복이다(욥 5:17, 시 94:12). 나오미의 나중 삶은 축복으로 변한다. 그런데 이 하나님의 어거는 강제로 복종케 함으로써 이루어진다. 만약 나오미에게 이런 환난이 없었다면 그는 결코 하나님께로 돌아오지 않았을 것이다. 모압에서의 세속적인 안일함에 빠져 의미없는, 열매 없는 삶을 살아갔을 것이다.

(3) 그러므로 우리는 전능자의 징계나 경책을 업신여겨서는 안 된다(욥 5:17, 잠 3:11). 특별히 신약성경 히브리서에서는 전능자의 징계를 귀히 여기라고 명령하고 있다(히 12:3-12). 징계를 받지 못하는 것은 사랑을 받기 보다는 미움을 받는 증거라고 했다(잠 13:24). 징계는 물론 혹독하다. 그러나 재앙은 아니다. "징계를 받는 것 같으나 죽임을 당하지 않는다"(시 118:18, 고후 6:9). 징계 후에 사람의 성격을 개량하고, 시정하고, 강하고 완전하게 만드신다.

## 6. 징계 이후에 주어질 하나님의 축복은 무엇인가?

(1) 징계를 주시는 목적은 세속적인 생각에서 벗어나게 하시려는 것이다(고전 5:15, 벧전 4:1,2, 요일 2:15-17). 그리고 앞에서 말했듯이 하나님의 자녀를 성숙케 하시려는 하나님의 훈계요, 교정이요, 훈육이다.

(2) 그런데 이 징계는 종종 고통과 슬픔과 손실로써 주어진다는 것이다. 나오미는 손에 쥐었던 모든 것을 잃어버렸다. 하나님은 그녀를 빈손으로 베들레헴에 돌아오게 하셨다(1:21). 남편도, 자식도 다 죽었다. 모든 소망은 끊어졌다. 이제 소망은 오직 하나님께로부터만 온다는 사실을 배우게 될 것이다. 그녀에게 하나님의 자녀로서의 축복을 마음껏 주시기 위해 고난을 주셨다.

(3) 아니 그것이 하나님의 징계가 아니고 우연한 고난이라고 해도, 하나님은 그 고난을 통하여 하나님께로의 회항(回航)을 독려하신다. 하나님은 이스라엘 백성들에게 내리셨던 징계를 거두시고, 다시 가나안 땅에 풍년이 들게 하셨다. "그가(나오미) 모압 지방에 있어서 **여호와께서 자기 백성을 권고하사** 그들에게 양식을 주셨다 함을 들었으므로" / 우리에게 고난과 역경은 언제까지나 계속되지 아니한다. 하나님이 성도 한 사람, 한 사람을 눈동자 같이 보살피시기 때문이다.

➲ "당신은, 지금 '마라의 세월'인가?" 그렇다면, 어짜피 그 고난의 때를 잘 참아야겠네.

<구약원어 신학사전, 요단출판사 / 베이커 신학사전, 엠마오>

(1) "내가"(אֲנִי)[1] 즉 나오미가 모압행을 결정했다(물론 남편과 함께 결정했든가, 아니면 남편의 뜻에 순종했겠지만). 하나님께서 모압으로 가라고 명령하신 것은 아니었다.

(2) 이들은 모압 행 결정 과정에서 하나님을 제외시켰다. 물론 모압으로의 이주를 위해 기도하지 않았다는 말이다. 그들의 결정은 아주 단순했을 것이다. 베들레헴에 흉년이 들어 견디기가 힘드니 잠시 모압으로 이주해 어려움이 지나가기를 기다리기로 했을 것이다. 모압으로의 이주가 하나님의 뜻인지, 아닌지는 그들에게 중요하지 않았다. 우리는 신앙생활을 아주 충실히 하고 있으면서도 생의 중요 갈림길에서는 인간적인 선택을 하는 경우가 많다. 물론 그런 결정 이후에 그의 삶에 나타나는 고난과 역경이 계속될 때에야 그 결정이 잘못된 것임을 알게 된다.

(3) 그녀의 시련은 끝이 없었다. 시련은 모압으로 이주한 후 남편이 죽음으로써 그 첫 번째 단계를 통과한다. 물론 그때까지 그 일이 하나님의 간섭이라는 사실을 알지 못했으리라. 그저 어떻게 하다 보니 일어난 자연스러운 생의 여정이려니 했을 것이다.

(4) 따라서 그녀는 베들레헴쪽을 쳐다보지 않았다. 아직 하나님을 심각하게 찾지 아니했다는 말이다. 남편의 죽음으로 인한 상처가 아문 후에 그녀는 다시 일상생활로 돌아갔을 것이다. 그래도 아직은 장성한 두 아들 때문에 그녀의 모압 생활은 그런대로 견딜 수 있었으리라.

2. 그러나 나오미의 전능자(샷다이)는 그녀의 삶을 간섭하신다. 왜 하나님은 그녀를 간섭하시려는 걸까? 그녀의 세상으로의 소망을 차단할 수 있는 길은 무엇일까? 하나님은 마침내 그녀가 가는 길에 제동을 걸고 나타나신다. 그녀가 가지고 있는 것을 모두 빼앗기 전에는 그녀의 눈길은 계속 세상을 바라보고 있을 것이기 때문이다. 나오미의 눈길을 하나님께로 돌리기 위한 하나님의 처방전은 무엇이었을까?

1:21 내가 풍족하게 나갔더니 여호와께서 나로 (　　　　) 돌아오게 하셨느니라

(1) 여기서 "비어"(empty, 레캄, רֵיקָם)라는 말은 "가족이 없이" 돌아왔다는 말

1) 히브리 동사는 동사 자체에 주어가 포함되어 있다. 그러나 여기서는 '내가(אֲנִי)라는 주어를 강조해서 쓰고 있다.

• 룻 1:21 "내가 풍족하게 나갔더니 여호와께서 나로 **비어** 돌아오게 하셨느니라 여호와께서 나를 징벌하셨고 전능자가 나를 괴롭게 하셨거늘 너희가 어찌 나를 나오미라 칭하느뇨 하니라."

이다. 남편도 죽고, 두 아들마저 죽었기에 이제는 아무 소망도 없다. 이 가족을 이을 대(代)가 끊겨 없다는 말이다. 나오미는 정말 손에 아무것도 없었다. 추수할 때에 베들레헴에 돌아왔지만 우선 생계가 걱정이었다.

(2) 이 단어는 "공허하게, 헛되이, 빈"이라는 의미이다. 이스라엘 백성이 출애굽할 때, 하나님은 이스라엘 백성들로 하여금 공수(空手, empty, רֵיקָם)로 나가게 하지 않을 것이라고 약속하신다(출 3:21)*. 또 유월절을 지킬 때 하나님 앞에 '빈 손'(공수)으로 나오지 말 것을 명하신다(출 23:15*, 34:20).

• 출 3:21 "내가 애굽 사람으로 이 백성에게 은혜를 입히게 할지라 너희가 갈 때에 **빈 손으로** 가지 아니하리니."

• 출23:15 "너는 무교병의 절기를 지키라 내가 네게 명한대로 아빕 월의 정한 때에 칠 일동안 무교병을 먹을지니 이는 그 달에 네가 애굽에서 나왔음이라 **빈 손으로** 내게 보이지 말지니라."

**3.** 하나님이 자기 자녀를 징계하는 방법은 생각보다 조금은 아프다. 징계가 재앙은 아니지만, 주로 고통과 슬픔과 손에 가진 것을 하나도 없게 빈손으로 만드심으로써 그의 징계를 나타낸다. 나오미는 그녀의 가정 전체뿐 아니라 자신도 산산조각 깨지는 과정을 통해 진정으로 하나님의 깊은 뜻을 발견한다. 나오미에게 나타난 징계(징벌)의 손길을 보라.

1:21 여호와께서 나를 (① has afflicted )하셨고 전능자가 나를 (② has brought misfortune ) 하셨거늘

• 룻 1:21 "내가 풍족하게 나갔더니 여호와께서 나로 비어 돌아오게 하셨느니라 여호와께서 나를 **징벌하셨고** 전능자가 나를 **괴롭게 하셨거늘** 너희가 어찌 나를 나오미라 칭하느뇨 하니라."

(1) 징벌[1](징계)이란 무엇인가? 왜, 하나님은 자기 자녀에게 징계를 내리시는가?

물론 하나님의 진노는 증오가 아니다. 어떤 분노하심이나 미워하는 감정이 아니라는 말이다. 죄를 근본적으로 싫어하시는 속성 때문에 하나님은 죄에 대해 진노하신다. 징계는 잘못 걸어가는 자녀들을 바른 곳으로 인도하시기 위한 수단이다. "하나님이 진노하시는 것은 사람의 죄악 때문이다. 그러나 하나님의 자비는 사람의 선행 때문이 아니고 하나님의 본성 때문이다"(C. H. Dodd).

1) 여기서는 징벌의 의미를 '아나'(עָנָה)라는 말로 사용했다. 곤란을 당하다(시 116:10), 괴로워하다(사 58:10), 괴롭게 하다(창 15:13, 레 16:31), 고난당하다(시 119:71, 사 53:4), 환난을 받다(왕상 2:26) 등으로 쓰였다.

(2) 또 나오미는 전능자(샷다이)가 자기를 "괴롭게" (라아, רעע)하셨다고 했다(21절). 하나님께서 자기에게 고통을 주셨다는 것이다.

여기에서 사용된 '라아'는 '악, 역경'(라, רַע)이라는 명사에서 유래한 단어로, 특히 여기서는 신체적 고통이나(민 16:15, 대상 16:22, 시 105:15) 나오미와 같이 가족을 상실함으로 인해 겪는 감정적인 고통을 수반할 때(창 43:6, 민 11:10-11) 사용되었다. 기본 의미가 '깨뜨리다, 부수다, 깨어지다'로 나오

미 자신이 얼마나 자신의 삶이 산산조각났는가를 표현하고 있다.

(3) 나오미는 지금의 환경에 감사하고 있을까? 아닐지도 모른다. 이런 자신의 고백이 불평 가운데서 한 말인지는 확실치 않다. 그러나 나오미는 자기를 '빈 손'으로 만드신 하나님께 조금은 투정을 부리고 있는지도 모른다.

나오미는 굳은 결심으로 다시 베들레헴을 찾았지만, 고향 사람들의 차가운(?) 멸시는 감당키 어려운 것이었다. 만나는 사람들이 위로를 했겠지만 그 위로를 받아들일만큼 마음의 여유가 없었다. 결국 나오미는 자기 자신과 외로운 싸움을 싸워야 한다. 나오미와 룻을 향한 하나님의 계획을 아직은 잘 알 수 없었기 때문이다.

(4) '나오미'의 이름을 부르는 것이 그녀는 부담스러웠다. 사람들의 위로 속에 가시가 들어 있을 수 있다. 멸시와 냉대가 들어 있을 수 있다. '아, 차라리 빨리들 돌아가 주었으면…' 죽음과 같은 상황 속에서 이제 조금은 숨을 쉴 수 있었으련만 하나님이 자기의 생을 무참하게 치셨다는 불만(?)이 아직도 그녀를 괴롭히고 있었다. 한편으로는 하나님의 자비와 사랑 앞에 감격해 울기도 했을 것이고, 한편으로는 고난과 역경 때문에 하나님을 원망하기도(?) 했을 것이다.

(5) 나오미에게는 하나님의 자비보다는 자기에게 이런 고통을 가져다 주신 하나님이 더 야속하다고 느껴졌으리라. 인생의 가장 낮은 곳에서 영원히 헤어나오지 못하는 것이 아닐까 하는 불안함도 있었으리라. 더 이상은 내려갈 곳이 없는 비참함 속에서 오히려 평안함이 있기도 했겠지만, 무엇보다 참기 힘든 것은 사람들의 시선이었으리라

(6) 우르르 몰려와서 그녀의 아픔을 위로했지만, 이들의 관심도 차츰 시들해 갈 것이다. 이제, 나오미는 하나님과 힘든 전쟁을 벌여야 한다. 오직 하나님 외에는 이 엄청난 현실을 비켜가게 할 사람은 아무도 없기 때문이다. 살려달라고 외쳐야 한다. 밤을 지새우는 울부짖음이 있어야 한다. 그런데, 그러기에는 너무 지쳐 있다. 옆에 시어머니 하나만을 의지하고 따라온 룻은 오히려 차분했으리라. 새로운 나라, 새로운 만남들, 룻이 오히려 꺼져가는 시어머니를 위로했을 것이다. 지금 가진 것은 아무것도 없지만, 그래서 당장 먹을 것도 없는 비참함이 이들을 억누르고 있지만, 룻은 '여호와 하나

• 룻 1:16 "룻이 가로되 나로 어머니를 떠나며 어머니를 따르지 말고 돌아가라 강권하지 마옵소서 어머니께서 가시는 곳에 나도 가고 어머니께서 유숙하시는 곳에서 나도 유숙하겠나이다 어머니의 백성이 나의 백성이 되고 어머니의 하나님이 나의 하나님이 되시리니."

님의 백성'이라는(1:16)* 이 한 가지 놀라운 사실 때문에 오히려 이 모든 환경을 기뻐할 수 있었으리라.

(7) 나오미가 모압에서의 생활을 청산하고 다시 고향 베들레헴으로 돌아가기로 작정한 시간부터 하나님은 바빠지셨을(?) 것이다. 다시 베들레헴으로 돌아간다는 사실은 하나님에게서 멀리 떨어진 곳으로부터의 회항(回航)을 의미하기 때문이다. 자신이 가는 길이 잘못임을 깨닫고 다시 돌아오는 것, 그것이 참된 회개의 의미이다. 거기에는 세인(世人)을 놀라게 할 거창함이 필요없다.

지금까지 걸어가던 길을 바꾸어 주께로 향하는 겸손함, 그리고 자신의 잘못에 대한 고백이 있을 때에 하늘에서는 천사들의 잔치가 벌어진다. 나오미의 회항은 하늘을 바쁘게 만들었을 것이다. 나오미와 룻을 위하여 새로운 작전 계획을 짜지 않았겠는가?! 그러나 나오미에게는 그 회복으로의 길이 멀기만 하다. 나오미가 어찌 앞으로 자신에게 일어날 엄청난 축복을 예측했으리요. 다만 그녀에게는 자신에게 벌어졌던 고통의 일들만이 자신을 슬프게 할 뿐이었다. 아직은 말이다.

4. 나오미와 룻이 베들레헴에 도착했을 때는 보리를 추수하기 시작하는 때였다. 지금까지 흉년으로 기근이 온 가나안 땅을 뒤덮었었는데, 이제는 추수하는 즐거움이 백성들에게 있게 되었다.

(1) 이는 이스라엘이 다시 회복되고 있다는 증거였다. 지독한 기근은 이스라엘 백성으로 하여금 울부짖게 했을 것이고, 이에 따르는 회개가 있었을 것이다.

(2) 비록 밭에 있는 곡식이 자기 것이 아니지만 기근의 공포는 사라졌다. 나오미는 당장 생계가 걱정이었을 것이나 절망에서 소망의 빛을 본다. 더욱이 나오미보다 더욱 믿음이 좋은(?) 룻(Ruth)이 있지 아니한가!!

(3) 이제, 카메라는 모압 여인 룻에게 초점을 맞춘다. 우리는 이들의 삶을 이끌어가는 분이 여호와 하나님이심을 보아야 한다. 하나님은 구속 역사를 이루기 위하여 아주 보잘 것 없는 가정을 다시 일으켜 세우신다. 다만 그 하나님의 방법이 현실 속에 드러날 때까지는 모두에게 인내가 필요할 뿐이다. 나오미, 그녀는 가난과 주민들의 측은한 시선 때문에 아직은 웃지 않는다. 이런 환경에서는 오히려 우는 것이 진정한 신앙인의 모습이 아닐까!

# 룻 1:19–22 정리하기

요약질문

- 나오미가 베들레헴에 도착하자 온 성읍이 어떻게 대했나? (19절)
- 베들레헴으로의 귀향은 나오미에게 어떤 의미가 있는가?
- "떠들며"라는 말은 어떤 뜻인가?
- 나오미는 '나오미'라고 부르는 동네 사람들에게 무엇이라고 불러달라고 하는가?
- 왜, 그렇게 불러주기를 원하는가?
- '마라'의 의미는 무엇인가? 이 단어의 어근의 뜻을 설명하고 이 단어가 쓰인 대표적인 성경구절을 알아보라. (교재)
- 나오미는 자기가 이런 고통을 당한 원인을 어디에 있다고 보았는가?
- 나오미는 하나님을 무엇이라고 불렀는가? (20절하) 그리고 그 뜻은 무엇인가?

- 나오미가 '빈 손'으로 돌아왔다는 의미는 무엇인가?
- 징계는 무엇이며, 왜 성도에게 징계가 오는가?
- 하나님이 자녀를 징계하는 방법은 무엇인가? 주로 어떤 방법을 쓰시는가?
- 나오미는 지금의 환경에 불만을 토로하고 있는 것일까? 나오미에게 닥친 고통과 환난의 근본 원인은 어디에 있는가?
- 생의 갈림길에서 선택의 기준은 무엇인가? 그리고 그 선택의 책임자는 누구인가?

- 하나님은 왜 엘리멜렉의 모압으로의 이주를 막지 아니하셨는가? 성도에게 주어진 자유와 하나님의 섭리의 관계를 설명해 보라.
- 진정한 순종이란 무엇인가? 왜, 우리는 하나님의 뜻을 부지런히 알려고 애를 써야 하는가?
- 나오미는 하나님이 자기 자신을 치신 내용을 어떤 단어로 설명하고 있는가? (13,20,21절)
- 나오미가 베들레헴에 도착한 때는 언제였는가? (22절)

*Summary*

(1) 하나님이 자기 백성을 징계하시는 이유와 방법
(2) 고난이 성도에게 가져다 주는 유익
(3) 인생의 갈림길에서의 선택의 자유와 그 선택의 책임

확대경 No. 5

# 역사의 주인과 인간의 자유

1. 본문에서도 밝혔듯이 모압으로의 이주는 엘리멜렉과 나오미의 자유로운 결정이었다. 이들의 결정이 잘못이었다는 것이 10여년의 세월이 흐른 후에야 드러났다. 나오미는 전능자 하나님께서 자신을 치시고(1:13), 괴롭게 하시고(1:20), 비어(empty) 돌아오게 하시고(1:21), 또 자신을 징벌하셨다(1:21)고 고백한다. 하나님께서 자기 자녀를 치시고, 괴롭게 하는 것이 취미가 아니라면, 나오미에게 내린 징계의 의미는 무엇인가? 물론 이런 고통과 역경은 그의 잘못된 선택과 결정 때문이었다.

2. 하나님은 인생들에게 자유를 허락하신다. 로보트가 아니기 때문이다. 따라서 자신들의 삶을 어떻게 이끌어갈 것인가는 개인의 자유로운 선택과 결정에 달려 있다. 그렇다면 하나님께서 자신의 자녀를 섭리하신다는 것과는 어떤 관계가 있을까? 하나님은 역사의 주인이시다. 역사에 대해서 주도권을 가지고 섭리하신다는 말이다. 그렇다면 인간은 꼭두각시란 말인가? 물론 아니다. 만약 인간이 어떤 전능자의 잘 짜여진 마스터 플랜에 의해 움직여지는 존재라면, 거기에는 인간 존재의 의미가 없다. 따라서 하나님은 인간 개인의 결단을 중요시 여기신다. 그러면서도 그 개인의 결단이 하나님의 구속 역사의 계획과 부합되기를 원하신다.

3. 물론, 역사 속에 일어나는 하나님의 뜻을 이해하기란 쉬운 일이 아니다. 하나님은 이 땅에서 자기 백성 가운데 거하시기를 원하신다(임마누엘의 원리). 하나님은 자신의 자녀들이 하나님의 방법대로 살아가기를 원하신다. 하나님은 거룩하신 분이기에 그의 백성 역시 거룩하게 살아가야 한다. 그렇기 때문에 거기에 따르는 율법도 주셨고, 율법을 가르칠 교사도 세우셨다. 하나님을 어떻게 경배해야 할 것도 가르치셨다. 백성이 잘못된 길을 걸어갈 때, 하나님은 징계를 내리신다. 그 징계가 잘못 걸어가는 백성들을 하나님께로 돌이키기 위한 수단이기 때문이다.

4. 엘리멜렉과 나오미는 이런 하나님의 마음을 읽지 못했다. 하나님의 뜻을 알려고 노력하지 않았다. 약속의 땅 가나안에 내려진 전쟁과 기근은 우연이 아니었다. 그것은 하나님이 자기 백성 이스라엘이 언약을 어기고 잘못된 길로 나아가자 내려진 징계요, 제재였다. 인간은 자기에게 다가온 엄청난 고통과 환난이 없으면 좀처럼 자신을 돌아보지 않기 때문이다. 이런 진노를 통해서 백성들은 훈련을 받으며 하나님의 뜻을 발견하게 된다.

5. 신약에서는 달란트 비유에서(마 25:14이하) 인간의 자유와 하나님의 명령이 어떻게 잘 결합되어 있는가를 볼 수 있다. 이 비유에서, 주인은 종들에게 각기 다른 달란트를 주고 타국에 간다. 이 주인의 요구는 구체적이지 않다. 이 달란트로 무엇을 하든지 전적으로 너희에게 달렸다는 것이다. 그렇다고 중간에 어떻게 장사를 잘 하고 있는지 확인하러 오시지도 않는다. 다만 마지막 날 그 열매를 카운트 하기 위해 오실 것이다.

➲ 자유는 너무 쉽게 우리를 죄의 종이 되게 만들 수 있다. 우리가 하나님을 알고 부지런히 순종하게 될 때, 우리의 삶을 통해서 하나님은 자신의 목적을 이루어 가신다. 순종, 그것이 자유 중에 최고의 자유이다. 우리는 하나님의 뜻을 아는데 최선을 다하고, 그런 다음에는 순종에 목숨을 걸어야 한다. 하나님은 나오미를 위한 위대한 계획을 가지고 계신다. 그래서 그녀의 삶에 제동을 거신다. 나오미는 그 사실을 10여년간의 실패한 삶을 통하여 발견할 수 있었다. 그녀의 잘못된 선택 때문에….

룻과 보아스의 만남 (2:1-23)

- 시어머니를 봉양하기 위해 보리 이삭을 줍는 룻(1-2절)
- 우연히 보아스의 밭으로 가게 됨(3절)
- 룻에게 호의를 베푸는 보아스(8-16절)
- 룻과 나오미가 보아스가 어떤 사람인가 알아봄(17-23절)

Ruth

# 2:1-23

## 룻과 보아스의 만남

베들레헴으로 막 돌아온 나오미와 룻, 이들을 기다리고 있는 것은 넉넉한 여유와 기쁨이 아니었다. 이들에게 당장 닥친 것은 생존의 문제였다. 그렇다고 언제까지나 이웃의 동정만을 바라고 세월을 보낼 수는 없는 일이었다. 비참한 생활이 나오미를 더욱 슬프게 했다. 흉년이 끝나 들에 곡식은 풍성했지만 그렇다고 그것이 자기 것은 아니었다. 흉년을 비켜 모압으로 떠나기는 했지만 그렇다고 그때는 이렇게까지 비참하지 아니했다. 지금은 너무 힘들다. 그래도 다행스러운 것은 추수 때에 돌아왔다는 것이다.

언제까지나 슬퍼할 수는 없는 일, 나오미는 자리를 박차고 일어섰다. 우선, 시어머니를 위하여 양식을 구하는 일이 급선무였다. 이방 여인으로서 낯선 나라에 와서, 그것도 사내들이 있는 곳에 보리 이삭을 주우러 간다는 것은 쉬운 일이 아니다. 그러나 룻은 결단을 내린다. 그녀에게는 그럴 용기가 충분히 있는 여인이었으리라. 모압에서 친족에게로 돌아가라는 시어머니의 간곡한 만류에도, 룻은 시어머니를 따라가야 할 분명한 이유를 들어 그의 뜻을 굽히지 않은 여인이었다. 나오미는 이삭을 주우러 가야겠다는 룻의 제의를 받아들인다. 룻은 나오미에게 없어서는 안될 딸이었다. 룻은 우연히 엘리멜렉(시아버지)의 친족이 되는 보아스의 밭에 가 곡식을 줍게 된다. 보아스는 어떤 이방 여인의 출현에 관심을 두게 되었고, 추수하는 일꾼을 통해 그 여인의 정체를 알게 된다. 재산이 넉넉한 보아스는 이 가련한 여인에게 호의를 베풀었고, 많은 물질적 도움을 준다. 룻은 보아스의 호의에 감사한다. 이런 일로 나오미와 룻은 우선 배고픔을 해결한다. 그러나….

# 저 젊은 여자는 누구냐? (2:1-7)

나오미와 룻은 무엇보다 당장 생계를 유지하는 것이 문제였다. 룻은 유대 나라의 모든 것이 낯설었지만 타인의 밭에 가서 이삭이라도 주워 오려고 마음먹는다. 나오미는 이를 허락했고, 룻은 우연히 엘리멜렉의 친족의 밭에서 이삭을 줍게 된다. 낯선 이방 여인의 출현에 밭 주인 보아스는 룻에 대해 관심을 갖게 되었고, 자기집 머슴에게 룻에 대해 알아본다. 그렇다면, 보아스는 누구인가? 앞으로 보아스는 계속 중요 인물로 등장한다.

**1. 엘리멜렉의 친족 중에는 유력한 자가 있었다. '유력한 자'란 어떤 사람을 말하는가?** 여기서 보아스를 잠깐 소개하는 이유는 무엇일까? 우선 보아스란 누구인지부터 알아보자.

| | | |
|---|---|---|
| 1 [나오미는] | **[알고] 있으니**<br>/[친척으로]<br>/나오미의 남편[의]<br>/유력한 자(가)(=를)<br>/엘리멜렉의 친족 중 | • "유력한 자"란 어떤 사람인가?<br><br>• 보아스는 누구이며, 왜 그를 소개하고 있는가? |
| 이름은<br>/[그의] | **보아스더라** | |

(1) 보아스(Boaz)는 이 본문에서 보는 대로 부자임을 알 수 있다. 그런데 저자는 룻의 이야기를 진행하다가 보아스를 언급하기 시작한다. 그는 엘리멜렉의 친속(family) 중 하나였다. 더욱이 보아스를 가리켜 "유력한 자"[기보르 하일, חַיִל(wealth) גִּבּוֹר(mighty)][1]라고 소개하고 있다.

• 친척, 친족(모다, מוֹדַע) : 기본 어근 '야다'(יָדַע, 알다, 이해하다)라는 말에서 나온 단어로 70인경은 '친지'로 번역했지만 불가타역 친척으로 번역했다. 영어 역본들은 '친척'으로 번역했다(룻 3:2, 비교 : 2:20; 3:2,12; 4:3).

**2. 생계가 당장 걱정이었던 룻(Ruth)은 어떤 결단을 내렸는가?**

2:2 "모압 여인 룻이 나오미에게 이르되 나로 밭에 가게 하소서 내가 뉘게 은혜를 입으면 그를 따라서 이삭을 줍겠나이다."

**유력한 자**

'기보르 하일'이란 말은 사사 기드온을 부를 때 쓰여진 말이다. "큰 용사여 여호와께서 너와 함께 하시도다"(삿 6:12) "길르앗 사람 큰 용사 입다는 기생이 길르앗에게 낳은 아들이었고"(삿 11:1). 여기 '큰 용사'라는 말이 '기보르 하일'이라는 말이다. 보아스는 재산도 넉넉했고, 그 성읍 내에서 유력한 자로 활동했던 것 같다. 보아스가 어떤 인물이기에 소개하고 있는 것일까? 앞으로 계속되는 설명에서 그가 룻과 함께 사건의 주역으로 등장함을 보게 된다.

1)제발 가게 해주세요 (אֵלְכָה־נָּא)
Please let me go - NASB
• 룻은 시어머니 나오미에게 이삭 줍기를 허락해 주기를 바란다. 청컨대(제발, 이제는)라는 말에서 그의 간절함을 볼 수 있다. 룻의 시어머니에 대한 예의 바른 태도에서 무엇을 느끼는가?

구문 by 채호덕

2 룻이 ———— **이르되**
/모압 여인 /나오미에게
/나로(=내가) —— 가게 하소서[1)]
/밭에
/[이제는]
/[내가] ———— 이삭을 줍겠나이다
/[곡물의]
/(그를) 따라서
/눠게(=그의 눈에)
내가 —— 입(으면)(=는)
/은혜를[2)]

나오미가 ———— **이르되**(...하매)
/그[녀]에게
/내 딸아!
/[너는] —— 갈지어다

• 앞으로 '이삭을 줍는다'라는 말이 많이 나온다. 누구에게나 이 이삭 줍기는 허용되었는가?

• 룻의 간절한 청원에 나오미는 어떻게 대답했나?

2) 은혜를 입는다는 말은 어떤 뜻으로 쓰였는가?

(1) 제발(נָא, now, 청컨대, 자, 제발 가게 해주세요)이라는 말을 보아 룻이 시어머니 나오미의 허락을 간절히 원하고 있음을 본다. 룻(Ruth)의 적극적인 성격을 보게 된다.

YLT 영어 성경은 "Let me go, *I pray thee*, go to the field"라고 번역해서 룻이 시어머니에게 이삭을 주우러 갈 수 있도록 간청하고 있음을 표현하고 있다. '나'(נָא)는 탄원, 또는 권고의 불변사이다(창 12:13, 민 20:10 참조). 이 불변사를 사용한 구절 중 관심을 끄는 곳은 시편 118:25이다. "오 주여 우리를 구원하소서"(הוֹשִׁיעָה נָּא, O LORD, save us- NIV). 헬라어 '호산나'(ὡσαννά)는 히브리어 "우리를 구원하소서"를 그대로 옮긴 것인데, 접미사 נָא에서 n을 중복하여 발음한다.

• 레 19:9 "너희 땅의 곡물을 벨 때에 너는 밭 모퉁이까지 다 거두지 말고 너의 떨어진 이삭도 줍지 말며 10 너의 포도원의 열매를 다 따지 말며 너의 포도원에 떨어진 열매도 줍지 말고 가난한 사람과 타국인을 위하여 버려 두라 나는 너희 하나님 여호와니라."

(2) 그녀는 시어머니를 잘 봉양하기 위해 이삭 줍기를 생각해 냈을 것이다. "눠게 은혜를 입으면" - 공동번역은 "행여 무던한 사람이라도 만나면"이라고 번역했다. 율법에는 가난한 사람들이나 외국인 거주인들의 생계를 위해 이삭 줍는 것을 허락하고 있다(레 19:9-10*). 그렇다고 주인의 허락도 없이 아무 밭에 가서 이삭을 주울 수는 없었다. 어떤 고약한 주인은 이삭 줍기를 허락하지 아니할 수도 있다.

(3) 그래서 룻은 마음씨 좋은 주인을 만나 이삭을 주울 수 있게 되기를 희망한다. 비록 모압 여인이었지만 얼마나 기특한 며느리인가?! 그녀의 마음 속에 있는 살아 있는 신앙이 룻을 룻답게 끌어가는 것이리라. 그녀는 자신이 당한 환경 때문에 슬퍼할 겨를이 없었다. 나오미는 그런 룻이 대견했다. "그래, 내 딸아, 가라!!"

**2. 그래서 도착한 곳이 어디였는가? 룻은 우연히 그곳에 도착했지만 그녀를 인도하시는 하나님의 손길을 보라.**

2:3

(1) 룻은 "우연히" 시아버지(엘리멜렉)의 친족이 되는 보아스의 밭으로 가게 되었다. 물론 전혀 의도적인 발걸음이 아니었다. 정말 우연이었다. 그러나 전능자 하나님의 세미한 인도하심을 보라. "우연히"라는 단어가 어떤 뜻으로 사용되었는가 살펴보고 하나님의 인도하심에 대해 묵상해 보자.

- '우연히'(미크레, מִקְרֶה)라는 말은 카라(קרה) 동사에서 파생된 단어이다. '카라'의 첫번째 의미는 '만나다' '부딪치다'라는 뜻이다. 두번째로는 대부분의 경우 사람의 능력을 넘어서는 '사건' 또는 '사태'를 가리킨다.[1)]

(2) 하나님은 전지 전능하시다. 하나님은 만물을 이루시기 때문에 모든 것을 아신다(사 41:22-23, 46:8-11). 그렇기 때문에 장래의 일들을 하나님 자신의 방향대로 밝히시는 것이다(단 10:14). 그러므로 어느 것도 우연이나 운명으로 발생하는 것이 아니다. 하나님께서 모든 것을 주관하신다. 그렇다고 사람은 자기의 범죄를 정당화하기 위해서 우연이나 상황에 호소할 수 없다(삼하 1:6).

**3.** 이렇게 룻은 '우연히' 보아스의 밭에 가게 되었지만, 그것은 인간적 관점에서의 우연이었고, 우리는 이 모든 것을 세미하게 섭리하시는 하나님의 손길을 보게 된다. 룻의 우연한 도착, 그러나 하나님은 그 정확한 시간에 보아스를 등장시키신다. 룻은 다른 여인들처럼 이삭을 줍고 있다. '베는 자를 따라' 이삭을 줍는다. 미처 베지 못한 것은 이삭 줍는 자의 것이다. 세 줌기 이상은 지주의 몫이라고 한다. 율법은 곡물을 벨 때에 밭 모퉁이까지 다 거두지 말고 이삭도 줍지 말 것을 명한다(레 19:9-10). 가난한 사람과 타국인을 위해서이다. 자, 그렇다면 왜 가난한 자가 생기는 것일까?

1) 에스더 4:7에서는 모든 일이 하나님의 주권적인 섭리에 의해 발생한다는 것을 분명하게 설명함으로써 하만이 잘못된 생각을 바로 잡고 있다. "모르드개가 자기의 당한 일과 하만이 유다인을 멸하려고…"

아브라함의 종은 하나님께 자기의 요구가 응하도록 주관해 달라고 기도를 드린다(창 24:12).

확대경

No. 6

# 가난한 자는 왜 생기는걸까?

1. 성경은 가난한 자와 타국인을 위해 "곡물을 벨 때에 밭 모퉁이까지 다 거두지 말고 떨어진 이삭도 줍지 말며, 포도원의 열매를 다 따지 말며, 포도원에 떨어진 열매도 줍지 말 것"(레 19:9-10)을 명하고 있다. 그렇다면, 가난한 사람은 왜 생기는 것일까? 성경은 부자와 가난한 자를 인정하고 있는가? 기독교는 공동체적 삶과 재화의 균등한 분배를 주장하고 있는가? 사유 재산의 개념은 비기독교적인가?

2. 노동은 신성한 것인가? 그렇다. 하나님은 이 세상을 창조하시고 인간들이 지켜야 할 내재적 원칙들을 주셨다. 하나님은 창조 언약의 일반적 규례로 안식일, 노동, 결혼 제도를 설정하셨다. 인간 타락 이후에도 이것은 지켜져야 했다.

   물론 타락한 이후에 특히 노동에 부여된 저주는 열매를 얻기 위하여 수고해야 할 노동의 양이 많아지고 질적으로도 훨씬 더 어려워졌다. 타락 후에도 하나님께서 사유 재산(즉 노동의 열매)을 정죄시하거나 금하셨다는 지적이 없다. 십계명에 도적질과 탐욕을 금한 것을 보아 사유 재산을 인정한 것을 볼 수 있다. 따라서 우리는 노동의 열매로서 사유 재산의 권리를 가질 수 있다. 그래서 우리는 정직하고, 부지런히 노동해야 할 책임을 갖는다.

3. 그런데, 필요에 넘치도록 물질을 축적하는 것은 옳은 일인가? 성경은 재산의 소유에 대해 정죄하고 있지는 않지만 재산을 얻는 방법에 대해서는 명확하게 규정하고 있다. 착취, 사기, 부정직, 학대, 권력의 남용 등에 의한 부의 획득은 정죄되고 있다. 성경에는 부자로서 하나님을 잘 섬긴 사람이 많다. 물론 신약 성경에도 있다. 그러나 예수님은 부의 소유의 위험성을 지적하고 계신다. 많은 재산을 갖게 되면 어려운 유혹에 빠지게 된다(어리석은 부자의 비유). 부자는 자칫 그가 해야 할 일의 우선 순위를 혼동하기 쉽다. 물론 가난한 자라고 해서 죄에서 자유롭지 못하다.

4. **가난한 자에 대한 기독교인의 책임은 무엇인가?**
   구약시대에는 룻기에서 보는 것처럼 가난한 자들을 위해 이삭을 줍게 하거나 빈민구제법이 있었다. 초대교회 때에도 가난한 자들을 위해 구제헌금을 했다. 이렇게 성경은 가난한 자들을 도와주어야 한다고 강조하고 있다.

5. **그렇다면 가난한 사람들은 어떻게 생기는 것일까?**

(1) 게으르기 때문에 : 이런 사람에게 가난은 "게으름에 대한 형벌"이다.
(2) 재난의 결과로 : 소경으로 태어난 자, 홍수나 가뭄 때문에 수확을 못하는 경우 등 자신의 힘으로는 어떻게 할 수 없는 상황으로 온 가난
(3) 착취의 결과로 : "빈익빈 부익부" 밑에 살아가는 수많은 사람들. – 이 일에 교회가 앞장 서서 사회적 행동을 취해야 한다.
(4) 의를 위하여 핍박받는 자 : 복음 때문에 어려움을 당하는 자.

이렇게 가난하게 된 경우가 다양하다. 따라서 우리는 가난한 자들을 한 통속으로 취급해서는 안 된다. 물론 부자도 한 통속으로 몰아부쳐서도 안 된다. 그렇다고 가난을 신학적으로 미화시켜서도 안 된다.

6. 하나님은 인간의 가난과 그에 따르는 고통에 대해 깊은 관심을 가지고 계신다. 우리는 가난한 자들에게 자비를 베풂뿐만 아니라 이들이 가난하게 될 수밖에 없는 제반 조건들을 개선하는 노력을 해야 한다.

(1) 그렇다면 기독교인은 어떤 물질관을 갖고 있어야 하는가? 물론 그것은 청지기 원리이다. 우리가 받은 것을 어떻게 관리할 것인가에 대해 책임을 져야 한다. 기독교적 삶의 특징은 공산주의가 아니라 자비이다. 이 세상은 어떤 제도로든 모든 사람이 평등하게 부의 분배를 받을 수 없다. 이 세상이 타락한 곳이기 때문이다. 공평한 분배를 위해서 부자의 것을 빼앗아 게으른 자에게 준다면 이는 성경의 가르침을 오해한 것이다. 물론 부의 평준화를 위해 정치를 잘 해야 할 것이나 근본적인 문제는 치유될 수 없다. 따라서 이 세상은 부한 자와 가난한 자가 언제나 있기 마련이다.

(2) 성경은 사유 재산의 보호를 위해 도둑질을 엄격하게 금하고 있다. 그러나 명백한 절도행위 외에도 아주 교묘한 방법으로 도적질을 하는 사람이 너무 많다. 사기, 세악을 이기는 것, 눈금을 속이는 것, 위조 지폐를 만드는 것, 정치 체제를 이용하여 부를 챙기는 것, 시험 부정행위, 리포트 복사 등등. 물론 하나님은 이 모든 것에 대해 엄격하게 심판하실 것이다.

**7. 모세의 율법에는 가난한 자들을 보호하기 위해 어떤 제도들이 있었을까?**

(1) 면제년 설정(출 21:2이하) / 선낭 잡은 옷은 해지기 전에 돌려주어야 한다(출 22:26, 27). / 임금은 매일 그 날에 지불해야 한다(레 19:13). 생활에 꼭 필요한 것은 빼앗아서는 안 된다(신

24:6, 12).

(2) 부자나 가난한 자의 평등함을 언급했다(잠 22:2).

(3) 가난한 사람이라고 해서 공의(재판)를 굽게 해서는 안 된다(출 23:3-6).

(4) 가난 그 자체는 미덕이 아니다. 잠언에는 가난하게 되는 좋지 않은 원인들에 대해 많이 언급하고 있다(잠 6:10,11; 10:4; 12:24; 13:4,18; 14:23; 20:13 등).

(5) 선지자들은 가난한 자들에 대한 부당한 대우에 격렬하게 외쳤다(사 3:13-15; 10:1,2; 겔 18:12; 암 8:4 등).

(6) 시편에는 가난한 자와 궁핍한 자를 종종 경건한 자로 나타내주고 있다(시 35:10; 37:14; 68:10; 사 24:19 등).

## 8. 신약성경에는 어떤 언급이 있는가?

(1) 가난은 이 세상에서 언제나 없어질 날이 없다(막 14:7).

(2) 가난한 자에게 복음이 전파된다고 증거한다(눅 4:18; 7:22).

(3) 신령한 생활의 생명력은 가난한 가운데 존재한다(막 12:42이하; 약 2:2-5).

(4) 그리스도인도 가난을 면치 못하는 자들이 있다(롬 15:26; 갈 2:10).

(5) 그리스도인은 가난한 자들을 도와야 한다(마 19:21; 고후 8:2이하; 요일 3:17, 18).

(6) 가난이 사회적 차별의 이유가 되어서는 안 된다(약 2:5-9). (*)

<R.C. 스프라울, 그리스도인의 윤리 / 베이커 신학사전, 엠마오>

4. 보아스가 베들레헴에서부터 와서 추수하는 현장에 도착했다. 보아스는 일꾼들에게 안부를 묻는다. 그런데 인사하는 내용과 품위가 고압적이지 않음을 본다. 보아스의 인품을 읽어볼 수 있다.

(1) 보아스(Boaz)는 추수하는 일꾼 외에도 새로운 낯선 소녀를 발견한다. '누구일까?' 보아스는 일꾼을 감독하는 사환에게 어디서 온 소녀[1]인가를 묻는다.

(2) 룻(Ruth)은 그의 성격대로 단정한 몸가짐을 가졌을 것이어서 누구에게나 호감을 주었을 것이다. 주인의 물음에 사환(머슴)은 룻에 대해 아는대로 소상히 설명했을 것이다.

(3) 그 사환이 주인에게 룻에 대해 부엇이라고 설명했는가? (6-7절)

> 2:6 베는 자를 거느린 사환이 대답하여 가로되 이는 나오미와 함께 모압 지방에서 돌아온 (　　　) 소녀인데 7 그의 말이 나로 베는 자를 따라 단 사이에서 이삭을 줍게 하소서 하였고 아침부터 와서는 잠시 집에서 쉰 외에 지금까지 계속하는 중이니이다

(4) 룻은 무례하게 보리 이삭을 줍지 아니했다. 그녀는 보리를 베는 일꾼들에게 단 사이에서 이삭을 줍게 해달라고 사정을 했다. 그리고 허락을 받은 후에 이삭을 주었다. 룻은 아침부터 잠시 집에서 쉰 것 외에는 지금까지 쉬지 않고 일을 하고 있었다. 단정한 룻, 쉬지 않고 일하는 부지런함, 이 모든 것은 그곳에서 일하는 모든 사람에게 호감을 주었을 것이다. 주인 보아스도 이 모든 일을 듣고 그녀에게 관심을 갖게 된다(8절).

1) 여기서 '소녀'(나아라, נַעֲרָה)라는 말은 유년기에서 청년기까지 처녀, 아가씨, 또는 젊은 여자를 가리킨다.

**Q.T**

- 나오미와 룻의 가족을 회복시키시는 하나님의 세미한 손길을 보라. 인간이 전혀 깨달을 수 없는 방법으로 인도하시기에 인간의 관점에서 볼 때 모든 것이 우연이다. 그러나 하나님은 인간의 삶속에서 조용히 역사하신다. 우리는 생활 속에서 부딪치는 일들을 통해 하나님의 뜻을 읽어내야 한다.
- 룻의 난정힘과 근면성에서 무엇을 느끼는가? 숨막히는 환경 속에서도 용기를 잃지 않는 모습, 그리고 현재의 삶에 최선을 다하는 모습, 하나님의 선하신 뜻은 이런 자에게서 그 꽃을 피울 것이다. 부소건 하나님의 축복받을 바라는 사람이 많은 세상에서 룻은 우리에게 좋은 귀감이 된다.
- 보아스에게서 풍겨나오는 인품, 정말 신사다(4절).

# 룻을 돌보는 보아스 (2:8-16)

룻의 아리따운 행동은 밭주인 보아스의 관심을 끌게 되었고, 보아스는 여러 가지로 룻을 돕는다. 보아스는 룻이 이방인 여자로 어떻게 이곳에 오게 되었는가를 이미 다 듣고 알고 있었다. 룻의 마음 속에 있는 신앙의 불꽃이 타올랐기 때문이었다. 보아스는 룻을 인도하시는 하나님의 손길을 보았다. 그래서 보아스는 룻이 아브라함의 딸이 되고 여호와의 날개 밑에서 보호받게 되기를 원한다.

**1. 보아스는 사환을 통해 룻의 형편을 알았다. 보아스는 룻에게 특별한 배려를 한다. 보아스는 어떤 배려를 했는가?**

8 보아스가 룻에게 이르되
내 딸아(בִּתִּי) 들으라
이삭을 주우러 다른 밭으로 가지 말며
여기서 떠나지 말고 나의 소녀들(나아라, נערה)과 함께 있으라
9 그들의 베는 밭을 보고(추수하는 밭에서)
그들을 따르라(뒤를 따라다니면서 이삭을 주워라)
내가 그 소년들(나아르, נער)에게 명하여
너를 건드리지[1)] 말라(성가시게 굴지 말라) 하였느니라
목이 마르거든 그릇에 가서
소년들의 길어 온 것을 마실지니라

1) 나가(נָגַע) : 여기서는 '괴롭히다, 성가시게 굴다'라는 의미로 쓰였다. 또는 '간섭하다'라는 의미로 쓰인다.

먼저, 보아스는 룻에게 동정심을 가졌을 것이다. 그는 룻을 "내 딸"이라고 부른다. 바트(딸, בַּת)라는 말은 딸, 여자, 이복누이, 처녀, 부녀 등의 뜻으로 쓰였다. 보아스는 룻이 딸과 같이 느껴져 그렇게 불렀을 것이다.

2. 룻은 보아스의 친절에 어찌할 줄을 모른다. 룻은 자신의 처지를 너무나 잘 알고 있었다. 이방 여인으로서 이런 대우를 받는다는 것은 너무 감격적인 일이 아닐 수 없었다. 룻의 감사와 보아스의 축복의 내용을 살펴보자.

(1) 보아스의 동정심 어린 친절에(8-9절) 룻은 어찌할 줄을 모른다. 룻은 땅에 엎드려 절을 한다. 원문에는 "그녀의 얼굴"(עַל־פָּנֶיהָ)이라는 말이 있다. 나오미는 얼굴을 땅에 대고 엎드려 절을 했을 것이다. 룻이 이런 대우를 받는다는 것은 모압 여인으로서는 꿈도 꿀 수 없는 일이었다.

10 룻이 — 엎드려[1)]
/[그녀의 얼굴로]
절하며
/땅에[2)]
이르되
/그에게
/나는 — 이방 여인이(어늘)(=었을 때, 상황절, when)[3)]
/내(게)(=가) — 어찌하여 (베푸시며)(=발견되리이까?)
/은혜를
/당신(이)(=의 눈에서)

//(목적: לְ, that...should)
돌아보시(나이까)(=기 위하여)
/나를

1) 엎드려(나팔, נָפַל)나오미의 겸손함을 보라. 그녀가 보아스에게 얼마나 고마워하고 있는가?

3) 당시 이방인을 대하는 태도는 어떠했는가?

2) 절하며(샤하, שָׁחָה) : bow down, 절하다), prostrate oneself (엎드리다), worship(경배하다)를 의미한다. 이마를 땅에 대며 - 이는 최고의 존경을 나타냄을 의미한다.

• '돌아보다'의 의미는?

(2) 룻은 보아스의 친절에 눈물겹도록 감사를 하면서 어찌하여 이런 친철을 베푸는지를 의아해 한다. 더욱이 룻 자신은 이방인(노크리, נָכְרִי)이 아닌가?! 물론 여기서 이방인은 이스라엘이 아닌 '외국인'을 가리킨다(삿 19:12, 왕상 8:41). 어떤 이유로든 이방인은 대접을 받을 수 없었다. 그러나 보아스는 어떤 점에서 룻에게 관심을 갖고 그를 돌보려 했을까?

(3) "당신이 어찌하여 내게 은혜를 베푸시며 나를 돌아보시나이까?" 룻은 이방 여인임에도 불구하고 자신을 '주목'한 것에 놀라고 있다. '돌아보다'(나카르, נכר)라는 말은 여러 가지 뜻이 있으나 여기서는 "(어떤 사람)에게 주의하다" 혹은 "(어떤 사람)에게 주목하다"를 의미한다. 많은 구절에서 '나카르'는 사람을 호의를 갖고 혹은 친절하게 대한다는 뉘앙스가 있다. 예레미야 24:5에서는 유다 포로들에 대한 하나님의 관심을 "갈대아인의 땅에 이르게 한 유다 포로를 이 좋은 무화과같이 보아 좋게 할 것이라"고 표현했다.

(4) '은혜'(헨, חֵן)라는 말은 '호의, 은총, 매력, 아름다움'이라는 뜻이 있다. 여기서는 "~의 눈 안에서 호의를 받다"의 뜻으로 쓰였다.

### 3. 이렇게 문의하는 룻의 질문에 보아스는 어떻게 대답하고 있는가?

(1) 보아스는 이미 룻에 대한 자세한 내용을 들어 알고 있었다. 본문에서는 룻에 대한 소문이 "분명히"(fully) 들려졌다고 강조하여 기록하고 있다. '분명히'라는 단어와 '들렸느니라'가 같은 단어이다.[4)] 그녀에 대한 소문이 이미 성내에 파다하게 퍼져 있었다.

4) **분명히** 들렸느니라
הֻגַּד הֻגַּד(호팔 동사 절대형)
여기 본 동사(הֻגַּד, 호팔 동사 완료 3인칭 남성 단수) 앞에 절대형이 올 때는 상조부사로 번역한다. '들렸는데' 아주 분명히 들렸다는 말이다.

구문 by 채호덕

11 보아스가 **대답하여**
**가로되**
/그[녀]에게
/모든 것(과)(=이) —— 들렸느니라[1]
/네가 —— 행한① /분명히[2]
/시모에게 /내게
/[너의]
/남편이 —— 죽은 후로
/네
떠나②
/네 부모와
/[네] 고국을
온 (일이)③
/백성에게로
/[네가] —— 알지 못하던
/전에
/[지금까지]

1) 보아스는 룻에 대해서 어떤 내용을 이미 알고 있었는가? (①-③)

2) '분명히'(הֻגֵּד)라는 말은 강조부사로 번역한다. 들렸다는 점을 아주 강조하고 있다.

1) 보아스는 룻에 대해서 어떤 내용을 이미 알고 있었는가?

① 시모에게 행한 일
② 조국과 부모를 떠난 일
③ 전에 알지 못하던 백성에게로 온 일

(2) 그녀에 대한 어떤 내용들이 이미 알려졌는가? (①~③)

① 그녀는 그의 어머니에 대한 효성이 지극했으며, ② 그녀가 자기 부모와 조국을 떠나 ③ 이스라엘 백성이 되기로 작정한 것은 놀라운 신앙이 아닐 수 없었다. 그것은 여호와 하나님을 받아들이지 아니했다면 불가능한 선택이었다. 보아스는 이런 사실을 이미 분명하게 들어 알고 있었다는 것이다. 이 아리땁고 정숙하고 효성이 지극한 여인에게 특별한 배려를 한다는 것은 당연한 일이 아닌가?!

**4. 보아스는 룻의 믿음과 선행 위에 하나님의 축복이 임하기를 빈다. 어떤 내용의 축복을 내리는가 보자.**

(1) 룻은 자기 부모와 고국을 버리고 유다 땅으로 온 것은 분명히 "하나님의 날개 아래 보호를 받으러" 온 것이었다. '보호를 받다'(하싸)라는 의미는 단순히 "의지하다, 피난하다"라는 의미와는 다르다. 이 단어는 보다 조급한 행위를 언급하는 것으로 문자적으로는 폭풍우로부터(사 4:6, 25:4, 욥 24:8) 또는 산악 지대의 어떤 위험으로부터(시 104:18) 은신처를 찾는 것이지만 보다 더 상징적으로는 어떤 신 안에서나(신 32:37), 또는 애굽과 같은 어떤 주요 권력의 '그늘'(보호) 안에서 피난처를 찾을 때 사용되었다(사 30:2).

12 /여호와께서 — 보응하시기를 원하며(보상하시기를, repay)
/네 행한 일을
/상[1)][이] —— (주시기를)(=있기를) 원하노라
/온전한 /여호와께(서)(=로부터)2)
/[너의] /하나님
/이스라엘의
/날개 아래[에][3)]
/그[의]
/네(게)(=가) — 온 (것을)
//(목적: לְ, to)
보호를 받으(려)(=려고)[4)]

1) 상(마스코레트) : 임금 , 삯 여기서는 충성에 대한 상급을 의미한다. 온전한(샬렘, שָׁלֵם) : 완전한, 평화한 / 여기서는 (돈)에 대한 완전한 양을 의미한다.

2) 온전한 상은 누구로부터 오는가?

3) '날개 아래'라는 말의 의미는 무엇인가?

4) 룻이 모든 것을 포기하고 이스라엘 백성이 되려한 이유는 무엇인가?

(2) '보호를 받다'라는 말, '하싸'(חָסָה)에서 '피난처'라는 말이 나왔다. '피난처'(마흐세, מַחְסֶה)는 '반석(시 62:7), 피할 반석(시 94:22), 방패, 덮개(시 144:2)' 또는 보호를 지칭하는 '날개들'(룻 2:12, 시 17:8, 36:8)과 같은 병행어들과 마찬가지로 하나님의 별명으로 사용되었다. 하나님은 항상 그의 백성의 유일한 피난처이시다. 하나님은 인간의 반석이 되시며(삼하 22:3), 힘이 되시고(시 18:3), 요새가 되신다(나 1:7, 의뢰하는 자들). 이렇게 하나님께로 피난하는 결과는 무엇일까?[5)]

5) 하나님께로 피하는 자는 축복을 받는다(시 2:12), 또 구원을 받는다(시 17:7). 또한 기쁨이 있게 된다(시 5:12). 그리고 신힘을 발견할 것이며(시 31:20), 땅을 소유할 것이다(사 57:13).

(3) 그녀는 하나님의 "날개 아래" 보호를 받기 위하여(to seek refuge) 자신의 부모와 고국을 포기했다. 비록 그녀는 이방 여인이었지만 하나님을 찾는 자에게는 하나님께서 반드시 구원해 주실 것을 믿었다. '날개'(카나프, כָּנָף)라는 말은 하나님의 보호를 말할 때 병행되어 사용되었다. 하나님은 이스라엘 백성들을 애굽에서 이끌어내시어 시내산에 도착해 십계명을 주시려 할 때에 모세를 통하여 "내가 어떻게 독수리 날개(카나프)로 너희를 업어 내개로 인도하셨는가"(출 19:4)라고 말씀하신다(신 32:11, 시 17:8, 57:1 참소).

(4) 이렇게 보아스는 룻이 행한 일에 대해 하나님의 온전한(솨렘, שָׁלֵם) 보상이 있기를 원하면서 룻에게 특별한 배려를 한 이유를 설명하고 있다. 따라서 룻의 이런 일련의 행동들은 여호와를 믿는 신앙 안에서 일어난 일임을 알 수 있다. 이떤 일이 있어도 시어머니 나오미를 좇겠다는 선택은 아브라함의 신앙을 본받고 아브라함의 딸이 되겠다는 믿음에서 나온 행동이었다. 보아스는 다만 그녀의 신앙을 확인하고 있었을 뿐이었다. 신실한 믿음을 가졌을(2:4 참조) 보아스가 룻에게 이런 호의를 베푸는 것은 당연한 일이었으리라.

**5. 룻은 이 친절하고 자상한 마음에 어찌할 줄 모른다. 룻은 어떻게 그 고마움을 표현하고 있는가?**

2:13 룻이 가로되
내 주여 (룻은 나오미를 주라고 부르고 있다.)
내가 당신께 은혜 입기를 원하나이다 (은혜의 의미는?)
나는 당신의 시녀(여종, 하녀)의 하나와 같지 못하오나
당신이 이 시녀를 위로하시고(comfort)
마음을 기쁘게 하는 말씀을 하셨나이다

(1) 룻은 용기를 얻는다. 그 동안의 모든 쓰라린 삶이 분명히 새로운 전기를 맞고 있음을 느끼기 시작한다. 보아스의 간구가 그대로 이루어지기를 희망한다. 하나님의 백성으로서의 삶을 살아가기 위해 그녀는 모든 것을 포기했지 않은가?! 부모를 버리고, 조국을 등지고 이 낯선 나라에 들어와 지금 이삭을 줍고 있지 않은가?! 보아스의 이 축복의 말을 듣는 순간 그녀는 분명 생의 새로운 장이 열리고 있다는 느낌이 들었을 것이다.

(2) 하나님을 찾는 자에게 고통은 영원하지 않다. 훈련의 기간이 끝나면, 복역의 때가(사 40:2 참조) 끝나면, 그동안 준비하신 축복을 내려주신다. 이 축복의 말을 듣는 순간 룻은 그 축복이 자기에게 이루어지기를 간구한다.

(3) "내 주여" : 룻은 보아스를 '주'(lord)라고 부르면서 당신의 목전에 은총 얻기를 구한다. 룻은 그 이유를 대고 있다.

① 먼저, 당신(보아스)이 자신을 위로하셨다는 것이다. 여기에 '위로하다'라는 단어의 의미는 무엇인가?[1]

② 그리고 당신의 시녀보다 못한 자기를 이렇게 보살펴 주시니 감사하다는 것이다.

**6. 보아스는 룻에게 더욱 구체적인 배려를 한다. 어떤 도움을 주었는가?**

2:14-16

1) 위로하다(나함, נָחַם) : '후회하다'라는 뜻도 있으나 여기서는 '위로하다'라는 뜻으로 쓰였다. 이사야 40:1, 시편 23:4을 읽어 보자.

# 기업을 무를 자 중에 하나 (2:17-23)

보아스의 특별한 호의로 이삭을 줍는 일도 쉬워졌고, 우선 배고픔의 문제도 해결되었다. 보아스는 그녀의 이삭 줍기를 도와주기 위해 조금씩 단에서 이삭을 뽑아버리게 했다. 그래서 저녁까지 주운 것을 합해보니 한 에바쯤 되었다. 시어머니는 룻의 이야기를 듣고 놀란다. 그렇게 호의를 베푼 사람이 다름 아닌 자기의 친족 중의 한 사람이라는 것을 알고 내심 기뻐한다. 그 사람이라면 자기 가족의 기업을 무를 자임을 알고 나오미는 룻에게 의미있는 주문을 한다.

**1. 보아스의 배려로 저녁까지 주운 이삭은 얼마나 되었나?**

2:17 룻이 밭에서 저녁까지 줍고 그 주운 것을 떠니 보리가 한 ( )[1]쯤 되는지라

1) 한 에바(cphah) : 한 에바는 약23리터(10오멜, 10분 1호멜), 1오멜이 한 사람이 하루 양식이니까(출 16:16) 룻이 거둔 한 에바는 두 식구의 5일분 양식이었다.

**2.** 오늘은 다른 날보다 주어온 보리가 많았다. 성내로 들어오는 룻의 가벼웠을 발걸음, 두툼한 보릿 자루, 물론 룻의 얼굴 표정도 밝았으리라. 시어머니 나오미는 궁금한 것이 많았다. "오늘은 누구네 밭에 가서 일했느냐, 너를 돌 본 사람이 누구냐, 그 사람에게 복이 있기를 원한다." 룻은 그런 호의를 베푼 사람이 바로 '보아스'임을 밝힌다. '보아스' 이름을 듣는 순간, 나오미는 무엇을 생각해냈는가?

(1) 나오미는 보아스의 자상함에 또한번 고마움을 느낀다. 나오미는 그에게 여호와의 축복이 임하기를 빌면서, 룻에게 이렇게 이야기 한다. "그 분은 산 사람에게나 죽은 사람에게도 똑같이 고맙게 대하시는구나." 즉, 지금 살아 있는 나오미와 룻에게 은혜를 베푸는 것은 곧 죽은 남편 엘리멜렉과 두 아들에게 은혜를 베푸는 것과 동일하다는 말이다. 이런 사람이 복을 받지 못한다면 누가 여호와의 복을 받겠는가?!

(2) 나오미의 머리를 스치는 또 하나의 생각은 무엇이었는가?
나오미는 이 순간 하나님의 선하신 인도하심을 떠올린다. '아니, 어찌 이런 수가!' 그동안 숨한번 제대로 쉬지 못하고 지낸 세월들, 그러나 이제 서광(曙光)이 비취고 있지 아니한가! 나오미는 분명히 하나님의 선하신 인도하심이 있음을 알았다. '하나님의 인도하심이 아니면 어찌 이런 우연이 있단 말인가!'

(3) 보아스는 엘리멜렉의 가까운 일가였던 것이다. '근족'(近族, 카로브, קָרוֹב) 은 가까운 친척을 말한다. 그러니 '기업을 무를 자'(고엘, גֹּאֵל)라는 것이다. 다시 말하면 이 집안을 다시 일으켜 줄 사람 가운데 하나라는 것이다.

(4) 언제까지나 절망만 있을 것 같은 나오미에게 하나님은 보이지 않는 손길로 역사하기 시작하신다. 살아가기가 너무 힘든 나오미와 룻에게 나타난 보아스는 누구인가? 이 가련하고 볼품없는 한 가정을 하나님은 아주 조용하게 인도하신다. 가난한 사람의 부르짖음에 귀 기울이시는 하나님, 하나님은 이 착하디 착한 이방 여인 룻에게 그녀가 미쳐 상상할 수 없는 방법으로 삶을 인도하신다.

(5) 보아스, 그는 "유력한 자"(2:1)였다. 사사 기드온과 에훗을 '용사'라고 불렀다. 그 '용사'라는 말이 '유력한 자'라는 말이다. 그런 보아스가 룻에게 관심을 갖고 많은 배려를 베풀고 있다.

- 보아스는 엘리멜렉과 가까운 친척이다. 그렇다면 이 가정을 다시 일으켜 세울 사람이 아닌가?! 이 분이야말로 우리의 '기업을 무를 자' 중의 한 분이다. 나오미는 지금 무슨 생각을 하고 있을까?

**3. 모압 여인 룻은 시어머니에게 다른 한 가지 사실을 아뢴다. 어떤 사실을?**

2:21 모압 여인 룻이 가로되
그가 내게 또 이르기를
내 추수를 다 마치기까지
너는 내 소년들에게 가까이 있으라 하더이다

- 룻 2:22 "나오미가 자부 룻에게 이르되 내 딸아 너는 그 소녀들과 함께 나가고 다른 밭에서 **사람을 만나지 아니하는 것**이 좋으니라."

**4. 적어도 추수가 끝나기까지는 생활 걱정은 던 셈이었다. 그러나 나오미는 룻에게 다음의 사실을 주지시킨다.**

2:22 나오미가 자부 룻에게 이르되
내 딸아
너는 그 소녀들과 함께 나가고 다른 밭에서
(                              )이 좋으니라

(1) 시어머니 나오미, 그녀는 며느리 룻을 보아스와 결혼을 시켜야 하겠다는 생각을 하고 있음이 분명하다. 3:1이하에서 볼 수 있는 대로 나오미는 룻이 보아스와 결혼한다면 그보다 더 좋은 일이 없을 것이라고 생각하고 이를 적극 추진하고 있음을 본다.

(2) 이렇게 나오미는 보아스를 '기업을 무를 자'로 보고 그와 가까이 지내기를 바라고 있다. 만약 룻과 결혼한다면 다시 자식도 얻게 될 것이다. 잃었던 기업도 무를 수 있게 된다.

(3) 보리 추수에 이어 밀 추수가 이어진다. 그 추수를 마치기까지 룻은 이삭을 주우며 시모를 모시며 살아간다. '지금까지는 양식 걱정이 없었지만 이제 어디서 양식을 구한담…' '아무래도 룻을 보아스와 결혼시켜 보다 안정된 생활을 시켜야겠어…'

Q.T

· 나오미의 가정에 어둡고 긴 슬픔의 터널이 끝나고 있다. 언제까지나 계속될 것 같은 어둠의 세월, 그곳에 하나님의 은총의 빛이 비취기 시작한다. 이스라엘 백성이 되기 위해 세상적인 것을 모두 포기했던 룻, 그래서 그녀의 선택을 미련하게 여겼을 사람도 있었을 것이다. 그러나 이제 그녀의 선택이 얼마나 올바른 것이었나를 보게 될 것이다. 자기의 선택이 바른 것이었다면 기다려야 한다. 어떤 장애물이 있더라도..

· 룻을 딸과 같이 여기는 시어머니 나오미, 시어머니를 봉양하기 위한 룻의 효성심, 어디서 이런 아름다운 관계가 흘러나오는 것일까?

**확대경** No. 7

## 기업 무를 자 (고엘, גֹּאֵל)

**1. 단어의 의미 :**

(1) 첫째, 이 단어는 빚 때문에 팔린 재산의 소유권을 다시 획득하는데 사용되었다(레 25:25).

(2) 둘째, 자손이 없어 죽은 사람의 이름을 회복하여 보존시키는데 사용했다. 이때 죽은 자의 형제가 그 죽은 자의 아내를 취하여(嫂婚) 자녀를 낳아줌으로써 죽은 자의 이름을 이스라엘에게 잊혀지지 않게 하는 것이다(창 38:8). 룻기에 나오는 보아스의 경우가 이 경우이다(룻 3:13). 이 경우에는 '고엘'이라는 말이 친족이라는 뜻이다. 죽은 친척이 진 빚을 가장 가까운 친족이 지불하는 것(민 5:8), 가난에 쪼들린 친척이 판 땅을 그가 살았을 때(레 25:25) 혹은 그가 죽은 이후에(렘 32:7이하) 도로 사는 것, 혹은 가난한 친척이 노예로 팔려갔을 때 이를 구속하여 내는 일(레 25:48) 등이다. 여기서 '고엘'은 그 가족이 어떤 방식으로든 해를 당치 않도록 보호해 주는 자를 가리킨다.

(3) 셋째, 살인의 경우 : 살인이란 그 사람이 지상의 친척과 재산으로부터 단절되는 것을 의미한다. 따라서 피살자의 친척이 살인자에게 복수하는 것이 의무였다. 이 경우에 '고엘'은 <피의 보수자>를 의미한다(민 35:12-34, 신 19:1-3).

(4) 나머지, 고엘의 가장 큰 의미는 고엘이라는 단어가 하나님께 대하여 '구속자'라는 뜻으로 쓰이는 경우이다. 하나님은 사람을 영육간에 죽음에서 구속하시는 주권을 가지신 분이시다. 이 '구속자'(고엘)란 말은 이사야 40-66장에서 가장 많이 나온다. 욥 19:25 "내가 알기에는 나의 구속자가 살아 계시니"

**2. 오늘 본문에서 쓰여진 고엘의 뜻이 위의 경우 중 어떤 경우인가?**

(1) 오늘 본문은 위의 경우 중 둘째번을 말한다. 이스라엘이 출애굽 하여 가나안에 들어갔을 때, 각 지파별로, 그리고 가족별로 모두 기업을 할당 받았다. 따라서 이렇게 기업으로 받은 땅은 다른 사람에게 팔지 못하도록 했다. 이런 제도가 없었다면 나중에는 땅을 많이 가진 사람과 하나도 갖지 못한 사람이 생겨날 것이고, 이런 폐단은 나라 전체를 어렵게 할 것이기 때문이었다.

(2) 그러나 경제적 어려움으로 부득이 땅을 팔았을 경우가 생길 때에는 가까운 친척이 그 땅을 사서 그 가족에게 돌려주어야 한다. 또한 기업을 소유한다는 개념은 천국을 소유한다는 개념을 예표하고 있다.

(3) 나오미는 보아스가 바로 이 가족을 다시 회복시켜줄 '고엘'(기업을 무를 자)이라는 것이다. 엘리멜렉에게는 원래 땅이 있었는데 형편이 어려워지자 팔아버린 것 같다. 나오미에게는 아들이 죽고 없다. 그래서 누가 이 재산을 다시 회복시켜주어야 했다. 엘리멜렉의 근족 중 한 사람이 룻과 결혼해서 자녀를 낳아 그 재산을 상속받아야 했다. 나오미는 지금으로서는 가장 적합한 사람이 바로 '보아스'였다. 나오미는 룻에게 이 사실을 주지시킨다(룻 3:1-9).

# 룻 2장 정리하기

**요약질문**

• 보아스를 '유력한 자'라고 소개하고 있다. '유력한 자'란 어떤 사람을 가리키는가? (1절)
• 보아스는 어떤 인물인가? 왜, 그를 소개하고 있는가?
• 룻은 어떤 결단을 내리고 있는가? (2절)
• 2절에서 "은혜를 입으면" 했는데 어떤 은혜를 말하는가?
• 이삭을 줍는 일은 누구에게나 허용되었나?
• 이삭을 줍기로 한 룻의 결정에 나오미는 어떻게 했나? 여기서 룻의 성격의 한면을 볼 수 있다. 그녀는 어떤 성격을 갖고 있는가?

• 룻이 우연히 도착한 곳은 누구의 밭이었는가? (3절)
• '우연히'란 말은 보통 어떤 뜻으로 사용되었나? (교재) '우연'이라는 인간적 관점과 이를 하나님의 인도하심의 관점에서 설명해 보라. (교재)
• 가난한 사람은 어떻게 생기는 것일까? 성경에서 가난한 자를 어떻게 대하라고 했는가? 가난한 것은 미덕인가? (확대경 참조)
• 보아스의 인품됨이 어디에서 나타나고 있는가? (4절)
• 보아스는 룻에게 특별한 호의를 베푼다(8-9절). 그 이유가 무엇인가?
• 룻의 보아스에 대한 감사와 룻에 대한 보아스의 축복의 내용이 무엇인가? (10-12절)
• 룻의 질문에(10절) 보아스는 어떻게 대답하고 있는가? (11절) 룻에 대한 소식은 누구에게서 들은 것인가?

• 룻은 "하나님의 날개 아래 보호를 받으러" 베들레헴에 온것이다. 이 말의 의미는 무엇이며 하나님을 찾는 자에게는 어떤 결과가 있는가?
• 나오미는 보아스를 어떤 대상자로 알고 관심을 기울이고 있는가? (20절)
• '기업 무를 자'란 어떤 사람을 말하는가?

*Summary*

(1) 하나님의 인도하심에 대한 인간적 이해('우연히'라는 말과 관련해서)
(2) 가난에 대한 성경적 정리
(3) '고엘'에 대한 신학적 정리

- 나오미는 룻과 보아스를 결혼시키기 위해 작전 계획을 세운다(1-5절).
- 보아스가 먹고 마시며 노적가리에 누음. 룻이 그의 잠자리에 들어감(6-7절)
- 기업 무르는 일에 대해 보아스와 룻과의 대화(8-13절)
- 룻은 보아스의 선물을 받아가지고 돌아와서 시어머니에게 전말을 보고한다(14-18절).

Ruth

# 3:1-18

## 룻의 청혼과 보아스의 약속

어려운 상황 속에서 룻은 커다란 결단을 내린다. 언제까지나 이대로 지낼 수는 없었다. 우선 먹고 지내는 문제가 심각한 현실로 다가왔다. 그렇다고 생활의 문제를 시어머니에게 맡길 수는 없는 일, 드디어 룻은 이삭을 줍기로 마음먹는다. 가난한 사람을 위하여 이삭은 주워도 된다는 내용은 시어머니에게 들어 알았을 것이다. 결국, 나오미는 이를 허락했고, 룻은 우연히 보아스의 밭에 가서 이삭을 줍게 된다. 보아스는 유력한 자였다. 큰 부자였고, 그 인품 또한 신실한 사람이었다. 갑자기 출현한 이방 여인에게 보아스는 관심을 두게 된다. 룻에 대한 소문은 성내에 이미 잘 알려져 있었다. 그녀가 부모와 조국을 버리고 여호와의 백성이 되기 위하여 시모를 따라 왔다는 사실에 보아스는 하나님의 축복이 임하기를 빈다.

보아스는 룻에게 특별한 호의를 베푼다. 자기 밭에서만 이삭을 줍게 했다. 시모 나오미는 보아스의 이런 친절에 매우 기뻐한다. 더욱이 보아스가 가까운 친척임을 알고 그가 자신의 가정을 다시 일으켜 줄 수 있는 '고엘'(기업 무를 자)임을 마음에 둔다. 보아스의 이런 배려로 보리 추수와 밀 추수를 마치기까지 양식 걱정 없이 잘 지낼 수 있었다. 언제까지나 이대로 지낼 수는 없다. 마침내 나오미는 룻을 보아스와 재혼시키기로 마음 먹는다. 나오미는 룻에게 안식할 곳을 찾아 복되게 하려 했다. 그래서 룻과 작전 계획을 세운다. 룻은 시어머니의 말에 절대 순종한다. 룻은 계획대로 실천한다. 노적가리에서 잠을 자고 있는 보아스에게 룻이 접근한다. 룻은 보아스에게 율법에 있는 대로 기업 무를 자가 되어주기를 간청한다. 보아스는 이런 행동에 놀랐지만 오히려 그녀의 믿음을 칭찬하고 승락한다. "너의 베푼 인애가 처음보다 나중이 더하도다"(10절).

# 나오미의 작전 계획 (3:1–5)

나오미는 룻을 보아스와 결혼시키기 위해 구체적인 작전계획을 세운다. 룻으로 하여금 "안식할 곳"을 구하여 복되게 하기 위해 노력한다. 언제까지나 이대로 지낼 수는 없었기 때문이었다. 재혼하지 않고 그대로 지내기에는 너무 젊은 룻이었다. 만약 룻이 보아스와 가정을 이룬다면 쓰러진 가정을 다시 일으키는 것은 물론 룻이 안정되고 평안한 쉼을 쉴 수 있었기 때문이었다.

**1. 나오미는 룻을 안스럽게 여겨 그녀에게 안식할 곳을 구하여 주기로 마음을 먹는다. 룻을 딸치럼 여기는 나오미의 따뜻한 감정을 읽을 수 있다.**

3:1 룻의 시모 나오미가 그에게 이르되
내 딸아
내가 너를 위하여
안식할 곳(מְנוּחָה)[1]을
/너로 복되게 하여야 (할)
구하여 하지 않겠느냐

1) 룻으로 하여금 복되게 하여야할 곳은 무엇을 말하는가?

여기서는 결혼으로 얻는 안식의 상태를 말한다.

(1) 여기서 '안식할 곳'이란 어떤 것을 가리키는가? '안식할 곳'(마노아흐. מְנוּחָה)이란 말은 글자 그대로 '안정된 곳'을 말한다. 이 '안식처'란 말은 '쉬다, 정주하다'라는 누아흐(נוּחַ)란 말에서 파생된 단어이다. 이 동사는 죽음 가운데서의 안식(욥 3:13), 심리적 평안(사 14:3, 7), 이스라엘이 원수를 멸망시키시고 이 땅에서의 안식을 주시는 하나님의 약속(신 12:10*), 구원으로서의 안식(출 20:11) 등의 의미로 사용되었다.

• 신12:10 "너희가 요단을 건너 너희 하나님 여호와께서 너희에게 기업으로 주시는 땅에 거하게 될 때 또는 여호와께서 너희로 너희 사방의 모든 대적을 이기게 하시고 너희에게 **안식**을 주사 너희로 평안히 거하게 하실 때에"

(2) 본문에서 사용된 '마노아흐'는 사람 또는 동물들을 위한 누아흐(움직임이 없는, 안전), 즉 정주하는 장소나 집을 의미한다. 그러므로 나오미가 룻을 위하여 '안식할 곳'을 구한다는 것은 가정(a home)을 갖는나는 것을 의미한다. 나오미는 룻을 보아스에게 재혼시켜 안정된 생활을 하기를 바라고 있다.

(3) 지금 나오미의 가정은 너무 심각한 위기에 있다. '계대혼인법'이란 법이 있어 형이 자식을 낳지 못하고 죽었을 때, 동생이 형수를 취하여 대를 이어야 하지만 그 동생도 죽고 없지 않은가. 그렇다고 나오미가 자식을 낳을 수도

1) 레 25:25 "만일 너희 형제가 **가난하여 그 기업 얼마를 팔았으면 그 근족이 와서 동족의 판 것을 무를 것이요** 26 만일 그것을 무를 사람이 없고 자기가 부요하게 되어 무를 힘이 있거든 27 그 판해를 계수하여 그 남은 값을 산 자에게 주고 그 기업으로 돌아갈 것이니라28 그러나 자기가 무를 힘이 없으면 그 판것이 희년이 이르기까지 산자의 손에 있다가 희년에 미쳐 돌아올지니 그가 곧 그 기업으로 돌아갈 것이니라"

2) 수크(סוּךְ) : 특별히 목욕 후에 향기가 나게 하기 위해 몸에 감람유를 바르는 일상적인 몸치장에 사용된다.

없다. 물론 **그 전에 팔았던 땅도**[1] 다시 찾을 수도 없다. 지금 나오미로서는 속수무책이었다. 사람들은 여러 가지 이유를 들어(4:5, 6 참조) 가난하게 된 사람들을 속량시켜 주지 아니하려 했다.

(4) 이제, 나오미는 보아스가 기업 무를 자의 역할뿐 아니라 룻과 결혼하여 이 가정의 대를 이어갈 자식까지 얻기를 희망하고 있다. 그래서 자기 가정을 다시 일으켜 세울 방도를 강구하고 있었다. 룻도 재혼시키고, 가정도 다시 일으켜 세울 수 있는 좋은 기회가 아닌가!

**2. 나오미는 룻을 불러 구체적인 지시를 내리고 있다. 룻은 시모의 명령에 모두를 순종했다고 했다. 나오미가 룻에게 무엇을 명하고 있는가?**

3:3 그런즉 너는 목욕하고 기름[2]을 바르고
의복을 입고 타작 마당에 내려가서
그 사람이 먹고 마시기를 다하기까지는
그에게 보이지 말고(눈치 채지 못하도록)
4 그가 누울 때에 너는 그 눕는 곳을 알았다가
들어 가서 그 발치 이불을 들고 거기 누우라
그가 너의 할 일을 네게 고하리라

(1) "목욕을 하고 단정히 해라. 그리고 향수를 바른 다음 장옷을 입고 타작 마당에 내려가 보아라"(공동번역). 왜, 나오미는 룻에게 이렇게 정성스럽게 준비시키려는 것일까? 나오미는 룻에게 어떻게 보아스를 대할 것인가에 대해 단단히 일렀을 것이다. 지금 나오미와 룻의 계획은 보아스로 하여금 "기업을 무를 자"라는 확답을 받기를 원하는 것이었다.

• 룻 4:12 "여호와께서 이 소년 여자로 네게 후사를 주사 네 집으로 다말이 유다에게 낳아준 베레스의 집과 같게 하시기를 원하노라"

(2) 나오미는 지금 이 시간 다말이 시아버지 유다에게 창녀를 가장하여 자식을 낳게 한 일을(룻 4:12*, 창 38:1-26) 떠올렸을 지도 모른다. 룻을 시켜 보아스로 하여금 당연히 기업 무를 의무가 있음을 설복시키려 하고 있다.

**3. 룻을 딸처럼 사랑하는 나오미, 그 시모의 말에 룻은 어떤 대답을 하고 있나?**

3:5 룻이 시모에게 이르되
어머니의 말씀대로

내가 (                              ) 하니라

(1) 나오미가 룻을 딸처럼 사랑하는 것만큼 룻 역시 시모를 끔찍히 사랑한다. 룻은 시모가 시키는 대로 모두를 실천할 것을 약속한다. 나오미의 철저한 노력, 그리고 이에 대한 룻의 적극적인 순종... 기업을 무르기 위한 열망과 룻을 통해 대를 이어갈 자식을 얻기를 위한 열심이 이들을 진지하게 만들고 있다. 보아스라면 이 모든 것을 할 수 있는 분이라고 굳게 믿고 있었다.

(2) 이렇게 룻은 매사에 시어머니에게 철저하게 순종했다. 비록 시모가 시키는 일이라고 해도 이방 여인에게는 너무 어려운 주문임에 틀림없다. 뒤에 보아스는 이런 룻의 순종을 처음의 순종에 비교하면서 크게 칭찬하고 있음을 본다(3:10).

## 너의 베푼 인애가 처음보다 나중이 더하도다 (6-13절)

1. 룻은 시어머니의 말에 순종한다. 목욕하고 향수를 뿌리고 좋은 옷을 입고 타작 마당으로 내려갔다. 그리고 연회가 끝나기를 기다렸다. 보아스는 연회가 끝나고 홀로 잠자리에 눕는다. 주위에는 아무도 없다. 룻은 가슴을 조아리며 그의 발치 이불을 들고 거기 눕는다. "아니, 네가 누구냐?" 룻은 침착하게 청혼을 한다. 보아스는 일순 당황했지만 그녀 안에 있는 시모에 대한

- 룻을 사랑하는 나오미의 따뜻한 마음, 시모를 봉양하는 룻의 효성, 이런 가정 위에 어찌 하나님의 축복이 임하지 아니할 것인가!! 비록 모압 여인이었지만 그 속에 들어있는 신앙은 하나님이 기뻐하시는 모습이 아닐 수 없다. 초라하지만 평화가 깃드는 가정, 이 평화는 어디로부터 오는 것일까?

- "어머니의 말씀대로 다 행하리이다" – 룻은 시모가 시키는대로 모두를 순종하다. 시어머니의 사랑 때문이다. 나오미의 신뢰할 수 있는 인격이 룻의 순종을 이끌어냈다. 인격이 없는 명령은 반발만 가져온다. 명령하기 전에 사랑을 베풀어야 하지 않겠는가?!

순종과 하나님을 믿는 신앙을 본다. 그리고 기업 무를 자가 되겠다고 약속한다.

2. 잠을 자고 있던 보아스는 낯선 자의 갑작스런 침입에 놀란다. 몸을 돌이켜 보니 어떤 한 여인이 자기 발치에 누운 것이 아닌가. 이후 벌어지는 상황을 지켜보자.

(1) "너는 웬 여자냐?"(미 아타, מִי־אָתְּ) 이 낯선 여인의 당돌한 행동에 보아스는 일순 놀랐겠지만 그가 룻인 것을 알고 마음을 놓았으리라. 곤한 잠을 자다가 깬 보아스는 한 동안 정신이 없었겠지만 이 한밤 중에 자기를 찾아온 룻이 원하고자 하는 이유를 듣고 싶어했을 것이다.

(2) 룻은 침착했다. 그녀의 목적이 분명했기 때문이었다. 그녀는 보아스를 유인해 어떤 물질적 유익을 얻으려 하지 아니했다. 그녀는 보아스에게 이 밤중에 찾아온 이유를 분명하게 말하고 있다. 어떤 내용인가?

9 [그가] **가로되**
/네가 누구뇨?(미 아타, מִי־אָתְּ)
[그녀가] **대답하되**
/나는 룻이오니
/당신의 시녀(여종)
/[당신은] 덮으소서(파라스, פרשׂ)[1]
/당신의 옷자락(카나푸, כְּנָף)으로
/[당신의] 시녀(를)(=에게)

//(이유:כִּי, for)
당신은 됨이니이다(=되기 때문에)
/우리 기업을 무를 자(고엘, גֹּאֵל)[2]가

1) '옷자락으로 덮으소서'라는 의미는 무엇인가?

2) '기업을 무를 자"란?

(3) 룻은 지금 보아스에 대해 부도덕한 관계를 요구하는 것이 아니다. 보아스에게 자기와 결혼해서 기업 무를 자의 의무를 다 해달라는 호소였다. 어떤 불륜의 행동이 아니라 결혼해 주기를 바라는 행동이다.

(4) "옷자락(카나프, כְּנָף)으로 시녀를 덮으소서"라는 말은 자기를 아내로 삼아줄 것을 요청하는 결혼 용어이다. "내가 네 곁으로 지나며 보니 네 때가 사랑스러운 때라 **내 옷으로 너를 덮어** 벌거벗은 것을 가리우고 네게 맹세하고 언약하여 너로 내게 속하게 하였었느니라 나 주 여호와의 말이니라"(겔 6:8).

(5) 룻은 보아스가 말한 것을 기억하고 있었을 것이다.
"여호와께서 네 행한 일을 **보응하시기를 원하며**
이스라엘의 하나님 여호와께서
그 날개(카나프, 옷자락) 아래 보호를 받으러 온 네게
온전한 **상 주시기를 원하노라**"(룻 2:12).

(6) 룻은 아주 분명하게 "당신은 우리 기업을 무를 자"(고엘, גֹּאֵל)임을 강조했다. 보아스에게 그런 의무가 있다는 사실을 묵시적으로 암시하고 있다. 보아스 당신이 바로 '고엘'(구속자)이라는 것이다. 친족이 어려움을 당했을 때 그것을 해결해 주어야 할 의무가 있는 사람이 '고엘'이다. 지금 룻이 원하는 것은 무엇일까? 보아스가 이를 허락한다면 자식이 없는 나오미의 가정에 자식을 낳게 하여 대를 잇게 해주어야 한다. 그리고 어려운 때 판 땅을 도로 사주어야 한다. 룻은 지금 율법이 요구하는 바를 정확히 알고 그 권리를 호소하고 있다. 그녀의 의식이 크게 성장해 있음을 본다. 물론 시어머니 나오미의 작전(?)이지만.

- 룻 1:16 "룻이 가로되 나로 어머니를 떠나며 어머니를 따르지 말고 돌아가라 강권하지 마옵소서 어머니께서 가시는 곳에 나도 가고 어머니께서 유숙하시는 곳에서 나도 유숙하겠나이다 어머니의 백성이 나의 백성이 되고 어머니의 하나님이 나의 하나님이 되시리니"
- 룻 2:11 "보아스가 그에게 대답하여 가로되 네 남편이 죽은 후로 네가 시모에게 행한 모든 것과 네 부모와 고국을 떠나 전에 알지 못하던 백성에게로 온 일이 내게 분명히 들렸느니라."

**3.** 이 갑작스런 주문에 보아스는 당황했을 터이지만 이내 룻의 진지함에 감동을 받는다. 룻의 내면에 숨어 있는 진실됨과 믿음을 보았기 때문이었다. 보아스가 룻을 칭찬하는 내용을 말해 보라.

3:10 **가로되**
내 딸아
여호와께서 네게 **복주시기를 원하노라**
네가 빈부를 물론하고 연소한 자를 좇지 아니하였으니
너의 **베푼** 인애1)가 처음보다2) 나중이3) 더하도다

1) 인애의 의미는?
2) 처음은 어떤 일을 말하는가?
3) 나중은 어떤 일을 말하는가?

(1) 룻은 그의 동서 오르바가 갔던 길을 갈 수도 있었다. 그러나 룻은 그것보다 더 값진 길이 있다는 것을 확신했다. 그녀는 시모를 위하고, 또 하나님의 백성이 되기 위해 부모와 고국을 버렸다(1.16, 2:11*). 이 선택은 그녀에게는 어려운 선택이었다. 그런데 이번에 룻이 취한 행동은 그보다 더 어려운 행동이요 실천이었다. 룻은 돈이 있든 없든 젊은 사람을 좇아갈 수 있었다. 그러나 룻은 나오미의 가정에 대를 잇기 위해 늙은 보아스와 결혼하기로 했다는 것이다. 룻은 시모 나오미의 명령에 절대 순종했다.

**헤세드(인애, חֶסֶד)**

인애 : 구약에 247번이나 등장하는 말로서, 영어로는 goodness, kindness로 번역되며, 하나님의 신실성(fidelity, faithfullness)을 표현했으나 적당한 단어가 없다. 우리 성경에는 흔히 '은혜' 또는 '인자'로 번역했다(창 24:12, 창 39:21). 히브리어 '헤세드'로 하나님의 언약적 사랑을 나타낸다. 이 말의 어원에는 열심, 소원, 자비, 사랑, 친절이라는 뜻이 있다. 신약에서는 '카리스'(χαρις) 라는 말이 쓰였으나, 이 '카리스'라는 말은 구약의 '헤세드'까지 포괄하는 폭 넓은 말이다.

(2) 이런 사실을 다음과 같이 표현했다 :

3:10하 너의 베푼 인애(헤세드, חֶסֶד)가 처음 [헤세드] 보다 나중 [헤세드]이 더하도다

처음 부모와 고국을 등지고 시모를 따라 베들레헴에 온 것도 적지 않은 순종이었지만(처음 인애), 이 늙은 보아스에게 가정의 대를 잇게 하기 위하여 결혼하라고 명한 시모의 말에 순종한 것은(나중 인애) 더욱 더 갸륵하다는 것이다. 보아스는 룻의 믿음을 보고 그 간청을 들어주기로 작정한다. 이는 마치 유다가 창녀 흉내를 낸 며느리 다말을 칭찬하는 것과 같은 모습이 아닌가! (창 38:26, 유다가 그것들을 알아보고 가로되 그는 나보다 옳도다 내가 그를 내 아들 셀라에게 주지 아니하였음이로다 하고 다시는 그를 가까이 하지 아니하였더라) 룻은 자신의 행복보다는 한 가정을 재건하기 위해 기꺼이 시모 나오미의 명령에 순종했다.

**4. 보아스는 이방 여인 룻의 간청을 받아들인다.**

3:11 내 딸아 두려워말라 내가 네 말대로 네게 다 행하리라 네가 ( 현숙한 ) 여자인 줄 나의 성읍 백성이 다 아느니라

(1) 보아스는 룻의 간청을 다 받아들이기로 약속한다. 보잘것 없는 이방 여인의 간청이었지만 보아스는 룻을 단순한 이방 여인이 아니라 하나님의 백성의 일원으로 보고 있다.

(2) "현숙한"(하일, חַיִל)이라는 말은 '힘, 덕, 부, 용기' 등 굳세고 덕이 있는 사람을 가리킨다. 비록 이방 여인이었지만 이제는 모두가 그녀를 이스라엘 백성의 일원으로 간주하고 있다는 것이다. 룻의 이 용기 있고 현숙한 행동을 탓할 사람은 아무도 없다는 것이다. "그러니, 아가야 두려워 말아라." "네가 무엇을 원하든지 다 들어주마."

**5. 보아스는 현숙한 룻의 믿음을 보고 그의 간청을 받아들이기로 작정한다. 그러나 일순간 무엇을 생각하고 있는가?**

3:12 참으로 나는 네 기업을 무를 자나
무를 자가

나보다 더 가까운 친족이 있으니

(1) 우선, 3:12, 13절에서 '고엘'(기업 무를 자, 속량)이라는 단어가 몇번이나 사용되었나 조사해 보자.

(2) 보아스의 말은 자기보다 더 가까운 친족이 있다는 것이었다. 일차적으로 그 사람이 기업을 무를 자격이 있으니 그 사람에게 찾아가 그 의사를 타진해 보겠다는 것이다. 만약 그 사람이 이 조건을 거절하면, 보아스 자신이 여호와의 이름을 걸고 그 의무를 이행하겠다는 것이었다. 생각보다 일이 단순하지 않았다. 그러나 보아스는 모든 사실을 숨기지 아니했다. 그는 참으로 하나님을 두려워 하는 사람이었음을 본다.

(3) 보아스는 날이 밝기 전에 룻을 보냄으로써 아무도 그 사실을 눈치 채지 못하게 했다. 그리고 그녀를 후대해서 보낸다.

• 룻 3:12 "참으로 나는 네 **기업을 무를 자**나 **무를 자**가 나보다 더 가까운 **친족**이 있으니 13 이 밤에 여기서 머무르라 아침에 그가 **기업 무를 자**의 책임을 네게 이행하려 하면 좋으니 그가 그 **기업 무를 자**의 책임을 행할 것이니라 만일 그가 **기업 무를 자**의 책임을 네게 이행코자 아니하면 여호와의 사심으로 맹세하노니 내가 **기업 무를 자**의 책임을 네게 행하리라 아침까지 누울지니라."

### 6. 이 일을 성취하기 전에는 쉬지 아니하리라 (14-18절)

(1) 룻은 날이 새기까지 보아스의 발치에 누워 있다가 날이 밝기 전에 일어났다. 어떤 여인이 밤에 타작하는 곳에 왔다는 사실이 알려져서는 안되었기 때문이었다. 룻은 밤중에 타작 마당을 떠나 베들레헴 성내에 들어갈 수가 없었다. 날이 새어 집으로 돌아오자 시모는 어찌되었느냐고 물었고, 룻은 지난

**Q.T**

• "너의 베푼 인애가 처음보다 나중이 더하도다" – 룻의 시모에 대한 순종은 불변하지 않았다. 지난날의 효성보다도 이번의 효성이 더 갸륵했다는 말이다. 룻은 나오미의 가정을 일으키기 위해 시모의 계획에 전적으로 순종했다. 룻은 지금 보아스에게 싱진을 받고 있다. 수 인에시의 '효성'의 개념을 정리해 보라.

• "현숙한 여인" – 베들레헴 성내에 있는 사람들은 룻이 현숙한 여인인 사실을 모두 인정하고 있었다. 이 현숙함은 어디에서 나오는 것일까? 나오미의 따뜻한 마음 속에서 룻의 효성이 피어날 수 있었으리라.

• 얼마든지 나머지 삶을 세상적인 재미를 찾아 나설 수 있었지만 룻은 그 길을 선택하지 않는다. 그녀는 무엇이 더 귀중한 길인가를 알고 있었다. 조금이라도 세상 사람들의 가치 기준을 따라 배우자를 선택하려는 젊은이가 많은 요즈음 룻의 선택은 얼마나 귀중한 일인가?!

밤에 일어난 일을 자세히 이야기 한다. 나오미는 이 모든 일이 성취되기까지 기다리자고 말한다.

(2) 보아스는 룻에게 너무 서두르지 말 것을 권고했다. 가까운 친족으로 말할 것 같으면 자기 자신보다 더 가까운 친족이 있었기 때문이었다. 보아스는 룻을 돌려보내면서 빈손으로 보내지 아니했다. 무엇을 얼마나, 왜 그녀에게 주었는가? (15절)

(3) 보리를 여섯 번 되어 주었다는 것은 어떤 의미가 있는 것일까? 왜 여섯 번일까 라고 의문을 갖는 사람도 있을 것이지만 그리 큰 문제는 아닐 것이다. 어떤 학자는 '일곱'은 완전을 의미하기 때문에 '여섯' 번을 준 것은 일이 아직 끝나지 아니했다는 것을 나타낸다고 했다. 그 의미가 어디에 있든 넉넉히 주었을 것이다. 아직 완전한 결말을 가져온 것은 아니지만 조금은 불안해 했을 룻을 안심시키는 일이 되었을 것이다.

우리는 너무 빨리 모든 것이 해결되기를 바란다. 그래서 어떤 일이 성취되기 이전에 인간의 술수가 등장한다. 물론 하나님의 은혜를 운운한다. 그러나 그 결과가 엉망이다. 우리는 기다리는 법을 배워야 한다. 그 기다림 속에서 신앙이 성장하기 때문이다. 한 가정을 일으키시려는 하나님의 섭리는 지금 10여년이 넘게 진행되고 있다. 그러나 우리는 대체로 그렇게 긴 기간은 기다리지 못한다. 모든 것이 빨리 성취되기를 바란다. 그리고 하나님 앞에 떼를 쓰기 시작한다. "하나님…!!" 그리고 하나님의 팔을 비틀기 시작한다.

7. 누구보다 궁금한 것은 시모 나오미였다. 간밤에는 어쨌든 룻이 집에 돌아오지 아니했기 때문이다. 그런데 지금 룻의 손에는 묵직한 보릿 자루가 들려 있다. 나오미는 집에 들어선 룻에게 이렇게 물어본다.

(1) "내 딸아 어떻게 되었느냐?" (미 아트, מִי־אַתְּ – 원문에는 '너는 누구냐?'로 되어 있다) : 그러니까 "너는 여전히 모압 여인 룻이냐, 아니면 보아스의 신부감 룻이냐"라는 뜻이다(워렌 위어스비).

(2) 룻은 지난 밤에 있었던 일을 자세히 이야기 했다. 시어머니의 계획 하에 진행되는 일이었기에 모든 것을 그대로 아뢰었을 것이다. "빈 손으로 네 시모에게 가지 말라"는 말을 듣고 나오미는 일단 긍정적인 회답으로 알고 있었을 것이다. 더이상 걱정할 필요가 없었다.

**8. 나오미는 룻에게 어떻게 권하고 있나? (3:18)**

나오미는 하나님의 섭리를 깨닫고 그 일이 어떻게 성취되는가를 기다려보자고 권면한다. 나오미는 보아스의 인격을 신뢰하고 있다. 보아스는 이 일이 끝나기 전까지는 가만히 앉아 있지는 않을 것이기 때문이다. 그래서 나오미는 모든 것을 서두르지 않는다. 이 모든 일들이 하나님의 축복 속에서 진행된다는 것을 믿고 있었기 때문이다.

# 룻기 3장 정리하기

**요약질문**

- 나오미는 룻을 위하여 어떤 계획을 세우고 있나? (1-4절)
- "안식할 곳"이란 어떤 의미로 쓰여졌나?
- 나오미는 룻에게 구체적으로 어떤 지시를 했는가? (3-4절)
- 나오미가 보아스에게 바라는 것은 무엇인가?
- 룻은 시모의 명령에 어떤 태도로 나왔는가?

- 보아스는 왜 노적가리에서 잠을 자는가?
- 갑작스런 상황에 보아스는 어떻게 대처했나?
- 룻은 자기를 어떻게 부르고 있나? (9절)
- "옷자락으로 덮으라"(3:9)는 말은 어떤 의미인가? 2:12절과 비교하면서 설명해 보라.

- 보아스는 룻을 어떻게 부르는가? (10절)
- 보아스는 룻의 어떤 점을 보고 칭찬하고 있는가? (10절)
- '처음 베푼 인애'는 어떤 일을 가리키는가?(10절)
- '나중 베푼 인애'는 어떤 일을 가리키는가?(10절)
- 룻은 베들레헴 성내에서 어떤 모습으로 알려졌는가?(11절)
- '현숙한'이란 말은 어떤 뜻을 갖고 있는가?
- 보아스는 룻에게 무엇을 설명하고 있는가 (12절)
- 보아스는 룻에게 어떻게 확신을 주고 있는가? (13절)

- 룻은 왜 새벽에 돌아가야 했는가? (14절)
- 보아스는 룻에게 선물로 무엇을 주었는가? 그것을 준 이유는 무엇인가? (16-17절)
- "내 딸아 어떻게 되었느냐?"라는 말은 어떤 의미일까? (교재)
- 이 보고를 받은 나오미는 어떤 태도로 나왔는가? (18절)
- 하나님은 우리의 삶을 인도하시는데 어떤 방법으로 인도하시는가? 기다림과 관련해서 설명해 보라.

***Summary***

(1) 시어머니와 며느리 사이의 아름다운 관계

(2) 룻의 선택(3:10)과 관련하여 신앙관에 대해 이야기 해보라.

(3) 하나님이 자신의 뜻을 이루시는 과정과 인간의 조급성에 대해.

- 장로 십인이 성문에 모여 회의를 갖다(1-2절)
- 기업 무를 자에게 조건을 말하고 선택케 함(3-4절)
- 그러나 그 친척은 땅만 속량하고 결혼은 원치 않음(5-8절)
- 보아스가 그 의무를 감당하기로 하고 룻과 결혼함(9-10절).
- 보아스의 결정을 환영하고 그를 축복함(11-12절)

# Ruth 4:1-12

## 엘리멜렉의 기업 회복

시어머니의 말씀에 순종하는 룻(Ruth), 그녀는 나오미의 작전(?) 지시를 듣고 보아스가 있는 노적가리 곁으로 간다. 룻은 보아스가 자고 있는 이불을 들고 발치에 눕는다. 갑작스런 여인의 출현에 보아스는 기겁한다. "네가 누구냐?"

룻은 모든 사실을 아뢰고 보아스에게 결혼할 것을 간청한다. 쓰러져가는 한 가정을 일으키기 위해 그녀는 보다 좋은 조건을 가질 수 있었지만 늙은 보아스와 결혼하기를 원한다. 보아스는 모압 여인의 이 엄청난 순종과 믿음을 보고 놀란다. 보아스는 룻을 크게 칭찬하고 간청을 들어줄 것을 약속한다. 그러나 "기업을 무를 자"는 자신보다 더 가까운 친족이 있음을 알린다. 보아스는 땅을 탐내거나 룻을 탐내서 약속하는 것이 아니다. 그는 진정 하나님의 뜻대로 살아가려는 한 여인의 눈물겨운 아름다운 모습을 보았기 때문이다.

보아스는 성문으로 나갔다. 그곳은 재판이 열리는 곳이기 때문이다. 그곳에 장로들을 모은다. '기업무를 자'를 앞에 세우고 조건을 이야기 한다. 그 친족은 땅에는 관심이 있었지만 룻과 결혼하여 죽은 남편의 이름으로 자녀들을 양육하는 일 때문에 기업을 무르는 일을 포기한다. 이에 대해 성읍 장로들은 증인이 되었고, 그 사람은 신을 벗어 보아스에게 주는 것으로 그 땅을 되살 의향이 없음을 분명히 했다. 그래서 룻은 보아스와 결혼하게 된다. 성읍 장로들은 보아스와 룻을 축복한다. 룻과 보아스는 결혼하여 아들 오벳을 낳는다. 이렇게 하여 하나님은 나오미에게 그 대(代)를 이어갈 후사를 얻게 하셨다. 하나님은 그를 애타게 찾는 자에게 은혜를 베푸신다.

# 보아스가 기업을 무르게 됨 (4:1-9)

그 후에 보아스는 성문으로 나아갔다. 그런데 마침 보아스가 말한 그 기업을 무를 자가 지나가고 있었다. 보아스는 곧 장로들과 이 일을 의논하기 위해 급히 성읍의 장로들 10명을 청했다. 그 친족은 나오미의 기업을 사겠다고 약속한다. 그러나 죽은 자의 소유를 떠 맡음은 또한 룻과 결혼을 해야 된다는 것을 알고는 자기의 기업 무를 권리를 보아스에게 양도한다.

1. 룻과의 약속이 있은 후 어느 날 보아스는 성문에 올라가서 앉아 있었다. 그런데 마침 보아스가 말하던 그 '기업 무를' 친척이 지나가고 있었다. 보아스는 그를 불렀다. 그는 가던 발길을 돌려 보아스 옆에 앉는다. 룻의 간청을 허락한 보아스가 계대결혼의 율법적 절차를 밟고 있다.

(1) 왜 보아스는 성문(城門)으로 갔는가? 성문은 어떤 곳인가?

성문(솨아르, שַׁעַר)은 물론 벽으로 둘러싸인 성(城)의 문(門)을 말한다. 이 문은 성의 출입을 통제하는 수단이었다. 일반적으로 나무로 되어 있으나 종종 금속을 입히기도 했다(시 107:16, 사 45:2). 그런데 이 성문은 사회, 행정을 위한 백성의 생활에 대단히 중요한 곳이었으며, 물건을 사고 파는 일도 여기에서 이루어졌다. 문 앞에 있는 광장(종종 타작마당으로 사용되기도 했다)은 가장 자연스런 집회의 장소가 되었다(신 21:19, 수 20:4). 오늘 본문에서 보는 대로 법률적인 계약도 역시 여기에서 이루어지곤 했다(룻 4:1, 창 23:10). 재판의 과정에서 자주 "문에서"라는 용어로 언급되었다.

- 신 21:19 "부모가 그를 잡아가지고 **성문에** 이르러 그 성읍 장로들에게 나아가서"
- 수 20:4 "그 성읍들의 하나에 도피하는 자는 그 성읍에 들어가는 **문 어귀**에 서서 그 성읍 장로들의 귀에 자기의 사고를 고할 것이요 그들은 그를 받아 성읍에 들여 한 곳을 주어 자기들 중에 거하게 하고"
- 창 23:10 "때에 에브론이 헷 족속 중에 앉았더니 그가 헷 족속 곧 **성문에** 들어온 모든 자의 듣는데 아브라함에게 대답하여 가로되,"

• "아무여"(알모니, אַלְמֹנִי) : '어떤 사람'이라는 뜻이다. '여보게'라는 표현이 적당할 것이다.

(2) 보아스는 그 친척을 만나기 위해서 성문에서 기다리고 있었을 것이다. 그를 만날 수도 있었고, 또 법률적인 문제는 그곳에서 다루어져야 했기 때문이다.

2. 왜 보아스는 장로들을 청원했나?

4:2

(1) 보아스는 성읍의 장로들 10명을 부른다. 당시의 장로(elder)[1]는 어떤 역할을 했으며, 어떻게 선택했을까?

(2) 사사시대에는 지도자가 없는 시대였다. 따라서 장로들은 당시 사회 전반에 대해 지도자의 역할을 했다(삿 11:5* 참조). 10명은 재판을 하기 위한 최소한의 숫자였을 것이고, 아마 보아스도 그 중의 한 사람이었을 것이다. 보아스는 룻에게 약속한 것을 지키기 위해 율법적 절차를 밟는다. 그래서 장로들을 모은다.

(3) 광야시기 이후에는 모든 도시에서 신명기 법전에 따라 장로들로 구성된 통치 기구를 가졌다. 살인자를 체포할 때에 법관으로서 처신하고(신 19:12), 배심을 하고(신 21:2) 그리고 혼인에 관련된 분쟁을 해결하는 것(신 22:15; 25:7)을 포함한 의무들을 가졌다. 또 도피성으로 찾아오는 사람들의 청원을 듣기도 했다(수 20:4). 이렇게 '장로들'이라는 용어는 통치 기구에 해당하는 총체적인 단어였다. 이후 '이스라엘의 장로들'이라는 국가적인 기구는 왕의 임명을 위하여 처음으로 활성화되었다(삼상 8:4-5). 장로들은 왕정시대에도 여전히 상당한 영향력을 행사하였다.

**3. 보아스는 장로들이 임석한 가운데 기업 무를 자에게 상황을 설명하고 있다. 어떤 내용인가?**

4:3 보아스가 그 기업 무를 자에게(לַגֹּאֵל) 이르되
나오미가
/모압 지방에서 돌아온
우리 형제 엘리멜렉의 소유지를 '관할하므로'(מָכְרָה)[2]

1) '관할하므로'의 의미는?

(1) "나오미가 엘리멜렉의 소유지를 관할하므로('팔았으므로'가 바른 뜻이다)"라는 말을 보아 엘리멜렉의 땅은 이미 팔렸거나 아니면 어떤 형태로든 저당잡혀 있었을 것이다. 엘리멜렉이 죽었기 때문에 그 땅의 권리는 그의 장남 말론(룻의 남편)에게 넘어갔다. 그러나 그 역시 죽고 없었기에 룻이 관여되었다. 그러나 지금 그녀는 그 땅을 되물릴(다시 사야할) 여유가 없었다. 너무 가난했기 때문이다.

(2) 그래서 기업 무를 자에게 그 땅을 다시 사라는 것이었다. 기업 무를 자는 아무나 되는 것이 아니었고 가장 가까운 친족이어야 했다. 너무 가난해서 그의

- 삿 11:5 암몬 자손이 이스라엘을 치려 할 때에 길르앗 **장로들이** 입다를 데려오려고 돕 땅에 가서."

1) **장로**(자켄, זָקֵן) : '자켄'이라는 말은 '턱수염, 턱'의 의미를 갖고 있다. 장로는 나이나 지혜와 능력과 타인으로부터의 존경 혹은 용감성에 근거해서 뽑은 것 같다. 고대의 공동체에서 지도자들의 어원적인 의미가 '나이 많은'이라는 것으로부터 나왔다. 장로는 이집트 포로시대부터 있었던 것처럼 보인다(출 3:16). 아마 처음에는 가족의 수장들이었을 것이나 출 24:1에서는 70명이라는 숫자를 나타냈다. 여호와께서 모세와 함께 백성을 다스리게 하기 위하여 성령을 부어 준 자들이었다(민 11:25).

기업을 팔았으나 형편이 다시 좋아지면 그것을 되살 수 있었다(레 25:23-34). 그러나 그것이 여의치 않을 때에는 가까운 친족이 그 땅을 사서 돌려줄 수 있었다. 그러나 그것도 안될 경우에는 희년이 되면 자연히 본 주인에게 되돌아 갔다(레 25:10-16). 이런 제도를 세우심은 가난한 사람들의 땅이 부자의 손에 넘어가지 않게 하려 하심이었다.

(3) 하나님은 땅의 유일한 주인이므로 이스라엘 백성들은 그 땅을 기업으로 받았다. 따라서 그 땅을 영원히 팔아서는 안 된다는 것이다. "**토지를 영영히 팔지 말 것은** 토지는 다 내 것임이라 너희는 나그네요 우거하는 자로서 나와 함께 있느니라"(레 25:23).

(4) 그런데 어떤 사람이 가난해서 그의 땅을 팔아야 할 경우, 가장 가까운 친척이 그것을 되사야 했다(레 25:25*). 오늘 본문의 경우, 보아스 말고 더 가까운 친척이 있었다는 것이다.

(5) 만약 근친도 없고 그 땅을 다시 살 능력도 없다면, 그 땅은 희년 때까지 구매자의 손에 남아 있게 되었다(레 25:28*).

4. 보아스는 모든 것을 설명하고 그 사람의 의사를 타진한다. 나오미의 기업을 사주거나 아니면 그 권리를 포기하라고 제안했다. 왜냐하면 그 다음으로 가까운 친족은 보아스였기 때문이었다. 가부간 결단을 내리라는 것이다. 이 설명을 들은 가까운 친족은 어떤 결단을 내렸는가?

4:4하

(1) 보아스의 말을 듣고 있던 그 친족은 "내가 그 값을 치르고 사겠다"고 대답했다. 그 순간 그 사람은 무엇을 생각했을까? 그 사람은 나오미와 룻의 형편은 아랑곳 하지 않았다. 다만 그 땅에만 욕심이 있었다. 기업을 되무르는 제도는 사실 가난한 사람들을 위해 제정된 것이었다. 그러나 이 사람은 이런 기회를 이용하여 땅을 취득하는 일에만 정신이 있었다. 그때나 지금이나 아무리 좋은 법이 있어도 언제나 그 법망을 피하는 자들이 있다.

(2) 이런 훌륭한 제도가 있었지만 어려운 사람은 계속 생겨났다. 부자들은 더 부자가 되기 위해 가난한 사람들을 울리곤 했다. 따라서 이런 제도는 이것을 지키려는 기쁜 의지가 있을 때만이 열매를 맺을 수 있었다.

• 레 25:25 "만일 너희 형제가 가난하여 그 기업 얼마를 팔았으면 그 근족이 와서 동족의 판 것을 무를 것이요"

• 레 25:26 "만일 그것을 무를 사람이 없고 자기가 부요하게 되어 무를 힘이 있거든 27 그 판 해를 계수하여 그 남은 값을 산 자에게 주고 그 기업으로 돌아갈 것이니라"

• 레 25:28 "그러나 자기가 무를 힘이 없으면 그 판것이 희년이 이르기까지 산자의 손에 있다가 희년에 미쳐 돌아올지니 그가 곧 그 기업으로 돌아갈 것이니라"

(3) 물론 이보다 훨씬 뒤의 일이지만 느헤미야가 살던 시대에는 부자들의 횡포가 극에 달하고 있었다.

느헤미야 5:3-5을 읽어보자.
"혹은 말하기를 우리의 밭과 포도원과 집이라도 전당 잡히고 이 흉년을 위하여 곡식을 얻자 하고 혹은 말하기를 우리는 밭과 포도원으로 돈을 빚내어 세금을 바쳤도다 우리 육체도 우리 형제의 육체와 같고 우리 자녀도 저희 자녀 같거늘 이제 **우리 자녀를 종으로 파는도다** 우리 딸 중에 벌써 종된 자가 있으나 우리의 밭과 포도원이 이미 남의 것이 되었으니 속량할 힘이 없도다."

계속해서 5:8-9을 읽어보자.
"우리는 이방인의 손에 팔린 우리 형제 유다 사람들을 우리의 힘을 다하여 속량하였거늘 너희는 **너희 형제를 팔고자 하느냐** 더구나 우리의 손에 팔리게 하겠느냐 하매 저희가 잠잠하여 말이 없기로 내가 또 이르기를 너희의 소위가 좋지 못하도다 우리 대적 이방 사람의 비방을 생각하고 우리 하나님을 경외함에 행할 것이 아니냐."

결국 이들은 바벨론 포로로 끌려가는 비운을 맞게 된다.

(4) 그러니까 보아스의 말을 듣던 이 가까운 친족은 나오미의 땅만 차지하려고 했을 뿐이었다. 느헤미야 시대의 대지주들과 같이 악한 생각을 하고 있었다. 그래서 이 사람은 아주 선뜻 "내가 사겠다"고 대답했던 것이다.

**5. 보아스는 내심 기뻐하는 이 친족에게 무엇을 추가로 요구하고 있는가?**

4:5 보아스가 가로되 네가 나오미의 손에서 그 밭을 사는 날에 곧 죽은 자의 아내 모압 여인 룻에게서 사서 그 죽은 자의 기업을 그 이름으로 잇게 하여야 할지니라(개역)

위의 번역은 5절의 의미를 정확하게 드러내지 못하고 있다. 새번역(대한성서공회)을 참조해 보자.

4:5 보아스가 다시 말하였다. "그렇다면  나오미의 손에서그 밭을 사는 날로,

고인의 아내인 **모압 여인 룻도** 아내로 맞아들여야 하오. 그렇게 하여야 만, 그가 물려받은 그 유산이 고인의 이름으로 남게 될 것이오."[1]

(1) "곧…룻에게서 사서"(개역)라는 말은 "또한 룻도 함께(וּמֵאֵת רוּת) 데려가야"라고 번역하는 것이 좋을 것이다. 어쨌든 그 친족은 나오미의 기업을 사겠다고 선뜻 대답했었다(4:4하 "내가 무르리라", אָנֹכִי אֶגְאָל[2]). 나오미의 밭을 산다해도 나오미가 죽게 되면 결국 자기 것이 된다는 것을 알고 있었기 때문이다. 그러나, 죽은 자의 소유를 떠 맡음은 또한 룻과 결혼을 해야 된다는 것을 알고 그는 주춤한다.

(2) 이 친족은 이미 결혼하여 자녀가 있었다. 만약 룻과 결혼하게 된다면 죽은 남편의 이름으로 룻을 양육해야 한다(신 25:5-10 참조).

**6. 이 친족은 아무리 생각해도 이 추가적인 조건은 무리였다고 생각했다. 그는 결국 나오미의 기업 무르기를 포기한다. 그는 포기의 이유로 무엇을 들고 있나?**

4:6 그 기업 무를 자가 가로되
나는 내 기업(나할라, נַחֲלָה[3])에 손해가 있을까 하여
나를 위하여 무르지 못하노니
나의 무를 권리를 네가 취하라 나는 무르지 못하겠노라

(1) 그는 처음부터 긍휼을 가지고 있지 아니했다. 땅을 넘겨받는 일은 구미가 당기는 일이었지만 이미 고인이 된 말론의 아내였던 모압 여자를 아내로 떠맡아야 하는 일은 손해가 분명했다. 나오미의 기업을 무르기 위해 룻과 결혼해야 한다면 그 재산은 엘리멜렉의 가문으로 돌아가야 하기 때문이다. 더욱이 이 여인은 모압 여인이 아닌가? 여러 가지로 그는 자기 기업에 손해가 된다고 생각했다.

(2) 그 친족은 기업 무를 것을 포기하고 그 권리를 보아스에게 넘기기로 한다. 이 순간 보아스는 안도의 숨을 쉬었을까? 만약 이 친족이 사랑이 없이 단순히 자신의 재산 증식만을 위하여 기업을 무른다면 보아스 또한 마음 편할 일은 아니었을 것이다. 이렇게 해서 룻의 기업을 무르는 일은 보아스에게 넘어가게 되었다.

**7.** 기업 무르기를 포기한 이 친족은 계대결혼법을 포기한 댓가를 치루어야 한

1) 4:5 "그때 보아스가 말했다. "자네가 나오미에게서 그 땅을 사는 날 남편이 죽은 과부인 모압 여자 룻도 떠맡아야 할 것일세. 그 죽은 사람의 이름으로 그 유산을 이어가도록 말일세."(우리말 성경, 두란노)

2) (내가 무르리라, אֶגְאָל, 칼 동사 미완료 1인칭, 보통, 단수) / 동사 자체에 주어가 포함되어 있지만, '내가'(아노키, אָנֹכִי 라는 말주어를 강조해서 쓰고 있다. "내가 꼭 무르겠다"는 의지가 표현되어 있다.

3) '상속 재산, 유산, 물려받은 것, 소유'의 의미가 있다.

다. 물론 그에게 챙피를 주는 행위였다. 어떤 일인가?

4:7-8

(1) 그 사람은 당시의 풍습대로 신(shoes)을 벗어 보아스에게 주는 것으로 그 땅을 되사는 일과 룻을 아내로 맞아들일 의향이 없음을 분명히 했다. 이 사람은 다분히 자신의 이기적인 목적만을 위해서 기업을 무르려 했다.

(2) 계대결혼법에서 신을 벗기고 침을 뱉는 일은 이 법을 지키지 않으려는 자에게 주는 모욕적인 행위였다.

(3) 신명기 25:5-10*에서 보는 대로 본문에서는 침을 뱉았다는 말은 없다. 아마 땅을 속량하는 것과 관련이 있기 때문이었을까? 어쨌든 그 권리를 포기했음을 분명히 한 행동이었다. 물론 함께 있던 장로들이 이 일에 증인이 되었다.

(4) 엘리멜렉과 가장 가까운 친족, 그는 나오미의 가정을 다시 일으켜야 하는 '고엘'(기업 무를 자)의 위치에 있었지만 자신의 기업에 손해가 있을 것같아 그 의무를 이행치 않는다. 그리고 그는 "신 벗기운 자의 집"이라는 모욕을 받는다. 돈과 재물만 있으면 세상에 무서울 것도 두려울 것도 없다고 믿는 사람들이 많다. 룻기의 저자는 의도적으로 그의 이름을 거명치 않는다. 그럴 가치가 없는 인물이었기 때문이다.

**신 벗기운 자의 집**

• 신 25:5-10 "형제가 동거하는데 그 중 하나가 죽고 아들이 없거든 그 죽은 자의 아내는 나가서 타인에게 시집가지 말 것이요 그 남편의 형제가 그에게로 들어가서 그를 취하여 아내를 삼아 그의 남편의 형제 된 의무를 그에게 다 행할 것이요 그 여인의 낳은 첫 아들로 그 죽은 형제의 후사를 잇게 하여 그 이름을 이스라엘 중에서 끊어지지 않게 할 것이니라 그러나 그 사람이 만일 그 형제의 아내 취하기를 즐겨하지 아니하거든 그 형제의 아내는 그 성문 장로들에게로 나아가서 말하기를…그 형제의 아내가 장로들 앞에서 그에게 나아가서 그의 발에서 **신을 벗기고 그 얼굴에 침을 뱉으며** 이르기를 그 형제의 집 세우기를 즐겨 아니하는 자에게는 이같이 할 것이라 할 것이며 이스라엘 중에서 그의 이름을 **신 벗기운 자의 집**이라 칭할 것이니라."

• 우리의 진정한 '고엘'(구속자)은 누구인가? 우리의 모든 죄의 값을 지불하고 나를 구속하신 분은 바로 예수 그리스도이시다. 에베소서 1:11,18을 찾아보자. 신약에서 "기업"이란 어떤 뜻으로 쓰였을까? 그 분은 왜 거지 같은 나를 불러 하늘 나라의 왕자로 삼으셨을까? 엡 1:12 "이는 그리스도 안에서 전부터 바라던 우리로 그의 영광의 찬송이 되게 하려 하심이라."

• 아무리 좋은 법이 있어도 그것을 지키려는 의지가 없다면 '부익부 빈익빈'의 악순환의 고리는 끊어지지 않는다. 그가 룻의 엄청나게 어려운 상황을 이해하고 사랑했다면 땅의 구입과 함께 룻과 결혼하여 그 가정을 일으켰을 것이다. 그러나 그 사람은 결국에는 그가 투자한 돈도, 룻도, 룻을 통한 자식도 자기에게 돌아올 것은 아무것도 없었기에 갑자기 그의 결정을 취소한다. 아무리 좋은 율법도 이웃을 내 몸같이 사랑하는 마음이 있을 때에만 그 본래의 취지가 살아난다. "많이 아는 것이 중요한 것이 아니다." "그러면 뭐가 중요한데?"

# 라헬, 레아 두 사람 같게 하시고 (4:10-12)

엘리멜렉의 가장 가까운 친족의 권리 포기로 기업을 무르는 일은 보아스에게 양도되었다. 그곳에 참석했던 장로들과 백성들이 이에 대한 증인이었다. 보아스는 땅을 다시 사서 나오미와 룻 앞으로 줄 것이며, 룻 사이에 낳는 아들로 엘리멜렉의 가문을 잇게 할 것이다. 성문에 있는 모든 백성과 장로들이 보아스와 룻을 칭찬하고 그들을 축복했다. 백성들은 룻이 이스라엘 열 두 지파의 두 어머니인 라헬과 레아처럼 되기를 소망한다. 그리고 보아스가 에브랏처럼 힘 있는 사람이 되기를 소망한다.

1. 그 가까운 친척이 기업을 무를 수 없다고 거절하자 보아스는 즉시 기업 무를 자가 되기를 선언한다. 이제 보아스가 장로들과 모든 백성에게 무엇이라고 말하는가? (4:9-10)

(1) 엘리멜렉의 모든 기업을 나오미의 손에서 산 것을 장로들과 백성들을 증인 삼아 공포한다(9절). 이제 보아스는 이 땅을 다시 나오미와 룻과 새로 낳을 자녀에게 기업으로 주게 된다.

(2) 룻을 속량하고, 아내로 맞는다.

(3) 죽은 자의 기업을 ( 그 이름 )으로 잇게 함 : 룻이 낳은 아들을 통해 그 가문을 잇게 하겠다고 선언한다.

**2. 이렇게 보아스가 기업 무르는 일을 하고 룻을 아내로 맞아들이자 백성들과 장로들의 반응은 어떠했나?**

4:11 성문에 있는 모든 백성과 장로들이 가로되 우리가 (             )이 되노니

• 룻 4:11 "성문에 있는 모든 백성과 장로들이 가로되 우리가 **증인**이 되노니 여호와께서 네 집에 들어가는 여인으로 이스라엘 집을 세운 라헬, 레아 두 사람과 같게 하시고 너로 에브랏에서 유력하고 베들레헴에서 유명케 하시기를 원하며"

(1) 성문에 있던 백성들과 장로들은 모두가 "우리가 증인이 되겠다"고 응답한다. 이들이 증인이 됨으로써 엘리멜렉의 기업을 산 것과 룻을 아내로 맞는 일이 확정되었다.

(2) 이들은 증인이 되었을 뿐 아니라 보아스와 룻을 축복했다. 11절에서는 남자들(성문에 있는 모든 백성과 장로들)의 노래가 나오고 14절에서는 여인들의 노래가 나온다. 그런데 이 노래의 내용이 매우 중요하다. 자세히 정리해 보자.

**남자들이 부르는 노래(11-12절)**

4:11 성문에 있는 모든 백성과 장로들이 가로되
우리가 증인이 되노니
**여인**(=룻)으로
/여호와께서 네 집에 들어가는
**라헬, 레아**[1]두 사람과 ***같게 하시고***
/이스라엘 집을 세운

1) 라헬과 레아는 누구이며 왜 이들을 언급하고 있나? 룻이 라헬과 레아 같이 되게 해달라는 것은 무슨 뜻인가?

3)다말은 누구이며, 왜 룻이 다말이 유다에게 낳아준 베레스와 같이 되기를 원하고 있는가?

너(=보아스)로
유력하고(חַיִל)
/에브랏[2]에서
유명케 하시기를 원하며(וּקְרָא־שֵׁם) - 칼동사, 명령
/베들레헴에서

2) 에브랏은 어디를 가리키는가? (창 35:16-19)

4:12 여호와께서
네(=보아스) 집으로 **베레스의 집과** ***같게 하시기를*** 원하노라
/다말[3]이 유다에게 낳아준
이 소년 여자로(=룻을 통해서) 네게 후사(씨, 자식)를 주사

• 소년 여자 : 즉 소녀를 가리키는 말로 룻이 아직 젊다는 사실을 이렇게 표현했다.

*• 다말과 룻 이야기를 통해서 연결하고자 하는 핵심 내용은 무엇인가?*

**3. 남자들이 부르는 축복송은(11절) 룻이 누구와 같이 되기를 바라는가? 이 여인들(라헬, 레아)은 어떤 역할을 한 여인들인가?**

(1) 라헬과 레아는 우리가 잘 아는대로 야곱의 부인들(라반의 딸들)이다. 이 여인들을 통해 이스라엘 집이 세워졌다. 그런데 지금 성문에 있는 모든 백성과 장로들이 룻이 바로 이 여인들과 같이 되기를 바라고 있다. 그러니까 보아스와 룻 사이에 태어난 아들이 다시 이스라엘을 일으켜 세우기를 바라는 내용이다. 지금 이스라엘은 사사시대로서 그 부패가 극에 달하고 있지 않은가.

(2) 여기서 에브랏(Ephrathah)은 어디를 가리키는가?

창 35:16-19 "그들이 벧엘에서 발행하여 에브랏에 이르기까지 얼마 길을 격한 곳에서 라헬이 임산하여 심히 신고하더니 그가 난산할 즈음에 산파가 그에게 이르되 두려워말라 지금 그대가 또 득남하느니라 하매 그가 죽기에 임하여 그 혼이 떠나려 할 때에 아들의 이름은 베노니라 불렀으나 그 아비가 그를 베냐민이라 불렀더라 라헬이 죽으매 **에브랏** 곧 **베들레헴** 길에 장사되었고"

위의 구절에서 보듯이 에브랏은 베들레헴을 가리킨다. 따라서 여기서는 '베들레헴'을 강조하기 위해 사용한 말이다. 보아스가 베들레헴에서 유력하고(하일, חַיִל, 덕, 용기, 힘, 부), 유명케 되기를 축원하고 있다.

• 미 5:2 "**베들레헴** 에브라다야 너는 **유다** 족속 중에 작을지라도 이스라엘을 다스릴 자가 네게서 내게로 나올 것이라 그의 근본은 상고에 태초에니라."

(3) 뒷날 미가 선지는 "베들레헴"을 어떻게 소개하고 있는가?

- 미가 5:2 "(                ) 에브라다야 너는 (        ) 족속 중에 작을지라도 이스라엘을 다스릴 자가 네게서 내게로 나올 것이라 그의 근본은 상고에 태초에니라"

위 구절에서 볼 수 있듯이 메시야가 보아스와 룻 사이에서 태어나는 아이의 계보를 통해 오실 것을 암시하고 있다.

① 라헬과 레아 같기를
② 에브랏(예루살렘)에서 유력해주기를
③ 베들레헴에서 유명해지기를
④ 후사를 주시기를
⑤ 베레스의 집과 같이 되기를 바라고 있다.

**4. 계속되는 축복의 말을 보라. 또 누구와 같이 되기를 바라는가? (12절)**

(1) "다말이 유다에게 낳아 준 베레스의 집과 같기를"
다말은 누구인가? 그는 어떻게 유다를 통해 자식을 낳았는가?

(2) 이 내용은 창세기 38장의 내용을 잘 이해해야 한다. 유다(야곱의 넷째 아들)는 가나안 여자와 결혼한다. 그리고 그에게서 '엘, 오난, 셀라'라는 세 명의 아들을 낳는다. 유다의 장자인 ① 엘(Er)은 **다말**과 결혼한다. 그러나 엘이 여호와 앞에 악하므로 여호와께서 그를 죽이신다. 그래서 유다는 둘째 아들 ② 오난(Onan)으로 하여금 형수(**다말**)를 취하여 자식을 낳게 하라고 했으나(계대혼인법) 오난은 이를 싫어하여 이행치 아니한다. 이 일이 하나님 앞에 악했으므로 하나님은 오난도 죽이신다. 결국, 막내 아들 ③ 셀라(Shelah)가 자식을 낳아주어야 했는데, 셀라는 너무 어렸다. 따라서 시아버지 유다는 며느리 **다말**에게 셀라가 장성하기를 기나리라고 말한다. 셀라가 성장했으나 유다는 그 아들 셀라를 **다말에게** 주지 않는다(창 38:26*). 그래서 **다말**은 **창녀로 변장하여 시아버지 유다를 유혹한다.** 그래서 자식을 잉태하여 쌍둥이를 낳는다.

• 창 38:5 "그가 또 다시 아들을 낳고 그 이름을 셀라라 하니라 그가 셀라를 낳을 때에 유다는 거십에 있었더라 6 유다가 장자 엘을 위하여 아내를 취하니 그 이름은 **다말**이더라."

(3) 이렇게 태어난 아들이 **베레스**와 세라이다(창 38:29, 30). 지금 이들은 보아스와 룻 사이에 태어난 아들이 바로 이 '베레스'와 같이 되기를 원하고 있다.

룻 4:1 "보아스가 성문에 올라가서 거기 앉았더니 마침 보아스의 말하던 기업 무를 자가 지나는지라 보아스가 그에게 이르되 아무여 이리로 와서 앉으라 그가 와서 앉으매 2 보아스가 성읍 장로 십 인을 청하여 가로되 당신들은 여기 앉으라 그들이 앉으매"

### 5. 그렇다면 다말과 유다 // 룻과 보아스, 이 두 이야기의 연결점은 무엇인가?

(1) 룻이나 다말은 둘 다 이방 여인이라는 점이다. 베레스는 다말과 시아버지 유다와의 근친상간적인 관계에서 태어났다. 보아스는 룻과 죽은 남편의 이름으로 후손을 산출한다는 면에서 베레스의 탄생과 유사점이 있다.

(2) 그러나, 무엇보다 중요한 것은 '다말'(Tamar)과 '룻'(Ruth) 둘 다 메시야 계보에 나타나는 아들들을 낳았다는 데 있다. 이것이 두 이야기를 연결해 주는 가장 강력한 연결끈이다. 베레스의 가문은 베들레헴에 정착했고(대상 2:5, 50-54), 보아스는 바로 베레스의 후손이다.

### 6. 왜, 성경은 다윗 조상의 계보를 유다에 이르기까지 추적하고 있는가?

(1) 그 이유는 야곱이 죽기 전에 아들들을 위한 유언적 축복 가운데, 유다에게 내려준 축복과 관련이 있기 때문이다.

- 창 49:10 "홀(sceptre)이 (　　　)를 떠나지 아니하며 치리자의 지팡이가 그

발 사이에서 떠나지 아니하시기를 (　　　　)가 오시기까지 미치리니 그에게 모든 백성이 복종하리로다."

여기서 실로(Shiloh, שִׁילוֹ)는 메시야의 특징을 나타내는 통칭이다. 유다의 승리와 통치로부터 시작하여 모든 민족들이 큰 권능으로 오실 통치자에게 순종하게 될 것이라는 예언이다. 실로가 오시기까지 '치리자'가 그치지 아니할 것이다.

- 창 49:10 "홀이 **유다**를 떠나지 아니하며 치리자의 지팡이가 그 발 사이에서 떠나지 아니하시기를 **실로**가 오시기까지 미치리니 그에게 모든 백성이 복종하리로다."

(2) 베레스는 다윗의 족보 기록에 언급되었다(룻 4:18). 따라서 이 모든 축복과 약속이 결국은 다윗 왕가로 이어질 것을 말하고 있는 것이다. 유다 지파를 통해 메시야가 오실 것이다. 이 유다 지파에서 다윗 왕이 태어난다. 이 다윗 왕국은 실제적 왕국이면서 하나님의 왕국을 상징한다. 이렇게 룻과 보아스 사이에서 태어난 아들이 다윗 족보에 들어가게 된다.

- 룻 4:18 "**베레스의 세계**는 이러하니라 베레스는 헤스론을 낳았고 19 헤스론은 람을 낳았고 람은 암미나답을 낳았고"

(3) 이렇게 성경 저자는 유다와 다말 // 보아스와 룻을 서로 비교하고 있다. 그러면서 유다에게 주어진 왕권적인 약속이 다윗 왕조를 통해 이루어진다고 진술하고 있다.

- 보아스의 헌신적인 사랑, 그는 하나님의 율법대로 살아가기를 힘쓴다. 그의 모범 속에서 그리스도의 모형을 본다.
- 보아스와 룻을 축복하는 남자들의 찬양(11-12절)과 여인들의 찬양(14-15절)을 들어보라. 이들이 축복하는 내용을 분석해 보라. 신성한 축복은 어떤 것인가?
- 모압 여인 룻, 그녀는 오르바가 갔던 길을 선택하지 않았다. 세상에서 탈출해 하나님의 나라로 들어왔다. 이제 그는 더이상 모압 여인이 아니다. 하나님의 나라로 들어온 후 그녀에게 나타난 변화는 어떤 것들인가?

**7.** 저자는 룻의 이야기를 통해 족장 시대와 왕정 시대 사이에 족보적인 연결을 제공하고 있다. 베레스로부터 시작하는 족보(룻 4:18-22)를 메시야의 모형인 다윗의 족보에 연결시키고 있다.

(1) 메시야는 아브라함에게서 그 역사적 뿌리를 갖고 있다. 메시야는 족장들에게 주어진 약속대로 다윗과 같은 왕(혹은 다윗의 계보를 통한 왕)으로서 오셨다(마 21:9 참고). **룻기의 주된 목적 중의 하나는** 바로 이 연결, 즉 **아브라함과 다윗 사이의 연결을 확립하기** 위한 것이다. 룻은 불론 성문에 있던 모든 백성과 장로들의 축복과 같이(룻 4:11상) "이스라엘 집을 세운 라헬, 레아 두 사람과 같이"(룻 4:11) 되었다.

(2) 희망이라곤 찾아볼 수 없었던 나오미와 룻, 그 가정에 하나님의 축복이 가시적으로 나타나고 있다. 땅을 다시 되찾을 수 있었고, 룻도 다시 결혼할 수 있었다. 축복을 유난히 좋아하는(?) 우리 성도들에게 진정한 축복이란 어떤 것인가를 보여주고 있다. 하나님을 바라며 말없이 인내하는 룻의 모습에서 우리는 무엇을 느끼는가?

# 룻기 4:1-12 정리하기

**요약질문**

- 왜 보아스는 성문으로 갔는가? (1절)
- 성문은 어떤 곳인가?
- 보아스는 장로 10명을 청원한다. 당시 장로들은 어떤 역할을 했는가?
- 개역 성경에 "관할하므로"라는 말은 어떤 뜻인가?
- 보아스의 설명을 듣고난 후 엘리멜렉과 가장 가까운 친척의 반응은 어떠했나?
- 왜 그는 처음에 선뜻 승락했나?
- 보아스는 그에게 무엇을 더 추가로 요구했는가? (5절)
- 그 사람은 왜 포기한다고 했는가? (6절)
- 율법에는 기업 무르기를 포기한 사람은 어떤 댓가를 받아야 했는가? (신 25:5-10)

- 그 사람은 기업 무르기를 포기하고 누구에게 그 권리를 양도했나? (8절)
- 이 일에 누가 증인이 되었는가? (9, 11절)
- 성문에 있던 모든 백성과 장로들이 보아스와 룻을 위해 어떻게 축복하고 있는가? (11-12절)

- 이 축복송 중에서 왜 라헬과 레아를 언급하고 있는가?
- '에브랏'은 어디를 가리키는가?
- '베들레헴'은 훗날 미가 선지에 의해 어떻게 소개되고 있는가? (미 5:2)
- "다말이 유다에게 낳아 준 베레스의 집과 같기를"(12절) 바란다는 것은 어떻게 되기를 바란다는 말인가?
- 베레스는 어떻게 태어난 인물인가? (창 38장)
- 저자가 다말과 유다 // 룻과 보아스를 연결하면서 드러내고자 하는 뜻은 무엇인가?
- 왜 성경은 다윗 조상의 계보를 유다에 이르기까지 추적하고 있는가?
- 룻기의 주된 목적은 무엇인가? (교재)
- 보아스의 아내가 된 후 룻의 신분상의 변화는 어떤 것들인가?

***Summary***

(1) 아브라함의 언약과 다윗 언약간의 관계(연속성)

(2) 창 49장에서 유다에게 주어진 야곱의 유언적 축복이 역사상 어떻게 성취되어 갔는가?

# Ruth

# 4:13-22

- 보아스가 룻을 아내로 맞음. 그리고 아들을 낳음(13절)
- 여인들의 노래(축복송) (14-15절)
- 나오미가 아기를 양육(16절)
- 아기의 이름을 오벳이라고 함(17절)
- 베레스로부터 시작하는 다윗의 족보(18-22절)

## 새로운 생명, 새로운 출발

춥고도 긴 겨울, 다시는 봄이 올 것 같지 않았던 쓰라린 '마라'의 세월들, 나오미와 룻은 지금 그 길고도 고통스러운 터널을 빠져나오고 있다. 따뜻한 바람이 불고 있다. 이즈러져가는 한 가정을 일으켜 세우기 위한 눈물겨운 작전들이 성공을 거둔다. 보아스는 룻을 아내로 맞아들인다. 팔아버렸던 땅도 다시 구입하게 된다.

모압 땅에서의 거친 세월들, 한 가정이 완전히 이즈러졌다. 양식을 위해 모압 이민을 결정했지만 나오미에게는 되돌아보기도 싫은 악몽의 세월이었다. 10여년만에 베들레헴에 다시 돌아왔지만 남은 것은 절망뿐이었다. 생존을 위해 보리 이삭을 줍는 룻, 그러나 하나님은 이들 가정을 눈여겨 보고 계신다. 시모에게 절대 순종하는 룻, 며느리를 딸처럼 여기는 나오미의 인자함, 가난은 아직 이들 곁을 떠나지 아니했지만 작은 행복이 이들 가정을 유지시켜 주고 있었다. 우연히 보아스의 밭에서 보리 이삭을 줍게 되었지만 그 우연은 인간적인 관점이었다. 하나님은 이들 가정에 아주 조금씩 훈훈한 바람을 불어넣고 계셨다. 룻은 보아스와 결혼하게 된다. 백성과 장로들이 이에 증인이 되었고 이들은 보아스와 룻을 축복한다. 이들은 룻이 이스라엘을 일으킨 라헬과 레아처럼 되기를 축원한다. 보아스는 베들레헴에서 권세를 떨치는 자가 되기를 기원한다. 그들의 가정이 다말이 유다에게 낳아준 베레스의 가정처럼 되기를 기원한다. 드디어 아기가 태어났고, 나오미는 양육자가 되었다. 아이의 이름을 '오벳'이라 지어주었다. 이 아이가 바로 다윗의 할아버지가 된다.

# 아들을 낳은지라 (4:13–17)

보아스는 룻과 결혼한다. 하나님이 잉태케 하시므로 자식을 낳는다. 여인들은 찬송으로 축복한다. 나오미는 아기를 기르는 양육자가 된다. 그 아기의 이름을 '오벳'이라고 했다. 다윗의 할아버지가 태어난 것이다.

**1. 보아스는 룻을 취하여 아내를 삼았다. 여호와께서 룻으로 잉태케 하셨다. 그리고 자식을 낳았다. 여인들이 기뻐 하나님을 찬양한다. 어떤 찬양을 부르는가?**

**여인들이 부르는 노래(4:14)**

구문 by 채호덕

14 여인들이 — **이르되**
/나오미에게[1)]
/여호와께서 — 찬송(할지)(=받으시리)로다

/[그가] — 없게 아니(하셨도다)(=한)
/네게
/오늘날
/기업 무를 자(=고엘)[2)]가
/이름이 — 유명하게 되기를 원하노라[3)]
/이 아이의 /이스라엘 중에

15 /이는 — 회복자며(=restorer)
/(네) 생명의
/[너를 위하여]
— 봉양자라(=sustainer)
/네 노년의

//(곧)(이유: כִּי, for)
자부(=룻)가 — 낳(은 자로다)(=았기 때문에)
/[너의] /[그를]

/[그녀가]* — 사랑하며
/너를
— 귀한
/일곱 아들보다[4)]
/[너에게]

1)이 노래는 누구를 향하여 부르는 노래인가?

2)여기서 '기업 무를 자'란 누구를 가리키는가?

3)이 아이가 훗날 어떻게 되었나?

• 이 아이가 훗날 나오미에게 어떤 기쁨을 갖다주는가? (회복자, 회복의 의미)

* [그녀가]의 선행사는 '자부'이다.

나오미의 자부 룻은 나오미를 사랑할 뿐만 아니라 너에게(나오미에게) 일곱 아들보다 귀한 며느리라는 말이다.

4) 룻의 귀함을 어떻게 표현하고 있나?

2. 동네 여인들이 나오미를 찾아와 어떤 축복을 기원하고 있나?

여기 나오는 '고엘'(기업 무를 자)은 누구를 가리킬까? 보아스를 말하는가, 아니면 새로 태어난 아기를 말하는 것일까? 두 가지 주장이 있으나 전체 본문의 흐름상 보아스를 가리킬 것이다. 어쨌든 본문의 "네게 기업 무를 자가 없게 아니하셨다"는 말은 나오미의 가문이 중단되지 아니하고 대를 이어내려 가게 하셨다는 말이다. 여인들은 이 아기가 훗날 이스라엘 중에 유명한 자가 되기를 기원하고 있다. 이 축복과 같이 이 아이는 다윗 왕의 할아버지로 유명하게 되었다.

(1) 이 아이는 나오미에게 어떤 자인가? (15절)

• 룻 4:15 "이는 네 생명의 회복자며 네 노년의 봉양자라 곧 너를 사랑하며 **일곱 아들보다 귀한** 자부가 낳은 자로다."

이 아이는 나오미의 생명을 죽음과 절망에서 회복시켜 줄 아이다. 이 아이를 통해서 미래가 없던 나오미의 가정에 원기가 회복될 것이다. 이제는 나오미는 사람이 사는 재미를 갖게 될 것이다. 또한 이 아이가 노년에 봉양자가 될 것이다.

(2) 여기서 룻의 귀함을 "일곱 아들보다 귀한"이라고 표현하고 있다. 물론 일곱이라는 숫자는 완전 수를 가리킨다. 아들 한 사람이 귀했던 그 땅에서 룻은 일곱 명의 아들보다 귀한 며느리요, 딸이었다. 그 룻이 낳은 아들, 나오미는 지금 천하를 얻은 기쁨이다.

3. 나오미는 룻이 낳은 아이를 기른다. 이 아이는 보아스와 룻 사이에서 태어났지만 엘리멜렉의 가정을 일으켜 세우는 희망이 된다. 이웃 여인들의 기쁨에 찬 찬양을 들어보라.

4:17 그 이웃 여인들이 그에게 이름을 수되
( )가 아들을 낳았다 하여
그 이름을 ( )이라 하였는데
그는 다윗의 아비인 이새의 아비였더라

• 룻 4:17 "그 이웃 여인들이 그에게 이름을 주되 **나오미가** 아들을 낳았다 하여 그 이름을 **오벳**이라 하였는데 그는 다윗의 아비인 이새의 아비였더라."

(1) 룻이 아들을 낳았지만 여인들은 나오미가 낳았다고 찬양한다. 아이의 탄생으로 엘리멜렉의 가문은 그 대(代)가 끊기지 않고 다시 연결되었다. 이 모든 것은 하나님의 기적적인 역사로 이루어진 것이다. 이제 이 아이의 이름을 무

엇으로 지어야 할까? 아이의 이름 속에 의미가 있어야 했다. 여인들은 심사숙고 했으리라. 그리고 마침내 아이 이름을 '오벳'(Obed, עוֹבֵד)이라고 이름 지었다.

(2) '오벳'이라는 '아바드'(עָבַד, 섬기다, 봉사하다) 라는 말의 분사형이다. 여기에서 '종'(에베드, עֶבֶד)이라는 말이 파생되었다. 이 아이가 늙은 나오미를 섬기는 자가 될 것이라는 의미일 것이다(15절, 봉양자). 우리는 이 종의 역할을 이사야 42:1-7의 메시야 예언에서 발견할 수 있다. '종'(servant)이라는 용어 중 가장 중요한 용법은 메시야에 대한 구약의 가르침을 나타내는 전문적인 용어로서 가장 탁월한 인물인 메시야를 지칭하는 경우이다(사 39-66장). 그 중에 한 곳을 보자.

- 사 42:1-4 "내가 붙드는 나의 종, 내 마음에 기뻐하는 나의 택한 사람을 보라 내가 나의 신을 그에게 주었은즉 그가 이방에 공의를 베풀리라 2그는 외치지 아니하며 목소리를 높이지 아니하며 그 소리로 거리에 들리게 아니하며 3상한 갈대를 꺾지 아니하며 꺼져가는 등불을 끄지 아니하고 진리로 공의를 베풀 것이며 4그는 쇠하지 아니하며 낙담하지 아니하고 세상에 공의를 세우기에 이르리니 섬들이 그 교훈을 앙망하리라."

- 베들레헴에 처음 돌아왔을 때, 나오미는 사람들에게 '나오미'라는 이름 대신에 '마라'라고 불러주길 원했다. 그녀의 삶이 쓰디 쓴 고통의 연속이었기 때문이다. 그러나 하나님은 이 가정에 자비를 베푸셨다. 전혀 가망이 없던 환경에서 이제는 가정을 다시 이어갈 아이가 탄생되었다. 룻기 1:1-5과 4:13-17을 대조하여 읽어보자. 나오미는 이제 더이상 '마라'가 아니다. 나오미는 다시 '나오미'가 되었다. 이제 굶주림은 없다. 그리고 대가 끊기었다는 절망감도 없다. 한 가정이 다시 회복되었다. 마치 이스라엘이 하나님의 자비하심으로 다시 회복되는 것같이… 지금 절망 속에 있는 분이 있다면 나오미가 겪었던 삶을 다시 조명해 보자.

- 룻은 이제 더이상 단순한 한 모압 여인으로 취급받지 않는다. 룻은 지금 이스라엘 집을 세운 라헬과 레아처럼 찬양을 받는다. 비록 이방 여인이었지만 그녀는 하나님을 끝까지 놓치지 아니했다. 그 동안 삶이 길고 힘들었지만 그녀는 끝까지 하나님을 신뢰했다. 그녀의 믿음은 시모를 정성스럽게 섬기며 순종하는 일로 나타났다. 절망 가운데서 다시 회복받는 길은 우리가 생각하는 것보다 오래 걸린다. 그러나 우리는 매사에 너무 조급해 하지 않는가! 지금 당장 나의 형편이 펴지기를 고대한다. 회복으로의 길이 결국 우리 자신의 신앙 인격을 성숙시키는기간이라는 것을 잊은 채.

- 이스라엘 백성의 고엘은 보아스가 아니다. 이스라엘 백성의 고엘은 여호와 하나님이시다. 죽음 가운데 처해 있는 이스라엘 백성들을 속량하시기 위해 한 아기를 탄생시키신다. 그렇다면 우리의 진정한 '고엘'은 누구인가?

# 다윗의 할아버지 오벳 (4:18-22)

이 부분은 후대에 삽입했다는 설도 있으나 어쨌든 이 책의 저작 동기를 밝혀주고 있다. 여기에 나오는 족보(톨레도트)는 베레스로부터 시작하고 있다. 하나님은 단순히 엘리멜렉의 가정을 다시 일으키시려는 목적에서 그 대(代)를 연결시키신 것이 아니었다. 앞으로 왕으로 오실 메시야의 계보인 다윗 가문으로 연결시키기 위해 나오미와 룻에게 은혜를 베푸신 것이다. 따라서 저자는 베레스로부터 다윗에 이르는 족보를 소개하고 있다. 베레스(유다와 다말 사이에 태어난)로부터 다윗까지 약 900년간에 걸친 역사를 최단축하여(족보는 가장 압축된 역사이다) 기록함으로써 하나님의 구원 계획의 신실하심을 드러내고 있다. 하나님은 자신의 구원 계획을 아주 보잘 것 없는 한 가정을 통해 이루어가심을 볼 수 있다.

### 1. 베레스는 누구이며 왜 베레스까지 소급해서 언급하고 있는가?

(1) 여기서 '세계'라는 말은 족보(톨레도트, geneology)라는 말이다. 앞에서도 언급되었지만 베레스는 어떤 인물인가? 그는 유다와 다말 사이에서 태어났다. 그렇다면 유다는 누구인가?

(2) 유다는 야곱의 아들 중 넷째이다. 야곱은 그의 유언적 축복에서 메시야가 탄생할 통로로 유다를 축복한다(창 49:8-12*). 메시야는 바로 이 유다 지파를 통해서 오실 것이었다. 그래서 창세기의 저자는 요셉의 이야기를 시작하다 말고(창 37장), 유다를 소개하고 있음을 본다(창 38장). 야곱을 이을 자는 요셉이 아니라 유다라는 사실을 보여주려 했다. 그런 면에서 메시야가 오시는 통로로서 유다는 중요하다.

즉 메시야는 하와의 남자 자손 → 셈에게 약속된 셈족인을 통해 (=후에 히브리인이라 불리우게 됨) ⇒ 셈족의 한 종족 ⇒ 아브라함(아브라함, 이삭, 야곱) ⇒ 야곱의 4째 아들 유다 지파(창 49:8-12)로 이어진다는 말이다.

(3) 그런데 그 유다는 며느리 다말과의 사이에서 베레스를 낳는다. 베레스를 낳는 과정이 룻이 보아스를 만나 오벳을 낳는 과정과 어느 정도 유사점을 가지고 있다(룻 4:12을 다시한번 읽어보자). 그래서 저자는 유다의 아들 베레스로부터 시작해서 다윗까지 연결시키고 있다. 베레스에서부터 다윗까지 10대(代)를 언급하고 있다. 그중 베레스부터 나손까지 5대는 애굽 포로 생활 중

•창 49:8-12
"유다야 너는 네 형제의 찬
송이 될지라 네 손이 네 원
수의 목을 잡을 것이요 네
아비의 아들들이 네 앞에 절하
리로다 9유다는 사자 새끼
로다 내 아들아 너는 움킨
것을 찢고 올라 갔도다 그의
엎드리고 웅크림이 수사자
같고 암사자 같으니 누가 그를
범할 수 있으랴 10홀이 유
다를 떠나지 아니하며 치리
자의 지팡이가 그 발 사이에서
떠나지 아니하시기를 **실로**
**가 오시기까지** 미치리니 그
에게 모든 백성이 복종하리로
다 11그의 나귀를 포도나무
에 매며 그 암나귀 새끼를
아름다운 포도나무에 맬 것
이며 또 그 옷을 포도주에
빨며 그 복장을 포도즙에
빨리로다 12그 눈은 포도주
로 인하여 붉겠고 그 이는
우유로 인하여 희리로다."

의 인물이고, 후반 5대(살몬서부터 다윗까지)는 출애굽 인물이다. 이렇게 저자는 아브라함 언약(아브라함 ➡ 이삭 ➡ 야곱)과 다윗 언약을 연결시키고 있음을 본다. 우리는 이 족보에서 인류를 구원하시려는 하나님의 구원계획이 얼마나 철저하고, 세밀하고, 신실하게 이루어져가고 있는 가를 보게 된다.

**2. 자, 그러면 다음의 성경 구절들을 통해서 아브라함 언약과 다윗 언약이 어떻게 서로 유사성이 있는가를 살펴보자.**

| 아브라함의 언약 | 다윗의 언약 | 언약의 주요 내용 |
|---|---|---|
| 창 12:2 | 삼하 7:9 | 그의 이름이 존귀케 |
| 창 12:10 | 삼하 7:10 | 민족이 자기 땅에 정착하리라 |
| 창 17:6, 16 | 삼하 7:12-16 | 열왕이 그로부터 나올 것이다. |
| 창 12:2 | 삼하 7:29 | 네게 복을 주어 |
| 창 17:7, 8 | 삼하 7:24 | 하나님이 이스라엘의 하나님이 되시고, 그들은 그의 백성이 되실 것이다 |
| 창 17:7 | 삼하 7:13,16,24-25,29 | 다윗 약속도 영원하다. |

⬆ 우리는 여기서 아브라함의 자손에 대한 약속과 다윗의 자손에 대한 약속간에 '연속성'과 '유사성'을 을 볼 수 있다. 삼하 7장은 다윗이 하나님의 전을 지어드리겠다고 선지자 나단을 통해 하나님께 말씀드릴 때에 하나님이 나단 선지자를 통해 다윗에게 주신 말씀이다.

**3. 하나님은 아브라함과 언약을 맺으셨다. 아브라함의 후손을 통해서 백성을 구원할 메시야를 보내주시겠다는 것이었다.**

(1) 그런데 아브라함에게 제시된 약속은 영원한 약속이다. 이 약속은 영원히 집행되어 갈 것이며, 전 세대를 통하여 믿음의 백성 모두에게 그 복이 확대된다. 아브라함 및 그의 후손과 맺어진 언약은 그 효력 또는 완전성을 결코 상실하지 않는 하나의 영원한 언약(계약)이다.

(2) 앞에서 본대로 그 약속된 자는 아브라함의 후손인 동시에 다윗의 후손이 분명하다. 그러므로 저자는 룻과 보아스를 통해 탄생한 오벳은 아브라함으로부터 다윗에 이르는(그래서 궁극적으로는 그리스도에게까지 연결되는) 중요한 연

- 창 12:2 "내가 너로 큰 민족을 이루고 네게 복을 주어 **네 이름을 창대케** 하리니 너는 복의 근원이 될지라."
- 삼하 7:9 "네가 어디를 가든지 내가 너와 함께 있어 네 모든 대적을 네 앞에서 멸하였은즉 세상에서 존귀한 자의 이름같이 **네 이름을 존귀케** 만들어 주리라."
- 창 12:10 "그 땅에 기근이 있으므로 아브람이 애굽에 우거하려 하여 그리로 내려갔으니 이는 그 땅에 기근이 심하였음이라."
- 삼하 7:10 "내가 또 내 백성 이스라엘을 위하여 한 곳을 정하여 저희를 심고 저희로 자기 곳에 거하여 다시 옮기지 않게 하며 악한 유(類)로 전과같이 저희를 해하지 못하게 하여"
- 삼하 7:29 "이제 청컨대 종의 집에 복을 주사 주 앞에 영원히 있게 하옵소서 주 여호와께서 말씀하셨사오니 주의 은혜로 종의 집이 영원히 복을 받게 하옵소서 하니라."

결 고리가 된다는 점을 강조하고 있다. 바로 이 점이 이 룻기를 쓰게 된 가장 중요한 목적 중의 하나이다. 룻기는 단지 나오미라는 여인의 한 가정의 회복이나 나오미와 룻 사이의 효성을 그린 것이 아니다.

(3) 이렇게 하나님은 끊어질 것 같은 메시야 가계의 고리를 룻을 통해 그 대(代)를 이어가게 하셨다. 구약 시대 유대인들에게는 아들을 낳아 대를 잇고 또 잃었던 가족이나 지파의 토지를 되찾아 오는 것이 하나님께서 주시는 최고의 축복 중의 하나로 여겼다. 따라서 끊어졌던 엘리멜렉의 대가 다시 이어졌다는 것은 나오미에게는 말할 수 없는 축복이었다.

(4) 족보는 역사의 주요 인물들을 연결해 주는 역할을 한다. 마태는 예수님이 '아브라함과 다윗의 자손'임을 증거하고 있다. 마태가 이렇게 예수를 아브라함과 다윗의 자손으로 묘사한 것은 바로 예수가 구약에 예언된 메시야임을 증거하기 위해서였다. 구약 성경에는 메시야가 바로 아브라함과 영원한 왕권 언약(삼하 7장)을 받은 다윗의 후손으로 오실 것으로 예언되었다.

### 4. 족보(族譜)의 중요성(특히 유대인에게)

(1) 성경에는 어느 때 족보를 사용했을까? 성경에는 역사가 새로운 전환점을 맞아 새로운 국면(局面)에 들어가게 됐을 때, 새로운 역사의 근원과 이전의 구원역사의 근원과 연관성이 있을 때 족보를 사용했다. 따라서 하나님의 계획이 어떤 새로운 인물의 생애에서 실현되려 할 때 그 족보를 사용했다는 말이다. 베레스로부터 다윗에 이르는 족보의 언급은 구속사를 설명하는데 절대적으로 필요한 역사이다. 보아스와 오벳은 그 족보의 연결 고리로서 그 중요성이 강조되고 있다.

(2) 이스라엘 백성들에게 족보는 어떤 역할을 했을까?

가나안 정복 이후 각 지파의 기업을 결정하는데 족보는 아주 중요한 역할을 했다(민 26:52-56, 33:54). 그래서 자기 기업의 땅이 아닌 곳에서 정착할 경우 도망한 자로 여겼다(삿 12:4). 또 기업 이전(移轉)시 정확한 족보 지식이 요구되었다(룻 3:9, 12,13, 4:1-10). 제사장이 결혼할 때에 여자는 적어도 5대까지 거슬러 올라가서 순수한 혈통을 가진 여자여야 했다. 이때 족보가 필요했을 것이다(스 2:61-62 참조).

**마 1장에서는**

예수님의 족보와 아브라함과 다윗의 족보 사이의 연속성을 보여주고 있다. 메시야는 ① 여자(창 3:15) ⇒ ② 아브라함(창 22:18) ⇒ ③ 유다 (창 49:10) ⇒ ④ **다윗** (삼하 7:12,13)의 씨가 된다. 이런 면에서 룻기 4:18-22에 기록된 다윗의 족보는 그 중요성이 대단히 크다.

**눅 1:67-75**

"그 부친 사가랴가 성령의 충만함을 입어 예언하여 가로되 찬송하리로다 주 이스라엘의 하나님이여 그 백성을 돌아보사 속량하시며 우리를 위하여 **구원의 뿔을 그 종 다윗의 집에 일으키셨으니** 이것은 주께서 예로부터 거룩한 선지자의 입으로 말씀하신 바와 같이 우리 원수에게서와 우리를 미워하는 모든 자의 손에서 구원하시는 구원이라 우리 조상을 긍휼히 여기시며 그 거룩한 언약을 기억하셨으니 곧 **우리 조상 아브라함에게 맹세하신 맹세라** 우리로 원수의 손에서 건지심을 입고 종신토록 주의 앞에서 성결과 의로 두려움이 없이 섬기게 하리라 하셨도다."

중요 인물만

**아담** — 에노스 — 므두셀라 — 노 아 — 셈

또 가로되 **셈의 하나님** 여호와를 찬송하리로다(창 9:26)

데 라

아브라함의 부친

• 눅 3:34 "그 이상은 야곱이요 그
이상은 이삭이요 그 이상은 **아
브라함**이요 그 이상은 **데라**요
그 이상은 나홀이요
35 그 이상은 스룩이요 그 이상은
르우요 그 이상은 벨렉이요 그
이상은 헤버요 그 이상은 살라요
36 그 이상은 가이난이요 그 이상
은 아박삿이요 그 이상은 **셈**이
요 그 이상은 **노아**요 그 이상은
레멕이요
37 그 이상은 **므두셀라**요 그 이상
은 에녹이요 그 이상은 야렛이
요 그 이상은 마할랄렐이요 그
이상은 가이난이요
38 그 이상은 **에노스**요 그 이상은
셋이요 그 이상은 **아담**이요 그
이상은 **하나님**이시니라."

**아브라함** ➔ 이 삭 ➔ 야 곱 ➔ 유 다

유다는 다말에게서 **베레스**와 세라를 낳음(마 1:3)

베레스

➔ 베레스는 다말과 시아버지 유다와의 근친상간적인 관계에서 태어났다(창 38장).

• 룻 4:12 "여호와께서 이 소년 여자로 네게 후사를 주사 네 집으로 **다말**이 유다에게 낳아준 **베레스**의 집과 같게 하시기를 원하노라."

헤스론

보아스는 룻과 죽은 남편의 이름으로 후손을 산출한다는 면에서 **베레스의 탄생**과 유사점이 있다. 그러나, 무엇보다 중요한 것은 '다말'(Tamar)과 '룻'(Ruth) 둘 다 메시야 계보에 나타나는 아들들을 낳았다는 데 있다. 이것이 두 이야기를 연결해 주는 가장 강력한 연결끈이다. 베레스의 가문은 베들레헴에 정착했고(대상 2:5, 50-54), 보아스는 바로 베레스의 후손이다.

람

아미나답

연속성 강조

나 손

## 아브라함과 다윗의 연속성을 강조

살 몬

살몬은 라합에게서 보아스를 낳고(마 1:5)

보아스

보아스는 룻에게서 오벳을 낳고(마 1:5)

오 벳

➔ 보아스와 룻 사이에 태어난 오벳은 다윗 족보의 연결고리로서 중요했다.

이 새

**다 윗** — 솔로몬 — 르호보암 — 아비야 →

• 마 1:7 "솔로몬은 르호보암을
낳고 르호보암은 아비야를 낳
고 아비야는 아사를 낳고
8 아사는 여호사밧을 낳고 여호
사밧은 요람을 낳고 요람은 웃
시야를 낳고
9 웃시야는 요담을 낳고 요담은
아하스를 낳고 아하스는 히스
기야를 낳고
10 히스기야는 므낫세를 낳고 므
낫세는 아몬을 낳고 아몬은 요
시야를 낳고
11 바벨론으로 이거할 때에 요시
야는 여고냐와 그의 형제를 낳
으니라
12 바벨론으로 이거한 후에 여고
냐는 스알디엘을 낳고 스알디
엘은 스룹바벨을 낳고
13 스룹바벨은 아비훗을 낳고 아
비훗은 엘리아김을 낳고 엘리
아김은 아소르를 낳고
14 아소르는 사독을 낳고 사독은
아킴를 낳고 아킴은 엘리웃을
낳고
15 엘리웃은 엘르아살을 낳고 엘
르아살은 맛단을 낳고 맛단은
야곱을 낳고
16 야곱은 마리아의 남편 요셉을
낳았으니 **마리아에게서 그리스
도라 칭하는 예수가 나시니
라."**

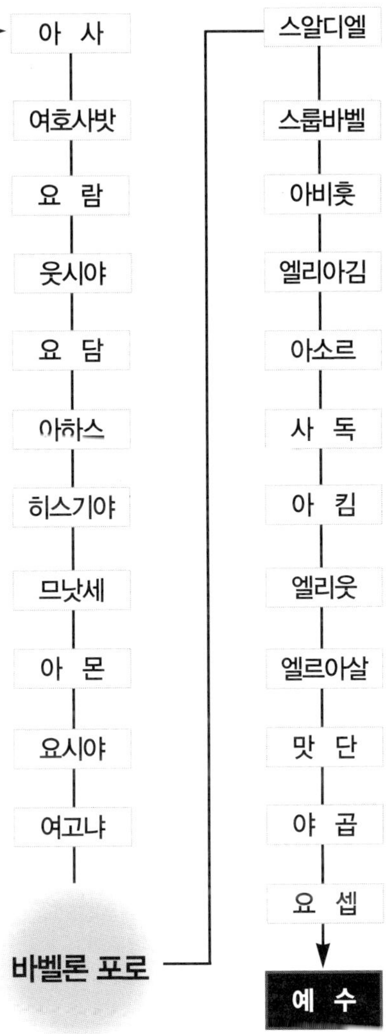


## 예수 그리스도

◐ 마태는 예수의 왕되심을 그의 족보를 거론함으로써 시작한다. 하나님은 그의 언약을 얼마나 신실하게 지키시는 분이신가?! 족보는 가장 압축된 역사라고 말할 수 있다. 마태는 이 족보를 통해서 예수 그리스도가 진정 유대인들이 기다렸던 메시아였음을 증거하고 있다. 만약 예수가 메시야라면 유대 역사상 위대한 언약의 조상들인 아브라함과 다윗의 자손이어야 한다는 것이다. 유대인들은 이것부터 따지고 들것이기 때문이다. 마태는 예수의 계보를 아브라함부터 요셉까지 소개하면서 이를 증거하고, 이어서 그의 기적적 탄생을 설명한다.

그러니까 예수가 바로 다윗의 위(位)를 이어받은 합법적인 후사라는 것이다. 그는 그의 나라의 위가 '영원히 견고하게 될' 바로 그 아들이시다(삼하 7:13, 눅 1:32, 33).

◐ 룻기는 단지 나오미라는 한 여인의 가정의 회복이나 나오미와 룻 사이의 효성을 그린 것이 아니다. 룻기는 사사기와는 대조적으로 하나님께서 미미한 한 가족의 삶을 통해 어떻게 구원 계획을 이끌어가시는가를 그려놓은 책이다. 인류를 구원하시려는 하나님의 열심은 인간의 그 어떤 조건에 의해 중단되지 않는다. 위의 족보에서 볼 수 있듯이 하나님은 끊이질듯한 그리스도의 가계(家系)를 그리스도가 오시기까지 기적적으로 이어가신다. 그리스도가 이 땅에 오셔서 십자가에 죽으셔야 하기 때문이다. **룻기 저자는 룻(Ruth)과 보아스(Boaz)를 통해 탄생한 오벳(Obed)은 아브라함으로부터 다윗에 이르는(궁극적으로는 그리스도에게까지 연결되는) 중요한 연결 고리가 된다는 점을 강조하고 있다.** 따라서 이 책에서도 "하나님의 신실하심"이 무엇보다 강조되어야 한다.

1

**폭풍우가 심하게 몰아쳤던 사사시대**

부패가 극을 치닫던 사사시대
"이스라엘에 왕이 없으므로
사람이 각각 그 소견에 옳은 대로 행하였더라"
어둡고 긴 터널
전쟁과 흉년과 기근이
하나님의 백성 이스라엘의 역사를 어지럽게
수놓아가고 있다.

전쟁과 흉년과 기근은
우연이 아니었다
이스라엘 백성이
하나님의 언약을 어기고
범죄했기에 내려진 형벌이었다.

여기 한 평범한 가족이
그 기근을 피하여
모압으로의 이주를 결심한다.
아버지, 어머니 그리고 두 아들
그나마 있는 땅 모두 저당잡히고
낯선 나라 모압으로
이사를 간다

2

**흉년을 피하여 모압으로 이주하는 평범한 한 가정**

낯선 나라에서
생을 꾸려간다는 것은
흉년이 든 고향 땅에서 사는 것보다
결코, 결코
나은 생활이 아니었다.

어떤 이유에서인지
남편 엘리멜렉은 죽는다
하늘이 무너져내렸다.

동곡으로 지냈을 수많은 날들
남은 두 아들의 성장을 통해서
위로가 될 수 있을꺼라고
그래서 그 두 아들을 믿고
남은 생을 열심히 살려고 발버둥쳤을 나오미

시련은
또다른 시련으로
연결되었을 뿐

그러나,
시련은 또다른 시련으로 연결되었을 뿐
생의 여유는 아직 없었다.
오직 그녀를 지탱해주었던 두 버팀목은
아들도 남기지 못한 채
쓰러져버렸다.
존재의 의미를 상실한 채
울음으로 지새웠을 나오미
그녀에게 남은 것은
모압 며느리 두 명뿐
그리고 그 위에 절망이 하나 더 있었을 뿐이었다.
모진 고생과 쓰라린 세월은 그렇게
10년이나 그녀를 끌고 다녔다.

3
실의에 빠져있던 나오미를
일으켜 세운 것은

"그래 베들레헴으로
돌아가는거야!!"

고향 베들레헴에서 들려온 소식이었다.
하나님이
그의 백성을 돌아보사
진노를 거두시고 양식을 주셨다.
그 소식은
그 동안 잠자고 있던
나오미의 신앙을 깨우는 동기가 된다.
"그래 베들레헴으로 돌아가는거야!!"

왜
하나님은
나를
끝도 없는
역경으로
몰아넣으시는가?

나오미는
지금까지 불어온 환난의 바람이
결코 우연이 아니었음을 깨닫는다.
나오미는
하나님이 자신을 치셨고
전능자가 자신을 심히 괴롭히셨다고 생각한다
그녀의 마음 속에
언제부터인가 형성되기 시작한
부정적 시각,
마음 속 깊이 하나님께 대한 원망이
앙금처럼 가라앉아 있다.

어머니
저도
어머니와 함께
갈래요

고향 베들레헴으로 돌아가려는 나오미,
그 귀향길에
두 자부가 함께 동행한다
나오미는 그 자부들의 앞날을 걱정하며
자기 집으로 돌아가 새로운 삶을 꾸리라고 권면한다.
울며 매달리는 자부들
시어머니와의 사랑이 너무 컸기 때문이었으리라
함께 동행하지 못하는 이유를 설명한다.
그래서, 오르바는 자기 집으로 돌아간다.

그러나,
룻은 그녀의 고집을 꺾지 아니한다.

"저에게 돌아가라고 강권하지 마옵소서…
왜냐하면
어머니의 백성이
곧 저의 백성이며
어머니의 하나님이
곧 저의 하나님이시기 때문입니다."

룻은 이미 이스라엘 백성이 되어 있었다.

4

"차라리
나오미보다는
마라라고
불러주오."

베들레헴 성을 들어서는
니오미와 룻
나오미의 발걸음이 너무 무겁다
그녀를 반기는 동네 사람들의 인사가
너무 부담스럽다.
"차라리 '나오미'라고 부르기보다는 '마라'라고 불러주오."
그녀는
인생의 가장 낮은 지점에서
지난 날들을 회고한다.
흘러간 10여년,
다시 생각하고 싶지 않은 "마라의 세월"
슬픔이 아직도 그녀를 놓아주지 않는다
하나님의 인자가 함께 하심을
그녀는 미쳐 깨닫지 못한다.

5

당장 생계가 걱정이었던 룻,
그녀는 부잣집 밭에 가서
추수꾼들이 남겨둔 이삭을 줍기로 작정한다.
우연히
보아스의 밭으로 가게 되었지만
그것이, 바로
하나님의 섭리였다는 것을 알지 못한다.
룻의 행동에서,

믿음과 순종을 발견한 보아스,
보아스는 룻에게 최대한의 배려를 한다.
룻을 보아스의 밭으로 인도하신 분이
하나님이셨다는 것을
나오미는 이제야 깨닫는다.

하나님은
여전히
이들 가운데 계셔서
은혜로
역사해 오셨다

보아스가 바로 기업 무를 자라는 것을 알고 난후
나오미는, 지금까지
하나님께 대한 부정적 시각을 바꾼다.
하나님은 여전히
이들 가운데 계셔서
은혜로 역사해 오셨음을 깨닫고 감사하기 시작한다.

나오미는 희망 속에
룻으로 하여금 보아스의 아내가 되도록
특별 작전을 세운다.
시모의 권면에 전적으로 순종하는 룻,
그녀는 마침내 보아스에게 청혼을 한다.
"옷자락으로 시녀를 덮으소서"

보아스는 룻의 신앙과 순종을 보고 놀란다.
"너의 베푼 인애가 처음보다 나중이 더하도다."
하나님을 찾는 룻의 아름다운 믿음,
그리고
시모에 대한 철저한 순종,
그것은 늙은 보아스를 감동케 한다.
"여호와의 사심으로 맹세하노니
내가 기업 무를 자의 책임을 네게 행하리라."

6

성문에 모인 10명의 장로들,
보아스보다 더 가까운 친척은
자신의 수지 타산을 계산하고
기업 무르기를 포기한다.

그 권리는 보아스에게 양도된다.

보아스는 룻과 결혼하고 기업을 무른다.
땅을 다시 사고,
결혼하여 자식을 얻는다.

오벳이 태어났다.
노령의 나오미는 오벳을 안고 기뻐한다.
그리고 아이를 양육한다.
이웃 여인들의 찬양
나오미가 자식을 낳았다고 좋아한다.

7
나오미에게 베푸신
하나님의 은혜,
엘리멜렉의 가정을 다시 일으키신다
아니,
왕으로 오실

평범한 한 가정을 택하셔서

메시야의 계보인 다윗 가문을
일으켜 세우신다.
평범한 한 가정을 택하셔서
그 구원을 이루어가시는 하나님의 손길
그 손길이 룻기서를 통해
잔잔하게 소개되고 있다.

폭풍우가 몰아치는 사사시대
그 폭풍우 밑에는
한 가정의 몰락과 회복이
아름답게 그려져 있다.
이제, 그 폭풍의 시대가 끝나고
신정 왕국이 형성된다.

이제 사무엘, 사울, 그리고 다윗이 등장하여 한 시대를 채색해 간다.

사무엘서(상)에서
드디어 왕이 등장한다.
백성들이 그렇게 원하던 왕을…
사무엘, 사울, 그리고 다윗이 등장하여
한 시대를 채색해 간다.
백성의 대표자인 왕을 통해
그의 백성을 다스리시려는 하나님은,
여러 가지 이유로
고개를 저으신다.
하나님의 왕권과 명예가
먹칠을 당하는 일이 일어났기 때문이다.

새로운 왕이 될 다윗을 세우시고,
하나님의 왕국의 합당한 사역자로
훈련시키시는 모습을 보게 된다.
참 하나님의 왕국은 어떤 모습이어야 하는 지를
사무엘서에서 찾아보자.

THE BIBLE • BACK TO THE BIBLE • BACK TO THE BIBLE • BACK TO THE BIBLE

# 학습용 교재

# Group Bible Study

## Ruth

4:14 וַתֹּאמַרְנָה הַנָּשִׁים אֶל־נָעֳמִי בָּרוּךְ יְהוָה אֲשֶׁר לֹא
הִשְׁבִּית לָךְ גֹּאֵל הַיּוֹם וְיִקָּרֵא שְׁמוֹ בְּיִשְׂרָאֵל

Ruth 4:14 The women said to Naomi:

Praise be to the LORD, who this day has not left you without a kinsman-redeemer. May he become famous throughout Israel!

# 1. 서 론

## 어서오세요

☞ 여러분은 흉년과 기근의 비참함을 어느 정도 이해하고 계십니까? 6 · 25의 체험이 없는 분이라면 그 이해 정도가 약할 것입니다. 최근 지구 상에 나타나고 있는 각종 재난은 어떤 메시지를 갖고 있을까요? 특히 사사시대에 이스라엘 백성에게 내린 전쟁과 기근은 우연이 아니었습니다. 그곳은 약속의 땅이였기에 하나님의 백성은 하나님이 의도하신 대로 살아가야 했습니다. 한 가족이 흉년을 피하여 식구들을 데리고 모압으로 이주를 하게 됩니다. 그러나 그 가정은 회오리 바람에 휩싸이게 되었습니다.

☞ 가정에 끝도 없는 폭풍이 몰아친다면 다시 한번 생을 점검해 보십시오. 우리가 이해할 수 없는 하나님의 섭리가 분명히 있을 것입니다. 자, 우선 룻기의 배경부터 공부해 봅시다. 그리고 하나님이 어떻게 한 가정을 인도하시는가를 배웁시다.

## 본문을 보세요

1. 룻(Ruth)은 모압 여인입니다. 모압은 어떤 나라이며, 그 기원을 말해보세요. 그리고 현재는 어느 나라 지역입니까?

2. 사사시대에 모압과 이스라엘과의 관계는 어떠했습니까?

3. 모압 사람들이 믿는 신은 어떤 신이었습니까?

4. 룻기서는 어느 시대, 누가 썼습니까? (물론, 여러 주장들이 있지만)

5. 룻기에 기록된 사건은 사사시대 언제쯤 일어난 일입니까?

6. 왜 이 룻기서를 쓰게 되었을까요? (물론 여러 다른 견해가 있습니다)

7. 사사기에 연이어 룻기에서도 '베들레헴'이라는 곳에서 일어난 사건을 다루고 있습니다. 베들레헴에 관한 세 가지 사건들은 무엇입니까?

   첫번째 이야기(삿 17-18장) :

   두번째 이야기(삿 19-21장) :

   세번째 이야기 (룻기) :

8. 이렇게 '베들레헴'을 드러내고 있는 이유는 무엇일까요? '베들레헴'은 어떤 곳으로 유명한 곳입니까?

9. 이스라엘 백성들에게 족보는 대단히 중요했습니다. 족보란 무엇이며, 이 족보가 왜 중요한지 설명해 보십시오. 그리고 아래의 빈칸을 채워보십시오.

저자는
아브라함과 다윗과의
(　　　　　)을
강조하고 있다

아브라함과 및
그의 후손과 맺은
하나님의 언약은
그 효력 또는 완전성을 상실하
지 않는 (　　　) 약속이다
따라서
이 계보에서 보는대로
메시야는
아브라함의 후손인 동시에
(　　　　　)의 후손이시다
(마태복음 1장)

그런 면에서
룻과 보아스를 통해 탄생한
'(　　　　　　)'은
그 (　　　　　　　)로서
매우 중요한 인물이다.
오벳의 탄생을 통해
이스라엘의 회복이
보증된다.

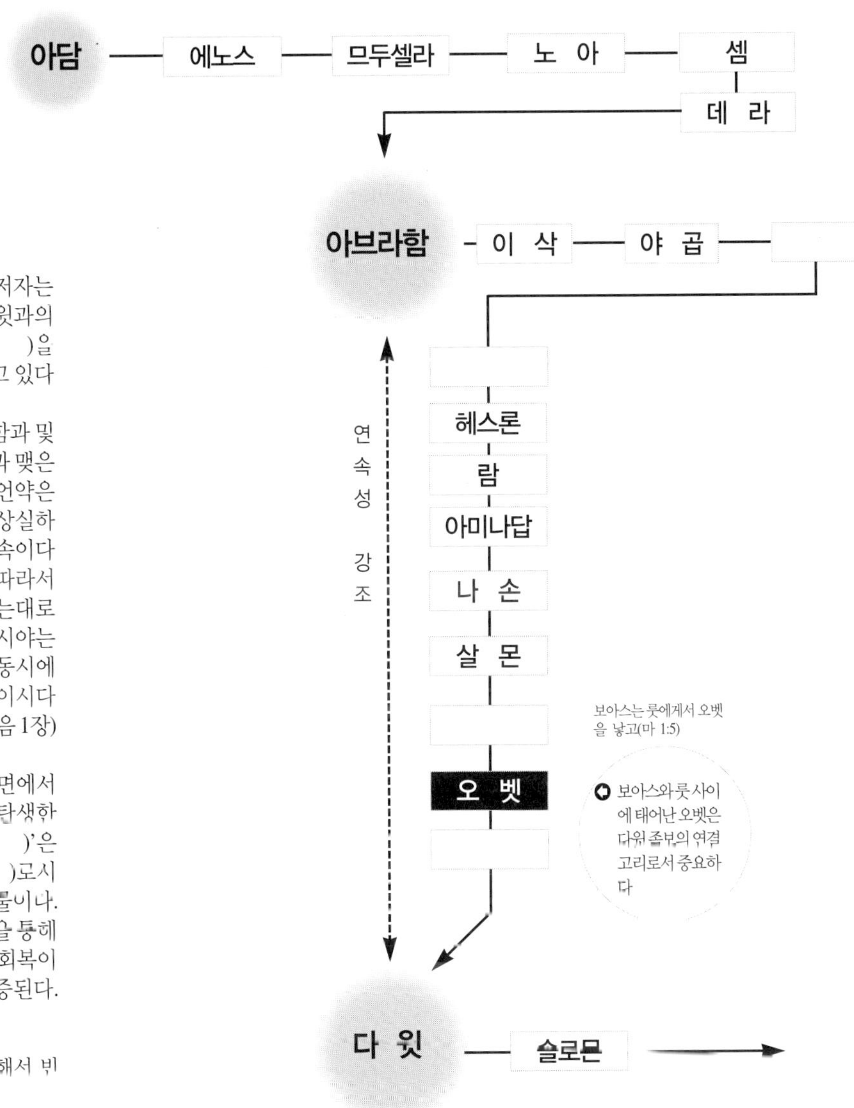


부교재 140면을 참조해서 빈칸을 써 넣으십시오.

# 2. 흉년을 피하여 모압으로

## 어서오세요

☞ 고통과 환난은 아무리 미화(美化)를 해도 당하기 싫은 생의 한 과정입니다. 그래서 사람들은 이런 과정이 자신에게 일어나지 않기를 바라고 있습니다. 그러나 누구에게나 생의 과정에서 이런 어려움들이 일어나곤 합니다. 여기 이런 고통 때문에 눈물짓는 한 여성이 있습니다. 바로 나오미입니다. 그녀는 모압으로 이주해 살다가 남편을 잃게 되었고, 그리고 남은 두 아들마저 죽었습니다. 두 아들 역시 결혼해서 자식도 낳지 못하고 일찍 죽었습니다. 그래서 남자들은 다 죽고 여인들 세명만 남게 되었습니다. 모압으로 이주한지 10여년 동안 일어난 일이었습니다. 세상에 이런 일이 있을 수 있습니까?

☞ 주위에 이런 분이 있다면, 어떻게 그 역경을 헤치고 나왔는지 이야기를 들어봅시다.

## 본문을 보세요

1. 이스라엘은 '하나님의 언약' 백성들입니다. 따라서 하나님이 원하시는 방법대로 살아가야 합니다. 즉, 하나님은 거룩하신 분이기에 그의 백성 역시 거룩한 삶을 살아가야 합니다. 만약 이스라엘 백성들이 하나님의 언약을 어기고 죄를 지으면 어떤 어려움에 처하게 됩니까? 신 28:15-68을 읽어보고 간단하게 설명해 보십시오.

2. 하나님의 징벌은 어느 때 임합니까? 그리고 그 하나님의 징벌은 구체적으로 어떻게 나타납니까?

3. 그렇다면, 약속의 땅 가나안의 흉년은(1:1) 어디에 근거해서 내려진 것입니까?

### 엘리멜렉 가족, 모압으로 이주

4. 하나님이 이스라엘 백성에게 주신 가나안은 어떤 곳입니까? 신 10:10-17을 읽어보고 요약 정리 해봅시다.

- *흉년과 그로 인한 기근은 사회적으로 어떤 결과들을 가져옵니까?*
- *흉년을 피해 애굽으로 내려간 족장은 누구입니까? (창 12:10, 창 46-47장)*

5. 엘리멜렉이 모압으로 이주한 것은 어떤 면에서 잘못된 선택입니까? 그로인해 그 가정이 당한 환난은 무엇이었습니까?

6. 모압으로의 이주 결정 과정에서 엘리멜렉은 무엇을 선택의 기준으로 삼았습니까? 선택의 기로에서 최후의 결정권자는 자기 자신입니다. 그렇다면 그 선택의 기준은 무엇이어야 합니까?

7. 엘리멜렉의 모압으로의 이주는 여호와의 종교까지 포기하는 삶을 의미합니다. 당시에는 종교의 자유가 없었기 때문입니다. 아무리 믿음이 좋다고 해도 모압에서의 생활은 모압인들이 믿는 그모스 신의 영향을 받을 수밖에 없습니다. 그렇다고 나오미의 가정에 여호와의 신앙이 전혀 없었던 것 같지는 않았습니다. 무엇을 보고 알 수 있을까요? (1:16을 읽어보고)

8. 모압으로 이주한 엘리멜렉의 식구들은 누구 누구였으며, 두 아들들과 결혼한 모압 여인은 누구였습니까? 그 이름의 뜻에서 우리는 무엇을 알 수 있을까요?

9. 갑자기 남편을 잃은 나오미, 그녀가 충격 속에서도 다시 희망을 가질 수 있었던 것은 무엇이었을까? (1:4상)

10. 나오미는 커가는 아들을 보면서 위로를 받았을 것입니다. 그러나, 그 아들마저도 어떤 이유에서인지 죽었습니다. 나오미가 더욱 절망한 것은 어떤 이유에서였습니까?

11. 엘리멜렉의 이민사(移民史)를 짧게 정리한다면 어떻게 쓰겠습니까?

12. 하나님이 주신 약속의 땅은 어떤 곳이며, 그곳에 사는 백성은 어떻게 살아가야 합니까?

## 말씀대로 삽시다

- 엘리멜렉의 가정에 임한 환난과 고통은 우연이 아니었습니다. 그것은 하나님이 자기 백성에게 내리신 징계였습니다. 그러나 징계는 '분노'가 아닙니다. 자기 백성을 하나님의 뜻대로 이끄시려는 하나님의 섭리의 한 방편입니다. 그러나 징계는 어려움을 동반합니다. 지금 하나님의 징계를 받는 분이 계시다면 어떻게 하시겠습니까?
- 하나님의 징계로 오는 고통이든, 자기 자신의 욕심으로 인해 오는 고통이든 고통과 환난은 바라지 않는 손님입니다. 그러나 더욱 위험한 것은 이런 가운데서 절망하는 것입니다. 비록 지금 환경이 나를 파멸시킬만큼 절박할지라도 절대로 낙망하지 맙시다. 어떤 이유로 고통을 받든 하나님은 우리를 언제나 세심하게 인도하시니까 말입니다.

# 3. 어머니의 하나님이 나의 하나님

## 어서오세요

☞ 여러분들이 이 세상에 가장 값진 것을 발견했다면 지금 가지고 있는 모든 것을 다 팔아 그것을 살 수 있을까요? 아마 그 일은 쉽게 결정할 수 없는 일일 것입니다. 지금 가지고 있는 재물과 명예와 행복을 포기하기란 결코 말처럼 쉬운 일이 아닙니다. 여러분이 가지고 있는 것 중에 결코 버릴 수 없는 것이 있다면 무엇일까 서로 이야기 해봅시다.

☞ 여기, 룻(Ruth)이라는 모압 여인은 이 세상의 모든 것을 포기하고 하나님의 백성이 되기를 소원하여 시어머니를 따라 베들레헴으로 가기로 굳게 마음 먹었습니다. 이런 결단은 결코 쉬운 일이 아닙니다.

## 본문을 보세요

1. 나오미는 모압 이민 생활을 청산하고 고향으로 다시 돌아가기로 마음 먹었습니다. 이렇게 나오미의 마음을 움직인 동기는 무엇입니까? (1:6)

2. 하나님은 이스라엘 백성에게 내렸던 징계를 푸셨습니다. 어떻게 할 때 하나님은 자기 백성에게 징계를 내리십니까? 그 진노는 어느 때 거두십니까? 교재를 보고 정리하십시오.

3. 나오미는 다시 고향으로 되돌아가기로 굳게 결정했습니다. 여기서 '돌아가다'는 말은 나오미에게는 어떤 의미가 있습니까? (확대경 No. 3번을 보고)

4. 나오미가 고향으로 가고자 했을 때 모압 며느리들의 태도는 어떠했습니까? (1:7)

5. 왜, 두 며느리가 시모 나오미를 따라가려고 애를 씁니까? 이 이별 장면에서 시모와 자부들간의 그 동안의 관계는 어떠했으리라고 생각합니까? 또 나오미의 성품은 어떠했습니까? (1:9-10)

6. 나오미는 두 며느리에게 자기 고국과 집으로 돌아갈 것을 강력하게 권유합니다. 나오미는 어떤 말로 권유했습니까? (1:8-9상)

7. 선택의 기로에서 두 며느리는 각각 어떤 결단을 내렸습니까?

(1) 오르바 :
(2) 룻 :

8. 룻의 선택은 어떤 면에서 칭찬을 받을 수 있을까요? 룻과 오르바가 가지고 있는 생의 가치관은 각각 어떻게 달랐습니까?

## 어머니의 하나님이 나의 하나님

9. 오르바는 자기 동족에게로 돌아갔지만 룻은 시모 나오미의 손을 놓지 않았습니다. 룻이 나오미를 따라 나서려는 근본 의도는 어디에 있었습니까?

10. "어머니의 백성이 나의 백성이 되고 (　　　　　)의 하나님의 (　　)의 하나님이 되시리니"(1:16) 이 구절에서 '되고' '되시리니'라는 말은 어떻게 번역해야 바른 뜻이 될까요?

11. 룻은 모압 여인이었습니다. 그녀가 어떻게 이스라엘 백성이 될 수 있었습니까? 구약에서 이방인이 하나님의 백성이 되기 위한 조건은 무엇이었습니까?

### 말씀대로 삽시다

- 우리는 한 평생 삶을 살면서 여러번 선택의 기로에 서게 됩니다. 이때마다 우리는 그 선택의 괴로움에 빠지곤 합니다. 그 선택이 일생을 좌우하기 때문입니다. 그것이 배우사나 직업의 선택일 때는 정말 신가하지 않을 수 없습니다. 선택의 기로에서 최선의 기준은 무엇이 될까요? 이럴수도 저럴수도 없을 때에는 엎드려 기도하십시요. 하나님의 선하신 인도를 위해서 말입니다.
- 룻의 결단은 단호하고도 분명했습니다. 그녀는 선택의 기로에서 마음이 흔들리지 아니했습니다. 가장 확실한 것을 붙잡았기 때문입니다. 그 선택이 가시밭길 갈을지라도 흔들리지 않았던 것은 그녀가 선택한 것이 가장 옳고 값진 선택이라고 믿었기 때문입니다. 옳은 길인 줄을 알면서도 선택에 머뭇거린다면 남은 생을 슬픔 속에 지낼 수도 있습니다.

# 4. 다시 약속의 땅, 가나안으로

## 어서오세요

☞ 고향에 돌아가기가 싫은 사람도 있습니다. 대체로 지금의 상황이 역경에 있기 때문입니다. 누구나 고향에 갈 때는 폼을 내며 가고 싶어합니다. 고향을 떠났지만 지금은 이렇게 잘 살고 있다는 것을 드러내고 싶기 때문입니다. 더욱이 외국에 이민 간 사람이 성공하지 못했을 때 고국에 돌아오기가 쉽지 않습니다. 여러분은 어떤 경우입니까?

☞ 나오미는 지금 다시 고향으로 돌아오고 있습니다. 그는 세상적인 가치관으로 볼 때 성공하지 못했습니다. 아니, 지금 그녀는 거지가 되어 고향 베들레헴 성내로 들어서고 있습니다. 여러분이 그녀 자신이 되어 성내로 들어서고 있다고 가정해 봅시다.

## 본문을 보세요

1. 룻과 함께 성내로 들어선 나오미를 보며 동네 사람들은 어떻게 반응했습니까? "떠들며"라는 말을 보아 그 상황이 어떠함을 짐작할 수 있습니다(1:19).

2. 나오미는 자기 이름을 부르며 환호하는 동네 사람들에게 차라리 '마라'라고 불러주기를 바라고 있습니다. '나오미'와 '마라'의 뜻을 설명하고, 왜 그렇게 불러주기를 원하고 있는지 말해보십시오.

3. 나오미는 지난 날들을 되돌아보며 그 험악한 세월을 '쓰디쓴' 생애였다고 고백합니다. 나오미 자신은 이렇게 비참하게 된 원인이 어디에 있다고 생각하고 있습니까? (1:21)

4. 나오미는 하나님을 '전능자'라고 불렀습니다. 그 뜻은 무엇이며 어떤 경우에 그렇게 불렀습니까? (교재)

5. 지금 나오미의 마음 속에 하나님에 대한 인식이 어떻게 되어 있습니까? 1:13, 21을 읽어보고 하나님께 대한 부정적(?) 시각이 어떻게 형성되어 있는지 찾아보십시오. 하나님은 고통만 주시는 분이 아닐찐데 어찌하여 이렇게 오랜동안 힘든 세월이 계속됩니까?

☞ 여기서 '비어'(empty, 레캄, 라는 말은 '가족이 없이' 돌아왔다는 말입니다. 남편도 죽고, 두 아들마저 죽었기에 이제는 아무 소망도 없습니다. 이 가족을 이을 대(代)가 끊겨 없다는 말입니다.

6. 나오미는 풍족하게 나갔으나 전능자께서 지금은 '비어 돌아오게' 하셨다고 고백합니다. 여기서 '빈 손'으로 돌아왔다는 말의 의미는 무엇입니까?

# 룻기 1:19-22

- *역사의 주관자는 누구입니까?*
- 하나님은 인생들에게 자유를 허락하십니다. 따라서 그 자유에 대한 책임은 인간에게 있습니다. 그러나 우리가 중대한 문제를 결정할 때, 하나님은 그 일에 함께 참여하고 싶어하십니다.
- 그러나, 대체로 우리는 우리 자신의 지식과 경험을 믿고 중대사를 결정합니다. 그로 인한 생의 어려움이 올 수 있습니다.
- 그로인해 슬픔 속에 있지만, 하나님의 인도의 손길은 그때부터 시작됩니다.

7. 엘리멜렉의 모압으로의 이주 결정은 그의 자유로운 선택이었습니다. 하나님은 그의 이주를 명하시지 않으셨습니다. 그는 생의 중대한 결정을 두고 하나님과 의논하지 않았습니다. 그렇다면 이런 최후의 결정의 책임은 누구에게 있습니까? (21절, 교재 참조)

8. 엘리멜렉과 나오미의 삶은 자신들이 원하는 뜻대로 움직여지지 아니했습니다. 하나님이 이들의 삶을 간섭하셨기 때문입니다. 만약 이들의 이민 생활이 늘 풍족하게 풀려갔다면 그들의 종말은 어떻게 되었을까요? 자기 백성을 향한 하나님의 섭리는 어떤 방법으로 나타나곤 합니까?

9. 고난이 성도에게 가져다 주는 유익은 그 고난이 다 끝난 뒤에 그에게 주어진 축복을 보아 알 수 있습니다. 그전까지 성도에게 필요한 것은 무엇입니까?

10. 징계란 무엇입니까? 왜 하나님은 성도를 징계하십니까? 징계와 증오는 어떻게 다릅니까?

## 말씀대로 삽시다

- 현재의 상황이 어지간만 하면 사람들은 현재의 삶에 만족하고 움직이려 하지 않습니다. 만약 나오미의 삶속에 고통과 환난이 없었다면 그녀는 모압 생활에 안주하려 했을 것입니다. 그래서 여느 세속인들과 다름없는 가치관을 가지고 일생을 살아갔을 것입니다. 여러분은 지금 어떤 모습을 가지고 살아갑니까? 아직도 모압(세상)에는 가질 것이 많다구요? 그렇게, 그렇게 세월을 보내는 동안 우리의 영혼은 치명적인 화상을 입게 됩니다.
- 역사의 주인공이신 하나님은 우리에게 자유를 허락하십니다. 그 자유를 가지고 어떻게 삶을 수놓아갈 것인가는 우리 자신에게 달려 있습니다. 나를 향한 하나님의 뜻을 아는데 최선을 다하고, 그 뜻을 안 후에는 순종에 목숨을 걸어야 합니다. 삶은 생각보다 순식간에 지나갑니다. 잘못하면 아무 열매 없는 삶을 살 수도 있습니다.

# 5. 룻과 보아스의 만남

## 어서오세요

☞ 여러분은 지금까지 일생을 살아오면서 가장 낮았던 적이 언제입니까? 그때의 환경을 각자 이야기 해봅시다. 그리고 제일 필요한 것은 무엇이었고, 제일 참기 힘든 점은 무엇이었는지 말해봅시다.

☞ 왜, 하나님은 나오미에게 가장 낮은 곳까지 인도하셨을까요? 나에게 조금이라도 기운이 남아돈다면 나는 자신의 힘으로 모든 문제를 해결하려 합니다. 그러나 더이상은 나갈 곳도, 기댈 곳도, 숨을 곳도 없을 때에야 하나님을 의지하게 됩니다. 물론 기도는 하지요. 그러나 그 기도는 천사와 시름했던 얍복강가의 야곱처럼 하지 않습니다. 지금 나오미는 야곱의 씨름을 할 차례입니다. 당신은요?

## 본문을 보세요

1. 엘리멜렉의 친족 중에는 아주 "유력한 자"가 있었습니다. 물론 보아스란 사람입니다. 여기서 '유력한 자'란 어떤 사람을 말하며, 이 단어는 사사 중에서 누구에게 사용한 말입니까? (교재를 보고)

2. 나오미는 당장 생계가 문제였습니다. 룻은 어떤 결단을 내렸습니까? 그리고 이런 룻의 결단들은 어디에서 나오는 것일까요? (2:2)

3. 여기서 '은혜를 입다'는 말은 어떤 뜻으로 쓰였습니까? (2:2)

4. 그래서 룻은 이삭 줍기에 나섰습니다. 물론 부잣집 밭에 가야 이삭도 많이 주을 수 있다고 생각했을 것입니다. 그는 "우연히" 보아스의 밭에 가서 이삭을 줍게 되었습니다. 여기서 "우연히"(2:3)는 인간적인 관점에서 우연이었습니다. 하나님의 관점에서 이 일은 어떤 의미가 있습니까? (교재)

5. 나오미와 룻은 지금 생계가 걱정입니다. 이 세상에는 부자도 있고 가난한 자도 많습니다. 그렇다면 가난한 사람은 왜 생기는 것일까요? 그리고 크리스챤은 가난한 자를 어떻게 대해야 될까요? 기독교는 공산주의와는 특히 물질관에서 어떻게 다릅니까?

*• 보아스의 인품됨을 말해보십시오. 그는 어떤 면에서 칭찬을 받을 자입니까?*

6. 룻에 대한 하나님의 섭리는 어떤 방법으로 나타났습니까? 룻이 보아스의 밭에서 이삭을 줍게 하신 것과 마침 그 시간에 보아스가 나타난 것은 정말 우연일가요?

7. 룻을 발견하고 보아스는 일순 놀랍니다. 그렇지만 하인을 통해 그녀가 모압에서 시어머니를 따라 베들레헴에 온 룻이라는 것을 압니다. 이미 룻에 대한 소문은 성내에 퍼져 있었습니다(2:11). 보아스는 룻에게 어떤 배려를 했습니까? (2:8-9)

8. 룻은 보아스의 배려에 감격해 합니다(10절). 그녀는 얼굴을 땅에 대고 절을 합니다. 룻은 어찌하여 자신에게 이런 친절을 보이는가 의아하여 묻습니다.

   (1) 이에 대해 보아스의 대답은 어떠했습니까? (2:11)

   (2) "날개 아래 보호를 받는다"는 말은 어떤 뜻입니까?

   (3) 하나님의 "날개 아래" 보호를 받기 위해 룻이 포기한 것은 무엇입니까?

*• 기업 무를 자란 어떤 자를 가리키는 말입니까?*

9. 룻은 이 모든 일을 시모 나오미에게 이야기 했습니다. 이에 대해 나오미는 무엇을 생각했습니까? (2:20) 보아스와 엘리멜렉과는 어떤 사이입니까?

## 말씀대로 삽시다

• 당신은 당신 주위를 스쳐간 많은 사건들을 우연이라고 봅니까? 하나님을 믿는 사람들로서 나에게 일어난 사건들은 하나님의 섭리와 무관하지 않습니다. 그러나 많은 사건들이 우연처럼 지나갑니다. 그래서 우리는 나의 주변사에 무관할 수 있습니다. 비록 하나님은 우리가 눈치 채지 못하게 역사를 주관하시지만 조금만 영적인 귀를 열어놓으신다면 하나님의 세미한 손길을 바라볼 수 있습니다. 우리 모두 조금더 주님 앞에 가서 무릎을 꿇이봅시다.

• 나오미에게 빌어진 모든 사건이 하나님의 섭리 속에 진행되었다는 것을 그녀가 조금이라도 이해했다면, 그녀는 슬픔 속에서라도 하나님을 찬양할 수 있었을 것입니다. 나오미처럼 우리 역시 하나님의 선하신 역사가 끝난 후에 그 사실을 깨닫게 됩니다. 그러므로 현재의 상황에 절망하지 말고 하나님을 찬양하십시오. 어쨌든 힘은 듭니다.

# 6. 룻의 청혼과 보아스의 약속

## 어서오세요

☞ "안식", 이 말은 듣기만 해도 평안해지는 단어입니다. 계속되는 고통과 환난으로 희망이 사라진 사람들에게 '안식'은 얼마나 생기있게 하는 말입니까? 여러분은 정말 이것이 '안식'이구나 한 적이 생활 속에 있었습니까? 있었다면 어떤 일인지 말해봅시다. 큰 집을 사고나서? 대학에 합격하고 나서?

☞ 나오미는 룻을 위하여 "안식할 곳"을 구하여 주려고 합니다. 그래야 복되지 않겠느냐고 말합니다. 룻에게는 어떤 것이 정말 안식이었을까요? 영원한 안식의 나라, 하나님의 나라에 이르기 전에도 때로는 우리에게 육신의 안식이 필요합니다. 물론 현재의 열악한 환경 속에서도 영적인 안식을 느낄 수 있습니다만…

## 본문을 보세요

1. 나오미는 룻을 위하여 "안식할 곳"을 구하려고 노력하고 있습니다. 룻에게 안식이란 어떤 일을 가리킵니까?

2. 나오미가 무엇보다 가슴 아프게 생각하는 것은 무엇일까요? 그것은 그 가정의 대를 이을 자식이 없다는 것입니다. 이스라엘에게는 "계대혼인법"이란 법이 있어 이 문제를 해결할 수 있었습니다. '계대혼인법'이란 어떤 제도입니까?

☞ "계대혼인법"이란 형이 자식을 낳지 못하고 죽었을 때, 동생이 형수를 취하여 대를 이어야 하는 제도이지만 나오미에게는 이 모든 것이 갖추어지지 못했다.

3. 나오미는 룻을 누구와 결혼시키려 합니까? (3:2)

4. 나오미는 어떤 계획을 세우고 있습니까? (3:3-4)

5. 룻은 시모의 계획에 어떻게 했습니까? (3:5) 나오미와 룻의 이런 진지함은 어디서부터 나온 것일까요?

### 너의 베푼 인애가 처음보다 나중이 더하도다

6. 룻은 시모에게 전적으로 순종합니다. 그녀는 보아스가 있는 곳으로 가 시모가 시키는 대로 다 순종했습니다. 룻의 이러한 행위는 불의한 행위였습니까? (3:7)

7. 룻은 보아스에게 그녀가 밤에 찾아온 이유를 분명하게 말했습니다. 어떤 내용입니까? 또 "당신의 옷자락으로 시녀를 덮으소서"라는 말은 무슨 뜻입니까?

8. 룻은 보아스에게 어떠한 사람이라고 말합니까? (3:9하)

9. 룻의 이런 행동에 보아스는 어떻게 그녀를 칭찬하고 있습니까?

(1) 보아스가 룻을 칭찬하는 내용은 무엇입니까?

(2) "룻의 처음 베푼 인애"는 어떤 일을 말합니까?

(3) "룻의 나중 베푼 인애"는 무엇을 가리킵니까?

• '현숙한'(하일)이라는 말은 '힘, 덕, 부, 용기' 등 굳세고 덕이 있는 사람을 가리킨다. 룻은 비록 이방 여인이었지만 이제는 모두가 그녀를 이스라엘 백성의 일원으로 간주하고 있다.

10. 보아스는 룻을 어떻게 평하고 있습니까? (3:11)

11. 보아스는 룻에게 어떤 약속을 했습니까? (3:13)

(1) 기업 무를 의무가 있는 사람은 누구입니까?

(2) 기업 무를 의무는 어떤 원칙이 있습니까? (3:12)

12. 나오미는 룻의 전말을 듣고 어떤 태도로 임했습니까? (3:17-18)

## 말씀대로 삽시다

• 시어머니와 며느리 사이는 보통은 그리 좋지 않다고 합니다. 그 이유가 어디에 있을까요? 그러나 여기 나오미와 룻은 그렇지 않았습니다. 나오미가 며느리 룻을 사랑하는 것은 자기의 사랑하는 딸 이상이었습니다. 이런 나오미의 사랑은 어떤 말에도 절대 순종하는 룻을 만들어냈습니다. 신성한 순종은 신뢰할 수 있는 인격이 있을 때 가능합니다. 우리는 인격 없는 명령만 내리고 있지는 않는지요.

• 보아스가 룻을 보고 놀란 것은 무엇이었습니까? 그것은 룻의 여호와에 대한 믿음과 그의 시모에 대한 철저한 순종이었습니다. 하나님을 경외하는 믿음이 없는 순종도, 또 반대로 순종이 없이 하나님을 경외한다는 것도 모두 모순된 행위입니다.

# 7. 엘레멜렉의 기업 회복

## 어서오세요

☞ 우리 주위에 파산 상태에서 다시 일어선 사람들이 있습니까? 그런 사람에게는 지금이 새로운 인생의 시작일 것입니다. 그는 엄청난 고통의 산을 넘어왔습니다. 그에게는 그전보다는 여러 가지 면에서 새로운 인격이 형성되었을 것입니다. 이렇게 고통과 환난은 넘기가 힘든 높은 산이지만 이를 넘어온 사람에게는 그 고난이 의미가 있습니다.

☞ 나오미는 지금 그 고통과 환난의 산에서 내려오고 있는 중입니다. 그 가정 위에 쌓였던 눈이 녹아내리고 있습니다. 하나님의 징계는 영원하지 않습니다. 그 징계는 성도로 하여금 하나님의 눈을 바라보도록 하기 위한 수단이기 때문입니다.

## 본문을 보세요

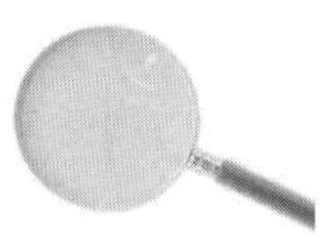

1. 보아스는 룻과의 약속을 지키기 위해 일찍 성문으로 나아갔습니다. 왜 성문으로 나아갔습니까? 당시 성문은 어떤 곳으로 사용되었습니까? (4:1)

2. 보아스는 장로 10명을 불러 모았습니다. 왜 장로들을 불렀습니까? 당시 장로의 역할은 무엇이었습니까?

3. 보아스보다 더 가까운 친족은 보아스의 제안에 어떤 태도를 보였습니까? (4:4)

☞사사시대에는 지도자가 없는 시대였다. 따라서 장로들은 당시 사회 전반에 대해 지도자의 역할을 했다(삿 11:5 참조). 장로(자켄) : '자켄'이라는 말은 '턱수염, 턱'의 의미를 갖고 있다. 장로는 나이나 지혜와 능력과 타인으로부터의 존경 혹은 용감성에 근거해서 뽑은 것 같다. 고대의 공동체에서 지도자들의 어원적인 의미가 '나이 많은'이라는 것으로부터 나왔다.

4. 기업 무를 친족이 처음에는 승락했으나 추가적인 조건을 듣고(5절) 그 친족은 그 약속을 번복했습니다. 어떤 추가적인 조건을 들었기에 기업 무르기를 포기했습니까? (4:6)

5. 이 기업 무를 자가 처음에 승락한 의도는 어디에 있었습니까? (6절)

6. 계대결혼법에서 기업 무르기를 포기하는 자에게는 어떤 모욕적인 행위가 주어졌습니까? 신 25:5-10을 읽어보고 대답해 보십시오.

7. 그 가까운 친척은 기업 무르는 일을 포기하고 그 권리를 누구에게 양도했습니까? (9절)

• 창 38장의 내용을 읽어보고 어떻게 베레스가 탄생되었는지 이야기 해봅시다.

8. 보아스에게 그 권리가 양도되자 성문에 있는 모든 백성과 장로들은 그 일에 증인이 되었습니다. 그리고 이들에게 축복을 빌고 있습니다. 어떤 내용입니까?

(1) "여호와께서 네 집에 들어가는 여인으로 (　　　　　　　　　　) 라헬, 레아 두 사람과 같게 하시고(룻 4:11)

(2) 너로 에브랏에서 (　　　　　) 베들레헴에서 유명케 하시기를 원하며

(3) 여호와께서 이 소년 여자로 네게 후사를 주사 네 집으로 다말이 유다에게 낳아준 (　　　　　)의 집과 같게 하시기를 원하노라"(4:12).

9. 위의 구절에서 라헬과 레아는 누구이며, 왜 이들과 같게 해달라고 축복을 빕니까?

10. 에브랏은 어디이며 보아스가 어떻게 되기를 원하고 있습니까? (4:11하)

11. 베레스는 누구이며 왜 베레스의 집과 같기를 원하고 있습니까? (4:12) 베레스는 어떻게 탄생되었습니까?

12. 유다와 다말 // 보아스와 룻을 서로 비교하여 설명하고자 하는 핵심 내용은 무엇입니까?

## 말씀대로 삽시다

• 엄청난 고난 속에서 좌절하지 않고 다시 일어서기가 쉽지 않습니다. 만약 그 고난의 의미를 알고 있다면 훨씬 견디기가 쉬울 것입니다. 고난을 대하는 태도에서 불신자들과 성도들의 차이점이 있다면 무엇입니까? 고난 속에서 용기를 잃고 절망한다면 그 고난이 주는 유익을 놓쳐버리게 됩니다. 하나님은 우리에게 의미없는 고난을 허락하지 않습니다. 그러므로 고난이 올 때, 그 고난의 의미를 파악하십시오. 나에게 다가온 고난을 잘 대처해 나간다면 분명히 인격의 성장을 가져올 것입니다.

• 나오미와 룻은 그 고난을 믿음과 순종으로 잘 승화시켰습니다. 거기에는 인내가 필요했습니다. 결코 서두르지 아니했습니다. 하나님은 나오미와 룻을 다시 일으켜 주실 정확한 시간을 내정하셨습니다. 고난이 올 때 잠잠히 하나님만 바라고 기다리십시오. 반드시 좋은 날이 올 것입니다.

# 8. 새로운 생명, 새로운 출발

## 어서오세요

☞ 만약 우리에게 봄이 없고 겨울만 계속된다면 그 삭막함은 말할 수 없겠지요. 춥고도 긴 겨울은 봄이 있기에 참을만한 계절입니다. 우리의 생애에도 겨울은 있습니다. 어떤 사람에게는 그 겨울이 너무 길기도 합니다. 그러나 겨울은 계속되지 아니합니다. 비록 하나님이 우리를 징계하신다 해도 그 징계 역시 영원하지 아니합니다. 우리에게 고통을 주시는 것이 하나님의 본심이 아니기 때문입니다. 당신은 아직 겨울인가요, 아니면 봄을 맞고 있나요?

☞ 나오미의 가정에 훈훈한 바람이 불어오고 있습니다. 봄이 가까이 왔기 때문입니다. 다시는 헤어나오지 못할 것 같은 환경에서 벗어나고 있습니다. 하나님의 곁을 떠나지 아니했기 때문입니다.

## 본문을 보세요

1. 드디어 보아스와 룻은 결혼하게 되었습니다. 하나님이 룻으로 하여금 잉태케 하셨습니다. 그리고 아들을 낳았습니다. 기쁨을 같이 하는 여인들의 찬양의 내용이 어떠합니까?

(1) "여인들이 나오미에게 이르되 찬송할지로다 여호와께서 오늘날 네게 기업 무를 자가 없게 아니하셨도다 이 (                    )이 이스라엘 중에 유명하게 되기를 원하노라."(룻 4:14)

(2) "이는 네 생명의 (                    )며 네 노년의 (                    )자라 곧 너를 사랑하며 (            ) 아들보다 귀한 자부가 낳은 자로다."(4:15)

2. 여기서 "기업 무를 자"는 누구를 가리킵니까?

3. 새로 태어나는 아이는 나오미에게 어떤 아이라고 했습니까? (4:15)

4. 여인들은 룻의 귀함을 어떻게 표현했습니까? (4:15)

5. 여인들은 룻이 아이를 낳았지만 왜 나오미가 낳았다고 찬양합니까? (4:17)

6. 태어난 아이의 이름은 무엇이며 그 뜻은 무엇입니까?

## 다윗의 조상이 된 룻

7. 저자는 왜 다윗의 족보를 베레스까지 소급 추적하고 있습니까?

(1) 베레스는 누구에게서 태어났습니까?
(2) 베레스의 탄생과정을 설명해 보십시오(창 38장)
(3) 베레스로부터 다윗까지는 몇대이며 약 몇년간입니까?
(4) 이스라엘 백성들에게 족보는 어떤 면에서 중요했습니까?

8. 다윗의 언약은 아브라함의 언약과 연속성이 있습니다. 아브라함의 언약과 다윗언약의 연속성에 대해 설명해 보십시오. 그리고 그 내용을 말해보십시오. (교재)

9. 약속된 메시야는 아브라함의 후손인 동시에 또 누구의 후손으로 오십니까? 미대는 그의 족보에서(마 1장) 메시야의 통로를 어떻게 소개하고 있습니까?

10. 룻기를 간단하게 정리해 보십시오. 룻기의 주된 저술 목적이 무엇입니까? 룻기에서 강조되어야 할 것과 잘못 적용하기 쉬운 점이 무엇인지 알아봅시다.

### 말씀대로 삽시다

• 하나님은 인류를 구속하시기 위해 그의 사역을 쉬지 않으십니다. 폭풍우가 몰아치는 사사시대라고 해도 그의 구속 사역은 중단되지 아니했습니다. 인류를 구속하실 메시아를 보내주시기 위해 그는 역사를 주관하십니다. 소망이 없는 것 같은 시대가 계속되었지만 하나님은 한 평범한 가정을 세워 메시아의 계보를 이어가십니다. 엘리멜렉의 가정은 모든 것이 파산되어 소망이 없었지만, 하나님은 그 소망 없는 한 가정을 회복시킴으로써 그 구속사의 끈을 연결시키고 있습니다.

• 그 구속 역사가 진행되는 과정에서 나오미와 룻이 등장합니다. 나오미와 룻은 무너져내릴 것 같은 환경 속에서 소망을 잃지 않았습니다. 오히려 역경 속에서 그들의 믿음은 순수해졌습니다. 하나님은 구속 역사를 이루어가시는 데 결코 변치 않으십니다. 다만 인간들이 변하고, 실망하고, 투정을 부릴 뿐입니다. 당신은 지금 어떻게 주의 구원 사역에 참여하고 있습니까? 요란을 떠는 것이 꼭 주의 일을 하는 것이 아닙니다. 나오미와 룻을 보십시오.

# 신학서적 저(역)서 안내

- 문맥성경
  신약 - • 마태~사도행선 / • 로마서~요한계시록
- 계시록의 구속사적 연구
  J.B. Jordan / 이동수 역 / 반양장 / 396면
- 낙원의 구속사 (성경적 통치신학)
  David Chilton / 안영복;이동수 역 / 295면
- 구약 속의 그리스도
  E. 빌 /권호덕 역 / 반양장 / 371면
- 하나님과 인간, 그리고 시간 (역사)
  어얼 E. 케이른스 / 박영실 역 / 반양장 / 258면
- 누가신학 연구
  R. 화이트 / 김경진 역 / 반양장 / 197면
- 배경으로 본 히브리서 강해
  정우홍 / 양장 / 406면
- 베드로전서의 메시지(주해)
  오광만 / 반양장 / 283 면
- 사도들의 설교와 신학(사도행전 강해)
  김정훈 / 반양장 / 373면
- 산상설교
  정훈택 / 반양장 / 176면
- 성경무오 역사적 증명
  정규철 / 반양장 / 335면
- 성경에 나타난 제사법 연구
  로저드 백위드 / 반양장 / 261면
- 신명기 [1](1-8장) (주해)
  김영욱 / 양장 / 468 면
- 신학의 종을 어떻게 울릴 것인가(논문)
  허 주 / 양장 / 388면
- 언약이란 무엇인가?
  팔마 로버슨 / 반양장 / 159면
- 에스겔서 강해(강해)
  김두석 / 반양장 / 335면
- 여호와의 전쟁신학
  윤용진 / 반양장 / 346면
- 이사야의 하나님-우리의 하나님
  최만수 / 반양장 / 262면
- 하나님나라와 윤리
  김경진 / 반양장 / 303면
- 말라기서의 중심의도(주해)
  진홍석 / 반양장 / 274면
- 요한계시록은 이런 뜻이었다(강해)
  하문호 / 양장 / 640면
- (현대인을 위한) 기독교 교리해설
  전상완 / 양장 / 415면

# 교회사 저(역)서 안내

- 초대교회사
  서요한 / 664면 / 신국판 / 양장
- 중세교회사
  서요한 / 892면 / 신국판 / 양장
- 르네상스와 종교개혁
  윌리엄 에스텝 / 라은성 역 / 655면 / 신국판 /
- 로마카톨릭주의와 복음주의
  가이슬러 · 맥켄지 / 라은성 역 / 746면 / 신국판 /
- 교회사 안에 나타난 이단과 정통
  헤롤드 O. J. 브라운 / 라은성 역 / 704면 / 신국판 / 양장
- 역사신학 (상 · 하)
  커닝험 / 라은성 역 / 상 - 812면 / 신국판 / 반
- 페트루스 다미아니와 중세의 교회개혁운동
  김봉수 / 464면 / 신국판 / 양장
- 중세의 수도원 개념과 교회개혁운동
  김봉수 / 476면 / 신국판 / 반양장
- 교부들의 신학사상
  조병하 / 430면 / 신국판 / 반양장
- 한부선 평전(가장 한국적인 미국 선교사)
  박응규 / 512면 / 신국판 / 양장
- 프랑스 종교개혁사
  강남수 / 266면 / 신국판 / 양장
- 한국장로교회와 근본주의
  신종철 / 310면 / 신국판 / 반양장
- 스코틀랜드 교회사
  G. D. Henderson / 홍치모 역 / 277면 / 신국판
- 위대한 여인들의 발자취들 **1**: 초대교회편
  라은성 / 416면 / 신국판 / 양장
- 천상의 누이들 **2**: 중세교회편
  라은성 / 456면 / 신국판 / 반양장
- 하나님 마음에 합한 사람
  권태경 / 248면 / 변형사륙배판 / 반양장
- 중국기독교사
  조 훈 / 259면 / 신국판 / 반양장
- 한국기독교 통일운동사
  정성환 / 438면 / 신국판 / 반양장
- 한국근대와 기독교
  정규훈 / 242면 / 변형사륙배판 / 반양장

[라은성 교수의 교회사 맥잡기 시리즈]

- 정통과 이단 (상)
  라은성 / 210면 / 신국판 / 반양장
- 정통과 이단 (하)
  라은성 / 200면 / 신국판 / 반양장
- 초대교회사 (일반성도용)
- 중세교회사 (일반성도용)

**백투더바이블(룻기)** • 개정판

1999년 10월 20일 초 판 1쇄 발행
2006년 10월 20일 개정판 1쇄 발행

저 자 • 장종길
발행인 • 조경혜
발행처 • 도서출판 그리심
156-763 서울시 동작구 사당동 200-1
등록번호 • 제 7-258호(1998. 4. 23)
출 판 사 • 전화 523-7589 팩스 523-7590
홈페이지 • http://grisim.biz
전자우편 • grisimcho@hanmail.net



ISBN 89-5799-170-0 94230

**값 : 표지 뒷면에**

▲ 그리심산(Gerizim Mt.)은 이스라엘 중부 에발산 맞은 편으로 이스라엘이 가나안을 정복한 후, 모세의 명을 따라 율법의 축복을 선포하며 신앙의 갱신의식을 새롭게 했던 곳입니다. 「도서출판 그리심」도 경건서적과 신학서적을 통해 주님의 몸 된 교회의 복된 모습을 일깨우는 사역을 계속할 것입니다.